José Porrúa Turanzas, S.A.

EDICIONES

studia humanitatis

Directed by

BRUNO M. DAMIANI

The Catholic University of America

ALONSO ORTIZ
(s. XV-XVI)

Diálogo
sobre la educación del Príncipe
Don Juan,
Hijo de los Reyes Católicos

Texto traducido íntegramente al español del latín original, acompañado de algunas fotografías.

*VERSION, NOTAS
E INTERPRETACIONES POR*

GIOVANNI MARIA BERTINI

*Universidad de Turín (Italia)
Facultad de Magisterio*

studia humanitatis

Publisher and Distributor

JOSE PORRUA TURANZAS, S. A.
CEA BERMUDEZ, 10 - MADRID-3
ESPAÑA

946.03
0772-T

Distributor for U. S. A.
«Studia Humanitatis»
1383 Kersey Lane
Tel. (301) 340-1095
Potomac, Maryland 20854

Dep. legal M. 37.109.-1983

I. S. B. N. 84-7317-130-6

IMPRESO EN ESPAÑA
PRINTED IN SPAIN

85-1417

Ediciones José Porrúa Turanzas, S. A.
Cea Bermúdez, 10 - Madrid-3

Talleres Gráficos Porrúa, S. A.
José, 10 - Madrid-29

INDICE

DIALOGO SOBRE LA EDUCACION
DEL
PRINCIPE DON JUAN,
HIJO DE LOS REYES CATOLICOS

INTRODUCCION DEL DIALOGO
SOBRE LA EDUCACION DEL PRINCIPE DON JUAN,
HIJO DE LOS REYES CATOLICOS (SIGLO XV)

El Diálogo del Canónigo Alonso Ortiz (†1507?), que nos resulta hasta ahora inédito, se guarda entre los manuscritos de la Biblioteca de la Universidad de Salamanca. El Diálogo se encuentra encuadernado con otro ms. que lleva el rótulo «Consolatoria super obitu inclyti principis Johannis» y está señalado con la signatura «Ms. 368», correspondiente a la antigua «est. 3, caj. 2, n. 17». El texto lleva el título *Liber de educatione Johannis Serenissimi Principis et primogeniti regum potentissimorum Castelle Aragonum et Siciliae Fernandi et Helisabet inclyta prosapia coniugum clarissimorum.*

El ms. en papel fuerte corriente mide 222 × 310 mm.; las hojas son 30, escritas en dos fachadas sin numerar. La parte que corresponde al Diálogo es formada por seis cuadernos.

Alonso Ortiz, autor del Diálogo, fue hombre de formación humanística y además de haber publicado una obra titulada *Los cinco tratados,* que salió a la luz en Sevilla, en el año 1493, dejó manuscritas, y algunas todavía inconcluidas, nueve obras notables por contenido y estilo. Su biblioteca rica en más de seiscientos tomos pasó a la Universidad de Salamanca, en donde Ortiz había estudiado y conseguido el doctorado en ambos derechos.

Durante más de treinta años Ortiz, que aparece también y por poco tiempo capellán de la familia real, vivió en Toledo, de cuya catedral fue canónigo. Sin duda en un clima de investigaciones en torno del reino de los reyes católicos, Alonso Ortiz merece cierta atención y en particular su Diálogo sobre la educación del príncipe don Juan, quien, muriendo a los veintiún años, en 1497, dejaba a sus padres sumidos en un hondo dolor e imponía, por otro lado, a la historia de España un rumbo dinástico que iba a ser muy distinto del que Isabel y Fernando y los súbditos de sus reinos habían esperado.

Los interlocutores del Diálogo que damos a conocer son la misma Isabel y un cardenal, cuyo nombre no nos es revelado, pero que, por razones que nos parecen evidentes, es el cardenal Pedro González de Mendoza.

Acabamos de asentar que el interés de la obra de Ortiz descansa sobre todo en su carácter de documento cultural, de mucha valía, del último tercio del siglo xv español. El repertorio de citas y la interpretación que el autor nos ofrece es asombroso. Humanista y pensador católico, nuestro escritor nos presenta aquí un caso más, por cierto abundante en matices para quien quisiera profundizar aquellas corrientes del pensamiento del siglo xv y de los primeros años de la centuria siguiente, en las cuales la simpatía y el apego a los escritores griegos y latinos, antiguos y medievales, iba justificando cierto acercamiento entre el Cristianismo y las ideas del mundo pagano.

Como Ortiz pertenecía, bajo varios aspectos, al ambiente de la corte y allá nos consta con cuanto entusiasmo la reina amparaba los estudios, podemos sugerir que en cierta medida su obra es fruto de aquel ambiente. Es por todos conocida la transformación que se logró a finales del siglo xv en el terreno cultural. Según expresión de Marineo Sículo, de una sociedad más bien de guerreros incultos surgió un mundo que merecía los más lisongeros elogios, como aquel con el cual se comparaba Salamanca con la antigua Atenas.

En efecto la reina (1) había también logrado reunir

_____

(1) Isabel de Castilla (1451-1504).

alrededor del joven príncipe una compañía compuesta por cinco caballeros de edad madura y cinco jóvenes para que en aquella compañía su hijo se formase espiritual y culturalmente.

Volviendo al Diálogo nada sabemos en firme en torno de la fecha en la cual se compuso, sin embargo, es indiscutible colocarla anteriormente al año aciago 1497, en el cual, según ya hemos subrayado, murió el príncipe. Por otro lado Ortiz tenía más de una razón para quedar agradecido al cardenal Mendoza; es probable que no esperara la muerte de este personaje, ocurrida en 1495, para expresar su gratitud y, en fin, si el Diálogo debía, como todo lo indica en su contenido, servir con sus sugerencias para la formación de un príncipe, es muy posible que Ortiz lo compusiera a principios de la última década del siglo xv, cuando don Juan empezaría sus estudios humanísticos.

Es evidente que Ortiz al escribir este Diálogo obedecía a cierta costumbre, muy corriente entre personas de corte, durante la Edad Media y el Humanismo, entre italianos y españoles, de ofrecer una guía para la educación de quien debía heredar el trono o el gobierno de regiones y provincias. Por su parte, el afán humanístico favorecía dicha costumbre, ensalzando la tradición clásica que contaba con Platón, Xenofonte, Plutarco, Cicerón, Séneca y otros filósofos y escritores. Sabemos que la Edad Media no había desmerecido en alguna manera en obras de tal asunto (2). Baste con mencionar al mismo Santo Tomás, quien nos ha dejado un tratado sobre *Regimiento de Príncipes,* dedicado a Hugo de Lusignano, rey de Chipre; a Ramón Lull, autor de va-

---

(2) Véanse algunas de las obras bibliográficas sobre la historia de la pedagogía: *Diccionario de Pedagogía y Biblioteca Pedagógica de obras escritas en castellano o traducidas a este idioma,* R. Blanco y Sánchez, respectivamente, Madrid, 1907-12 y 1919; *Historia de la educación y pedagogía,* R. Ruiz Amado, Madrid, 1917; *Los tratados sobre educación de Príncipes (siglos XVI y XVII),* María Angeles Galino Carrillo, Madrid, 1948. Puede resultar útil también la *Bibliografía ibérica del siglo XV,* C. Haebler, La Haya, 1904.

rios libros que podemos definir de pedagogía, entre los cuales mencionamos *Doctrina pueril, El libro de la Orden de Caballería, El Libro de consejos, El Arbol de la Ciencia,* y, para no alargarnos demasiado, a Rodrigo de Zamora (Rodrigo Sánchez de Arévalo), a quien debemos dos de las obras más conocidas de la pedagogía medieval (1401-1470): *Speculum vitae humanae* (Roma, 1468) y *De arte, disciplina et modo alendi et erudiendi pueros* (xv), que es considerado, precisamente, como uno de los primeros libros españoles de educación, que tal vez nuestro Ortiz utilizaría en la composición de su Diálogo. No podemos olvidar algunas obras que más directamente atañen la didáctica que precede la obra de Ortiz: Diego de Valera (1412-1488?), personaje muy importante de los reinos de Juan II y de Isabel de Castilla, que nos dejó un *Doctrinal de Príncipes* (1475), dedicado a Fernando de Aragón, todavía príncipe heredero de aquel reino; la obra maestra de Martín de Córdoba, el *Jardín de las nobles doncellas,* compuesta probablemente antes de 1467, pero editado en Burgos en 1500. El tratado iba dirigido a los que cuidaban la educación, precisamente, de la madre de don Juan, la infanta doña Isabel, luego reina de Castilla. También el primer «gramático» español, Antonio Lebrija (Nebrija), anteriormente al 1475, había escrito el tratado *De pueris educandis libellus.*

Indudablemente en estos y otros tratados, que por brevedad no mencionamos, el influjo del pensamiento italiano, cuya figura eminente, Vittorino Rambaldoni da Feltre (1378-1446), había abierto, en Italia, el camino de la pedagogía con *Cinque lettere,* dirigidas a la princesa Paola Malatesta de Mantua, educadora de sus hijos, es indiscutible (3). De hecho, conforme asienta,

---

(3) Entre otros datos referentes a problemas de educación humanísticos, estas cartas que mencionamos tuvieron amplia difusión (fueron publicadas en 1888 por A. Luzio, en *Archivo Veneto*), probablemente manuscritas. En parte contienen algunas de las cuestiones que Ortiz trata en su Diálogo.

entre muchos, Hayward Keniston, de Italia procedían las teorías sobre la educación humanística (4).

Y recordamos aquí, de manera específica, el *Tractatus de liberorum educatione* de Enea Silvio Piccolomini, el futuro Pío II, terminado en 1450 y dedicado a Ladislao, rey de Hungría y de Bohemia; la obra de Maffeo Vegio *De educatione liberorum*, Milán, 1495, y, también aquí, para no alargarnos demasiado, el *Tractatus de liberorum educatione* de Francesco Filelfo (1398-1481).

España, por su parte, contaba ya con una tradición que no podemos despreciar, por haber empezado, como hemos anotado, con Ramón Lull y continuado con Rodrigo de Zamora, Alfonso de la Torre, cuya *Visión delectable de la Filosofía y Artes liberales* contiene material pedagógico importante; fray Lope Fernández, Fernando de Córdoba y otros más, quienes trataron en sus obras motivos conexos con la didáctica de la juventud de sus tiempos.

Declaraba Lucio Marineo Sículo en su *Opus de rebus Hispaniae memorabilibus:* «Probantur Hispanorum mores et urbanitas et in liberis educandis probitas et diligentia, que quidem maxima est virtus. Siquidem liberis priusquam nascantur, nutrices prospiciunt et paedagogos moribus et urbanitate probatos. Quod non tam bene fit apud alias gentes» (5).

Si consideramos que algunos de estos trabajos fue-

_____

(4) Me refiero al estudio publicado en el tercer tomo del Homenaje a R. Menéndez Pidal (Madrid, 1925), págs. 127-141.

(5) Ed. Compluti, 1533, hoja XXI, verso. Interesa también en el campo de nuestro estudio el trabajo del Marqués de Santillana, *Los proverbios de gloriosa doctrina y fructuosa enseñanza compuestos para la educación del príncipe don Enrique,* en donde hay que señalar como fuentes a Platón, Aristóteles, Terencio, Virgilio y Ovidio, entre las más importantes; la versión de algunas epístolas de Séneca a Lucilio (consta que algunas ediciones de estas epístolas y de los Proverbios junto con otras obras del filósofo cordobés aparecieron en Toledo: véase *La imprenta en Toledo,* de C. Pérez Pastor, Madrid, 1887); la versión de la *Etica* de Aristóteles; la versión de las *Vidas paralelas* de Plutarco hecha por Alfonso de Cartagena en 1491.

ron emprendidos por deseo de la reina Isabel, no nos extrañará la suposición que Ortiz escribiera el Diálogo por consejo de la misma. Sin embargo, Ortiz no es nombrado entre la lista de preceptores del príncipe Juan que nos ha dado el historiador A. De la Torre, en *Maestros de los hijos de los Reyes Católicos* (6).

Hasta ahora Alonso Ortiz ha sido mencionado con motivo de haber compuesto *Los Tratados* (son cinco), publicados en Sevilla en 1493 y el *Misal y Brevario Mozárabe*, corregido por encargo del cardenal Jiménez de Cisneros y editado en Toledo en 1499 y en 1500. En la *Biblioteca Hispana Nova*, de Nicolás Antonio, t. I, página 39 (7) no encontramos algún dato más, sino que se le atribuye el tratado *De temperandis apud patres fidei vindices poenis haereticorum*. Un homónimo de Alonso Ortiz, Blas Ortiz, en *Summi templi toletani graphica descriptio* (sin lugar, 1594), nos habla de Alonso Ortiz con estas palabras: «Cuatuor (Misas) postremo instituit Alphonsus Ortizius in sacra theologia doctor, canonicus quondam toletanus: qui etiam oratorium juxta sacrari ianuam exteriorem in parietis grassitudinem, dominicam resurrectionem ostendens, seri obstrusum reliquit... Huius egregii viri nonnulla volumina sermone latino scripta habentur: idem suam bibliothecam Salmanticae librariae donavit» (p. LX, b). Han mencionado en sus obras a Alonso Ortiz, entre otros, Fr. Francisco Méndez, en *Tipografía Española* (8), en donde, al hacer la reseña de la imprenta en Toledo, precisa que el *Missale mixtum segundum regulam Beati Isidori, dictum mozarabis*, corregido por nuestro humanista, salió en Toledo el día 9 de enero del año 1500 por el impresor alemán Pedro Hagenbach, y a cuestas del noble Merchor Gorricio de Novara. Este personaje era monje cartujo y escribió *Contemplaciones sobre el Rosario de la Virgen*, que, traducido por Juan Alfonso

---

(6) En *Hispania*, LXIII, 1956.
(7) Madrid, 1783.
(8) Madrid, 1861, págs. 148-9.

de Logroño, vio la luz en Sevilla en 1495. Fue muy amigo de Cristóbal Colón, el cual le obsequió con *El libro de las Profecías sobre la recuperación de Jerusalén* y *Descubrimiento de las Indias.* Parece que Gorricio vivía en Granada, pues en esta ciudad Colón remitió los dos libros al monje cartujo, el día 13 de septiembre de 1501. Gorricio pertenecía al ambiente de la reina Isabel y seguramente conoció a nuestro Ortiz (9).

El mismo Méndez, al hablar de la imprenta en Sevilla, menciona los cinco tratados: *Herida del Rey don Fernando en Barcelona; Consolatoria a la Princesa de Portugal; Una oración dirigida a los reyes en latín y en romance; Dos cartas mensajeras a los reyes* (una de la ciudad y otra del cabildo), y, por fin, el *Tratado contra la carta del Protonotario de Lucena,* que, según queda dicho, fue impreso en Sevilla en 1493 «por tres alemanes compañeros».

Alonso Ortiz es además nombrado por Fr. Escudero y Peroso, en *Tipografía Hispalense,* Madrid, 1894 (páginas 85 y 87); por C. Pérez Pastor, en *Catálogos de Imprenta de Valladolid,* 1926, y de Toledo, 1887, «en donde se cita el mencionado «*Misale Mixtum*».

Es cierto que el canónigo Alonso Ortiz gozó de mucho prestigio en la corte de los Reyes Católicos, que, como es sabido, solían pasar largas temporadas en Toledo, y el haber sido Ortiz familiar de los cardenales Alonso Carrillo, arzobispo de Toledo, Pedro González de Mendoza, sucesor de Carrillo en la sede de Toledo, y Francisco Jiménez de Cisneros, que a su vez fue también primado de España, lo comprueba una vez más.

Encontramos mención de Ortiz en una significativa fuente extranjera, nos referimos al *Viaje por España y Portugal,* de Jerónimo Münzer (1494-95) (10), en cu-

---

(9) Las pocas referencias sobre este monje italiano, de Novara, que vivió y casi seguramente murió en España, se encuentran en el tercer tomo de la obra *Ensayo de una biblioteca española de libros raros y curiosos,* de B. J. Gallardo, Madrid, 1888, vol. III, cols. 101-102.

(10) Utilizó la versión española de Julio Pujol, Madrid, 1924. El texto citado se encuentra en la pág. 154.

yas páginas se lee: «La Sacristía (de la Catedral de Toledo) es quizá mayor que la de Guadalupe y acaso más primorosa. Entré a verla con el claro varón Alonso Ortiz, canónigo de la Catedral, jurisconsulto y consumado poeta (11), cuyo saber se reflejaba bien en sus palabras.»

Lamentamos conocer muy poco en torno de la vida de nuestro humanista. Apenas podemos indicar el lugar de su nacimiento, Villarrobledo, en la provincia de Albacete, que pertenecía, en aquel entonces, a la jurisdicción eclesiástica de Toledo. Desconocemos en firme la fecha de su nacimiento, aunque se puede fijar con cierta probabilidad entre 1450 y 1460. Estudió, según ya se ha señalado, en la Universidad de Salamanca. Por un documento sabemos que antes de ser nombrado canónigo de la Catedral de Toledo lo fue en la de Guadalajara. El hecho, luego, de que publicara en Sevilla sus ya mencionados cinco tratados, en donde entonces estaba de arzobispo González de Mendoza, nos sugiere la suposición que vivió también una temporada en la capital hispalense.

Aludiendo a sus relaciones con los reyes, una sola vez le vemos nombrado entre los capellanes de la reina, pero, según ya hemos apuntado, no se le menciona cuando se da la lista de los clérigos que cuidaron de la educación del príncipe Juan (12). Por el contrario, conocemos los nombres del bachiller Andrés Bernáldez, quien compuso la *Historia de los Reyes Católicos, don Fernando de Aragón y doña Isabel de Castilla* (13); de

---

(11) Suponemos que el término «poeta» tenga aquí el sentido general de escritor, en cuanto por ninguna parte nos consta que Alonso Ortiz, buen conocedor, sin duda, de la poesía clásica griega y latina, dejara alguna obra poética.

(12) No hay que pasar por alto el hecho, conforme nos declara el «Elogio de la reina Isabel» (en *Memoria de la A. Academia de la Historia*, t. IV, Madrid, 1921, págs. 1-622), que para dar parte a la reina de la terrible noticia de la muerte del príncipe se acudió, por razón de la relación de familiaridad con la reina, al canónigo Ortiz.

(13) «La primera noticia de este magisterio», escribe A. Cotarelo

fray Diego de Deza, dominico, hombre de mucha cultura, quien enseñó «Prima» de Teología en la Universidad o Estudio de Salamanca (había sustituido, en 1477, al afamado teólogo Pedro de Osma), cuando los reyes le sacaron de la enseñanza universitaria para que se dedicara al cuidado de la formación del joven príncipe, y, en efecto, le acompañó hasta su muerte, aun habiendo sido nombrado obispo de Zamora (1494), con el cargo de maestro y capellán mayor del príncipe (14); Pedro Mártir de Angera, al cual, según afirma M. Gómez Imaz (15), «los Reyes confiaron la educación del príncipe en cuanto a la enseñanza de las buenas letras y de la historia»; fray Alonso de Burgos, obispo de Palencia y don Pablo de Toledo, primer obispo de Málaga (16).

_____

y Valledor, en su _Ensayo biográfico de Diego de Deza_ (Madrid, 1905), se encuentra en _Defensiones Sancti Thomae_ (1941). Cotarelo afirma también que Deza tuvo también el cargo de confesor de los reyes. Parece que fray Diego compuso para el príncipe _Questiones philosophiae_ (todavía, probablemente, manuscrito). Muerto el príncipe, fray Diego fue nombrado obispo de Salamanca.

(14) Publicada por Francisco Gabriel y Ruiz de Apocada, en _Col. de los bibliófilos andaluces_, Sevilla, 1870.

(15) _Algunas noticias referentes al fallecimiento del príncipe don Juan y al sepulcro de fray Diego de Deza su ayo_, Sevilla, 1890.

(16) En el _Libro de cámara real_ del príncipe don Juan, compuesto por G. Fernández de Oviedo (Madrid, 1870), se cita solamente a fray Diego de Deza, como maestro del mismo príncipe. Es también interesante referir las palabras que Fernández de Oviedo escribió a propósito de la preocupación expresada por los reyes en vista de la educación del heredero: «Así como el príncipe fué de edad para començar a aprender letras los católicos reyes, sus padres, seyendo informados de los varones doctos e rreligiosos e honestos que en sus reynos avia... para que suficientemente pudiese su hijo ser enseñado en la doctrina christiana e letras que a tan alta persona convenían escogieron por su preceptor al maestro fray Diego de Deza... que a la razón cursava a Salamanca e lehia la cathedra de Philosophia... Hombres de grandes letras e aprovada vida, e tal como era menester para tan real discipulo» (p. 22). En la obra citada de Imaz se lee (p. 20): «Si... atendían los reyes con esmero a la ilustración del príncipe... y así lo demostraron en todas ocasiones y muy marcadamente en la célebre pragmática de 1480, dando libre entrada sin derechos ni gabelas a los libros impresos del extranjero, y en la carta-orden dirigida a la ciudad de Murcia para que Teodorico Alemán, impresor de libros de molde, fuera franco de pagar alcabalas, almojarifazgos ni otros derechos... En

De todos modos queda asentado, y lo veremos más detenidamente al tratar de las obras que compuso Alonso Ortiz, que sus relaciones con los reyes fueron frecuentes. Recordaremos, por ejemplo, el caso que cuando al pasar los reyes por Barcelona, a raíz de la conquista de Granada, debiéndose escoger alguien que les dirigiera la palabra en nombre del cabildo de Toledo, se eligió a Alonso Ortiz, quien rezó la arenga «que luego se imprimió en latín y en castellano en el libro rarísimo de los cinco tratados del propio Ortiz», conforme resulta en el ya mencionado *Elogio de la reina Isabel.*

Como resultado de nuestras investigaciones hemos hallado algunos documentos que nos ofrecen la posibilidad de llenar unas notas biográficas en torno de nuestro humanista. Por las Actas capitulares del cabildo de Toledo consta que en la sesión de dicho cabildo del día 28 de enero de 1478 se acordó otorgarle la canongía que parece tenía en Guadalajara. Luego en la sesión del día 2 de marzo del mismo año en efecto se le otorgó la canongía, después que el cabildo hubo tomado acto de la prometida obediencia a los estatutos, pero solamente un año más tarde, precisamente el día 28 de julio del año 1479, «el honrado Alfonso Ortiz, doctor y canónigo, fizo instancia y juró en forma devida la constitución y estatuto». Sabemos, siempre utilizando los documentos guardados en el Archivo Capitular de Toledo, que el día 31 de diciembre de 1483 Alfonso Ortiz, cura de Santa Leocadia la Vieja, vendió «a Antonio de Carrión y a Catalina Alvarez, su mujer, unas casas en la colación de la Magdalena por 45 mil maravedíes de la moneda usual»; así resulta que «Catalina Ruiz de Tovar y su hija... venden a Alfonso Ortiz

---

el año 1474 se publicaron en la catedral de Toledo las Constituciones promulgadas en el Concilio provincial de Aranda, por el Sr. D. Alonso Carrillo (1473) y entre los testigos se nombran a García Arévalo, Alonso Ortiz, capellanes de los reyes» (sacamos este dato de una copia de un libro de Actos Capitulares de la Sta. Primada Iglesia de Toledo... Ms. 13113 de la Biblioteca Nacional de Madrid).

un tributo de 1.530 maravedíes sobre un alfahar y casas de su propiedad en la colación de San Isidoro» (documento del día 21-VII-1504). El 2 de octubre del mismo año «Francisco de Nava reconoce ser tributario a Alfonso Ortiz de 1.180 maravedíes y vidriado». El año siguiente (y de junio) «el bachiller Alfonso Gómez vende a Alfonso Ortiz, canónigo, un tributo de 2.200 maravedíes anuales, que pertenece a San Marina» (esta iglesia parece haber sido la capilla del canónigo Ortiz).

Según lo que acabamos de precisar, Ortiz vivió poco menos de treinta años seguidos en Toledo, llamada entonces «alma toletana civitas Hispaniarum primalis». En el Libro de claustro de la Universidad de Salamanca, años 1503-1504, fol. 130 y leemos esta nota: «Asiente de la memoria que se ha de facer cada anno por el doctor Alfonso Ortiz canonigo de Toledo.» En este documento se habla de su testamento, con el cual «a dado e dotado a esta Universidad trecientos e doze volumynes de libros».

El resplandor de Toledo presentaba, al finalizar el siglo xv, los destellos de la que había sido, sobre todo en el siglo xiii, verdadera gloria. La reina Isabel, a pesar de que, según era sabido, se encontraba algo confundida al comparar su habla de la tierra abulense con la de Toledo, debía, como ya se ha notado, pasar largas temporadas con su esposo. En Toledo residían las más ilustres familias del reino y de allí salían los mejores caballeros para la corte. Todo esto sirve para convencernos de que Toledo, en la segunda mitad del siglo xv, disfrutaba de una vida cultural de cierto relieve. La misma presencia del cardenal Pedro González de Mendoza, perteneciente a la afamada estirpe que había dado a España figuras tan encumbradas, como el Marqués de Santillana y los Manriques, sin duda retrasó, con el prestigio de su persona y de su casa, la decadencia de Toledo. Al suceder a Alonso del Carrillo, hombre más bien político y guerrero que no de estudio y, sobre todo, de Iglesia, debió, con un mecenazgo amplio y generoso, y con su misma pasión por la cultura y el arte, realzar el ambiente toledano (17). Nacido en Gaudalajara en 1428, se había formado intelectualmente en Salamanca, en donde había cursado Cánones y Leyes, pero su afición a los clásicos le acompañó toda la vida. Prediligía, según nos informa su biógrafo, Pedro Salazar de Mendoza en su *Crónica del Gran Cardenal* (18), Virgilio en su *Eneida* y a Ovidio, del cual conocía todas las obras. A los veinticuatro años entró en la corte tan culta de Juan II de Castilla y comenzó a servir en la Capilla. Fue luego nombrado obispo de Calahorra y de Santo Domingo de la Calzada. Alcanzó el importante cargo de gobernador de los reinos y en la lucha entre Isabel y la Beltraneja, González de Mendoza defendió con firmeza los derechos de la primera. Lo cual le granjeó toda la simpatía de la futura reina de Castilla. Elegido obispo de Sigüenza, tuvo también el cargo de abad de Santa Cruz de Valladolid (de su gusto humanístico queda testigo precisamente el Colegio de Santa Cruz, que hizo levantar, llamando para esta espléndida obra los mejores arquitectos, que habían recibido influjo italiano), luego el de canciller mayor de Castilla y de Inquisidor. Al morir el cardenal Carrillo, Isabel, que tanto le estimaba, consiguió que le nombraran para aquella sede primacial de Toledo. Entre las obras que se recuerdan en Toledo, en gracia de su estancia, hay que señalar sobre todo el Hospital de Santa Cruz, transformado luego en biblioteca y museo, uno de los edificios más puros del renacimiento español. En un medio aristocrático en sentido cultural, Alonso Ortiz llevaba una vida plena de satisfacción y sus anhelos de estudio y de componer obras debían encontrar las condiciones más favorables. Allí debió de escribir sus obras, que nos conviene considerar ahora con mayor detenimiento (19).

---

(17) Se le atribuyeron las traducciones de varios autores clásicos, tal como Ovidio, Virgilio, Salustio y se le llama también poeta por haber compuesto versos.

(18) Toledo, 1625.

(19) Padre Beltrán de Heredia, al cual debemos mucho agra-

Ya hemos recordado varias veces los *Cinco Tratados*. De éstos, el primero lleva el título, según ya hemos visto, «El tratado de la herida del rey don Fernando», cuando fue víctima del atentado por mano de Juan de Cañamares en Barcelona. Ortiz alaba la bondad del príncipe y alude al dolor que habría sobrecogido a toda España si don Fernando hubiese muerto en aquel accidente. El segundo tratado es una «Consolatoria» dirigida a Isabel, primogénita de los Reyes Católicos, al morírsele, en el año 1493, el marido, don Alfonso de Portugal. El tercero está formado por la «Oración» que rezó el mismo Ortiz en Barcelona, como hemos dicho antes, delante de los reyes cuando en la ciudad condal estuvieron de paso durante el mes de diciembre de 1492, después de la caída de Granada. El tono de la «Oración» es altamente eficaz, aun en su giro algo lleno y algo retórico. Referimos aquí algunos párrafos de la primera parte del sermón: «Recebistes de la mano del mui alto Dios el ceptro real en tiempos tan turbados, cuando con peligrosas tempestades toda España se subvertía, cuando más el ardor de las guerras civiles era encendido, cuando ya los derechos de la república acostados iban en total perdición. No había ya lugar a su reparo. No había quien sin peligro de su vida sus proprios bienes e sin miedo poseyese: todos estaban en aflicción, i con justo temor en las cibdades recogidos; los escondrijos de los campos con latrocinios manaban sangre...» El cuarto tratado presenta dos cartas dirigidas a los reyes y escritas en latín, con traducción castellana. Suponemos que las dos cartas fueron enviadas desde Toledo, pues en ellas, al alabar la grandiosidad de la ciudad imperial, su ilustre historia, recuerda a sus obispos; entre éstos a Rodrigo, que encendía los ánimos en las batallas del rey Alfonso contra el rey árabe «Miramamolín» y luego así escribe:

---

decimiento por sus ayudas, me entera de la existencia de un pleito con la Curia romana sobre el canonicato que le había conferido Sixto IV.

«Aun bive Don Gil de Albornoz, espanto de la Ytalia que recobró el patrimonio de la Yglesia romana. El qual siendo arçobispo con victoriosas armas estovo a la diestra de su rey en la batalla famosa en que el rey Belarmín fue vencido; pues agora don Pedro Gonçalez de Mendoça cardenal de España y nuestro digno arçobispo, siempre ha seguido vuestras reales banderas siendo el primero en los peligros... No sin causa nuestra Yglesia en los gozos es la más principal, pues con tal caudillo fue en los peligros ayudadora...»

El último tratado es una carta dirigida al Protonotario de Lucena (quien podría ser Juan de Lucena, ya familiar de Pío II, y autor del *Diálogo de Vita Beata*, muy difundido y elegante texto de moral cristiana del siglo XV (20). Ortiz reprocha al Protonotario el haber enviado una carta a los reyes para informarles que había exceso en la Inquisición de Sevilla y sosteniendo que estos procesos perjudicaban gravemente las almas. Sabemos que Juan de Lucena se reconcilió luego con la Iglesia en Córdoba, delante de muchos prelados, y fueron condenados su carta y su tratado.

Pasando ahora de esta sumaria señalación de los cinco tratados a los manuscritos inéditos que Ortiz nos dejó, diremos que en nuestras investigaciones, llevadas por cierto hace unos veinte años, hemos encontrado unos diez y de éstos nueve se hallan en la Biblioteca de la Universidad de Salamanca, a la cual, como referimos, Ortiz legó su entera biblioteca personal, mientras uno está en la biblioteca del cabildo de la catedral de Burgos de Osma.

El primer manuscrito, siguiendo el orden de las signaturas, es *Vitae sanctorum Toledanorum: Sti. Ildefonsi et Stae. Leocadie* (ms. 366 de la Biblioteca Universitaria de Salamanca) que Ortiz debió de escribir, según reza el «incipit» (así leemos: «Incipit Historia Beatissimi martiris primi presidis Tolletani predeces-

(20) Citamos la edición que preparamos en *Testi spagnoli del sec. XV*, Torino, Editore Gheroni, 1950, págs. 97-186.

soris tui, Rev. me Pater et Domine Illustrissime... Instaurare tuo iussu dignum existimavi...») por orden del cardenal González de Mendoza. Por lo tanto, el término «ad quem» de la composición de dicho manuscrito sería el año 1495, por haber, en aquel año, ocurrido la muerte del cardenal de Mendoza. Es de suponer que si hubiese muerto antes de terminar tal obra Ortiz habría manifestado tan grande iactura. En la obra de la cual estamos hablando el autor iba recogiendo noticias de las biografías precedentes de estos santos de la ciudad de Toledo y se atendría a un procedimiento similar al que iba a seguir al ordenar el Misal mozárabe y el Breviario. Aquí también Ortiz utilizó varios manuscritos que existían en los archivos de Toledo para formar un solo Misal y un solo Breviario, conforme se lee en el tomo LXXXV de la *Patrología Latina,* en el prólogo de A. Leslay (21).

El segundo manuscrito (ms. 367), *Fallecimiento del príncipe don Juan,* está redactado en castellano. Al final hay algunas hojas que contienen una oración de Ortiz a los reyes. Es una Consolatoria. El ms. contiene una descripción de la muerte del príncipe, a la cual debió de presenciar nuestro autor. El tratado va dirigido a un prelado (suponemos, en este caso, que podría ser el cardenal Francisco Jiménez de Cisneros, quien, en 1495, había sucedido al cardenal Mendoza). Las palabras con las cuales empieza el ms. son las siguientes: «Aunque so cierto, R.mo Señor, que la pluma no basta para explicar mi concepto pero no dexara como quiera de escribir la muy lamentable amargura que nos dexo la muerte digna de memoria del muy inclyto señor don Juan de las Españas, nuestro muy esclarecido príncipe... ques pasado de esta vida. Cuyo fin doloroso dio tantos espantos en los ánimos de todas las gentes y pueblos: y tanto descaecimiento y confusión en los coraçones de los súbditos: como si toda esperança dellos

---

(21) París, 1862.

fuera perdida y el reposo de los reynos y provincias fuera acabado para los siglos porvenir...»

La muerte de don Juan, sea por haber ocurrido casi improvisa, sea por haber acabado con la vida del heredero de los reinos, en el cual se cifraban todas las esperanzas, no solamente de la familia real sino también de todos los súbditos, según no resultaba difícil prever, iba a procurar un sinfín de desilusiones. L. Marineo Sículo escribía en la carta CXXVII (22): «Genuerunt itaque catholici principes Joannem unicum filium qui cum Margaritam Massimiliani imperatoris filiam uxorem duxisset adulescentulus, post confectas nuptias et variis ludis et spectaculis sumptuosissime celebratis... Infra annum diem vitae suae clausit ultimum, non sine summo dolore parentum et lachrymis et totius Hispaniae et Siciliae consternatione summoque fletu...» En una carta de Pedro Mártir de Angleria, enviada a Juan Velázquez «uni de principis catholici custodibus» (23), así se expresa la pérdida que el pueblo español sufrió con la muerte del joven heredero: «De surgente serenissimo principe tot regnorum herede primario, quid sentiam qualem regem (si vixerit) futurum arbitrer eques candidissime interogas... Tria... naturae dona quae perfectos faciunt et consumatos viros, si consentanea illis educatione excolantur, ingenii... acumen, memoriam et magnanimitatem igniculos solidissima fundamenta possidere illum animadverto».

Precisamente, al poco tiempo de su muerte, Juan del Encina, el primer autor dramático del renacimiento español (1468?-1529), compuso una tragedia trobada y el comendador Román, criado de los reyes, unas décimas. El propio Juan del Encina le había dedicado, el año anterior a la muerte del príncipe, su Cancionero, como también le había dirigido una de sus Eglogas.

Cuéntase (24) que el rey hizo comunicar a la reina

---

(22) Ed. Miguel Eguía, Compluti, 1533.
(23) Ed. Miguel Eguía, Compluti, 1530, l. I, c. XLIII.
(24) Del *Elogio de la Reina Católica, doña Isabel,* ya citado.

su propia muerte para que luego la alegría de verle con vida la preparara a recibir la tristísima nueva de la muerte de su hijo. Para comunicársela acudióse, como ya hemos dicho, al canónigo Ortiz. En verdad se lee en el ms. que estamos comentando (25): «quel rey tenía un horror en el ánimo que no permitía revelar tan dolorosa nueva a la reyna. Cayan las lagrimas por la cara que mostravan la tristisa del afficion paterna. Pero luego la mesma reina muy prudente concibió el mal; y con gesto constante habla ella primero al Rey desta manera: El Dios mjo y Señor mjo nos llevó el fruto que por su piedad nos avía dado: de sofrir es con ánimo bueno. Hagase su voluntad, asaz me es misericordioso aun en tanto que gozo de ti varon mio: cuya vida conserve...». Poco más adelante Ortiz refiere las últimas palabras que el príncipe dijo a su padre poco antes de morir: «En esto viene el rey cuya venida ya el fijo avia deseado, al qual previno estas palabras diçiendo: "Dame tu bendiçion, o padre muy amado: bendiçeme y santifica a tu hijo con tu bendición que ha de caminar como peregrino a región longinca y dexara a padre privado de hijo. Ay cuanto me atormenta el deseo por la absencia de mj dulce madre y he dolor de la viudez... de mi amada esposa. La qual como ya pensasse aver escapado con el fin sus males es cayda en más triste y más dolorosa suerte asy fallesciendo la viva virtud del ánjma poco a poco: placava con sus palabras las cuytas de los otros: nunca desamparado del agudeça de su coraçon ni menos de la fiel esperansa de Cristo"» (26).

«Al fin ya desamparado de las fuerças: los membros se enflaquescian ya los hojos sin lumbre y en el acto endesçados demandó la lumbre con que caminase a la luz verdadera que alumbra el espiritu: diziendo "desataste, Señor, los vinculos mios: yo te sacrificaré hostia

(25) *Ibídem.*
(26) *Ib.,* h. II.

de loor y el nombre tuyo, Señor, invocaré" y asy al fin dio el espiritu a Dios» (27).

Ya hemos puntualizado que, conforme nuestra opinión, con mucha probabilidad el canónigo Ortiz presenció tan triste escena, pero al referirla pensó que convenía embellecer la descripción con tonos algo solemnes. Las palabras del príncipe saben a cosa algo estudiada, más bien que a desahogo espontáneo. Eso podemos repetir, refiriéndonos a lo que dice la misma reina al enterarse de la muerte del hijo: «Piadosa cosa es llorar porque muchas plegarias y oraciones hiçimos continuamente y no mereçimos ser oydos con effecto. Y como sea Dios misericordioso no aver de nos misericordia atribuymoslo a nuestras culpas y pecados. Mas como los juycios de Dios sean grande abysmo no conviene escudriñarlos: mas dolernos de las cosas pasadas y proveher mejor en las porbenir...» (28).

Después del manuscrito en el cual se describe la muerte del príncipe, sigue, según hemos dicho, el Diálogo entre el rey y la reina, quienes hablan en forma noble y elevada. Aquí Alonso Ortiz, remedando alguno de los más conocidos tratados medievales, introduce varios personajes alegóricos, como la Prudencia, la Temperancia, la Caridad, y otros, que intentan consolar los corazones de los reyes. Se asiste a una correspondencia de preguntas y respuestas. El Diálogo termina con estas palabras: «Ya el aurora vencían los rayos de Febo cuando aquel chorro virginal en niebla (?) resuelto desaparescio de la vista de los mortales y luego despiertos el rey y la reina; y buscavan las virgenes formas y exclamando recordaronse del poeta que dice: "luego como fueron engañados con goçe del alma": en las desaparecidas ymagenes piensa y desea lo que perdio y quasi una boca recontaron su sueño yo determyne de lo poner por escrito.» El manuscrito acaba con cin-

---

(27) *Ib.*, h. III.
(28) *Ib.*, h. IV.

co hojas de la «Oración fecha a los muy poderosos príncipes y muy altos rey y reina de España nuestros señores por el dotor Alonso Ortiz canonigo de Toledo...».

Lamentamos que nuestro interés cifrado en el ms. 368, que estudiaremos por último, nos ha impedido hacer un examen más detenido del fallecimiento. Pensamos, sin embargo, que, aun bajo una forma algo retórica y algo rebuscada, el ms. contiene elementos que el historiador podría aprovechar sobre la vida del príncipe don Juan y de sus padres.

El cuarto manuscrito de Alonso Ortiz que encontramos en la Biblioteca de la Universidad de Salamanca (n. 369) lleva el título: *Dialogus inter regem et reginam de regimine regni*. En primer lugar intervienen solamente los reyes, pero luego toma parte en el diálogo el cardenal Pedro González de Mendoza y ya no volvemos a encontrar el rey. Son 173 hojas. En el verso de la última leemos: «De liberorum educatione non diffiteor scripsisse plerosque. Sed quibus conveniat illa praecepta non temere fecerint se dicere ausum...» Aquí no se hace alguna alusión del príncipe don Juan y como se menciona al cardenal González de Mendoza, cual arzobispo de Sevilla, se supone que estas páginas, dedicadas a la educación, que están sin acabar, fueron escritas antes del año 1482, fecha del nombramiento del ilustre prelado a la sede toledana.

Pasando ahora al ms. n. 379 *De lamentationes generis humani* advertimos en seguida que su motivo inspirador deriva de la Biblia. Hay algo en el escrito de Ortiz que nos recuerda el libro de Job y los grandes profetas Isaías, Jeremías, Ezequiel y esto se va descubriendo a cada paso. Bajo cierto aspecto parece que su autor se ha propuesto escribir una especie de historia de la humanidad que alcanzara los tiempos evangélicos. Con toda seguridad la obra no está acabada al llegar a la hoja 128. El ms. empieza con estas palabras: «Cognosce tempus, homo. Et unde excideris animadvertens noctu diuque flebis miser gloria et honore aliquando decorus. Comuneque excidium plangens: non proprio (?) desolatam urbem Jerusalem solium suum totius generis humani horrendum exterminium flens cum populo...». El tratado se presenta dividido según las varias edades de la humanidad y demuestra la amplia cultura del autor, que aquí refiere, con cierta brevedad, la historia de los egipcios, de los asirios, griegos, romanos, etc. Para ofrecer un ejemplo subrayamos que la cuarta época está reservada a los acontecimientos del pueblo judío, desde Moisés hasta David. De tarde en tarde Ortiz interviene en su historia con algunas consideraciones «O flebilem animorum immortalium cecitatem: rerum praetereuntium ardorem: inexplicabilemque sitim muribundae cupiditatis...» exclama en cierto paso, casi abrumado por tantas vicisitudes de la humanidad. De algunos acontecimientos Ortiz ostenta cierta información casi completa. Es el caso de cuando alude a las guerras entre Roma y Cartago.

Es de suponer que nuestro humanista divisara componer la obra para satisfacer el afán de saber ya tan arraigado en la corte de la reina Isabel. En la oración que había pronunciado en Barcelona no había desperdiciado la oportunidad de describir estos acontecimientos que se habían desarrollado a raíz de la guerra de Granada. Por cierto, el canónigo Ortiz conocía la actitud con la cual la reina había reaccionado frente a la indiferencia de la corte, casi exclusivamente codiciosa de placeres. Poco a poco Isabel había conseguido que la nobleza acudiera «ansiosa a beber la sabiduría en las fuentes de Salamanca» (29). El cronista de los Reyes Católicos, Hernán Pérez del Pulgar, había trabajado sabiendo cuánto disfrutaría la reina al leer el relato de los acontecimientos de los reinos de Castilla y de Aragón (30). Tal vez el propio Nebrija estaba escribiendo *La historia de las antigüedades de España* (se publicaron en Burgos, 1499), que la reina Isabel le

---

(29) Véase el ya mencionado *Elogio de la reina Isabel, passim.*
(30) *Ibídem.*

había mandado compilar. Sin duda el ilustre gramático andaluz, siguiendo en esto el ejemplo de los humanistas italianos, que llevaban sus búsquedas en las mismas ruinas de los antiguos monumentos para encontrar elementos aptos a reconstruir el pasado, «pidió licencia a su alteza para que pudiese descubrir i sacar a luz las antiguedades de España que hasta nuestros días an estado encubiertas: i para que pudiese, como dize Vergilio: "Pandere res alternas et caligine mersas"». Podemos también suponer que Ortiz, enterado del cometido que la reina había confiado a Nebrija, no fuera del todo contrario a rivalizar con aquél. Queda, de todos modos, comprobado cómo bajo el amparo de la reina los estudios más serios y documentados iban adquiriendo resplandor y consideración.

Con serio fundamento Bonilla San Martín (31) ha afirmado, con otros críticos e historiadores, que la corte de Juan II debía considerarse como preámbulo del renacimiento español, que en la reina Isabel y en su marido iba a cifrar sus primeros y convencidos inspiradores.

La propia reina Isabel había encargado a Mosen Diego Valera la composición de la *Cronica Abreviada* o valeriana, publicada en Sevilla en 1482. Estas y más pruebas atestiguan la afición que Isabel abrigaba sobre todo para con la historia y por consiguiente no nos extraña suponer que Ortiz haya emprendido su *De lamentatione generis humani*, que, por otro lado, bien encaja en el marco de los intereses culturales de su época.

Los manuscritos de la Biblioteca de la Universidad de Salamanca que llevan los números 370-373 contienen la traducción del *Arbol de la Vida Crucificada* en cinco libros del escritor ascético Ubertino de Casale (finales del siglo XIII y comienzos del siglo siguiente),

---

(31) «El Renacimiento y su influencia en España», en Rev. *La España moderna*, Madrid, 1982, págs. 83-100.

hecha por Ortiz. La influencia de este franciscano en la historia de la espiritualidad española es conocida (32).

Es muy sabido que el cardenal Jiménez de Cisneros llevaba, en los años que probablemente Ortiz traducía a Ubertino de Casale, adelante la reforma de las costumbres en medio del clero y se proponía supeditar la actividad reformadora con la difusión de obras ascéticas y místicas, y entre éstas se tradujeron al castellano las Cartas y el Diálogo sobre la Providencia de Santa Catalina de Sena, Domenico Cavalca, Jacopo Passavanti y algunos más. Fue por aquellos años que se difundieron por España también algunos escritos de fray Girolamo Savonarola (†1498). Ortiz, tal vez, quería por su cuenta contribuir al movimiento que el cardenal Cisneros iba favoreciendo. Algunos de estos libros salieron, como es cierto, en la misma ciudad de Toledo.

Los cuatro tomos manuscritos nos presentan la obra *Arbol de la vida crucificada* completa. En el primer tomo falta casi todo el primer libro y esto lo notamos muy claramente, pues el final de este tomo nos lo señala el índice de toda la obra. Se dice en la segunda hoja del primer tomo que el libro fue romanceado por Alfonso Ortiz tras expreso mandado de la reina Isabel. Además faltan varios cuadernos, lo que significa o que la obra sufrió varios percances o que el mismo canónigo Ortiz tradujo sin seguir un orden preciso. La mano que compuso este tomo resulta no ser siempre la misma, sin embargo, la que más escribe es la misma que compuso el ms. de la educación del príncipe don Juan, y nosotros opinamos corresponder al canónigo Ortiz. En el segundo tomo Ortiz dice que es «siervo y capellán de la reina» y que vive «a la sombra de la administración temporal de la reina».

(32) Véanse: Sáinz Rodríguez, *Introducción a la historia de la literatura mística española*, Madrid, 1927, pág. 154; Giov. M. Bertini, *Via alla mistica*, Brescia, 1933, *passim* y p. LXXXIX.

Este tomo también como el anterior y los dos siguientes se presenta, a veces, como un borrador, y no tiene numeración.

Hablaremos ahora muy brevemente del ms. de Alfonso Ortiz que se conserva en la biblioteca del cabildo de la catedral de Burgo de Osma, *Liber Dialogorum Alfonsi Ortiz*, según se expresa T. Rojo Orcajo (33) «un opúsculo muy curioso, en el cual, como declara su autor en la dedicatoria, se propone seguir el ejemplo de los antiguos Sócrates, Platón, etc., imitando sus diálogos y exponiendo la doctrina acerca de la sabiduría, de la felicidad y las virtudes morales. Los interlocutores son la Fama y Jerónimo, primero, luego intervienen Sócrates, Platón, Cicerón, etc., y el arzobispo, como personaje principal; exponiendo, como es lógico, la verdadera doctrina...». Tiene sin duda importancia desde el punto de vista literario y filosófico (34). En 1929 llevaba la signatura ms. n. 40 y cuando lo vimos en Osma (1940) llevaba la signatura ms. 113. El Diálogo es dedicado a don Alfonso Carrillo, lo cual probaría que fue compuesto antes del año 1482. El texto está escrito en latín. El ms. se halla encuadernado y presenta los títulos en rojo, además mide 200×138 cm. y los folios son 119. Y el ms. parece bien conservado, es de suponer que procede de un convento de jerónimos. Y esto explica que la presencia de San Jerónimo motivó el haberlo regalado o el propio canónigo Ortiz o el arzobispo a un monasterio de jerónimos que se encontraba en la diócesis de Osma.

Entre todos los manuscritos de nuestro autor éste se presenta como el más cuidado. No podemos afirmar que la letra es suya, pues más bien parece que nuestro humanista hizo copiar el ms. para presentarlo a don Alfonso Carrillo y quién sabe si luego no pensara sacar-

---

(33) Catálogo de la biblioteca de la catedral de Burgo de Osma, Madrid, 1929.

(34) Ob. cit., p. 167.

lo a la imprenta, como pasó con el libro de los *Cinco tratados*.

El contenido del ms. se divide del siguiente modo: fol. 1-6 «Prologus»; fol. 6-36 v «Apoteosis rev. Alfonsi Carrillo liber»; fol. 36 v-42 r «Circa felicitatem dicere incipit»; fol. 42 r-76 r «Archiepiscopi et Zenonis stoici philosophi disputatio»; fol. 76 r-76 v «Oratio in sapientiam»; fol. 76 v-81 r «Archiepiscopi et Platonis brevis disputatio»; fol. 81 r-90 r «Archiepiscopi ac Marci tercia disputatio»; fol. 90 r-105 r «Archiepiscopi et Boetii cuarta disputatio»; fol. 105 r-105 v «Sapientia alloquitur Archiepiscopum»; fol. 105 v-114 v «Virtutum moralium vota in Archiepiscopi testimonium incipiunt, quarum prima fatur Prudentia»; fol. 114 v-117 r «Divinae Sapientiae oratio in Archiepiscopum deificatione». Siguen algunas hojas blancas.

En el prólogo Alonso Ortiz ensalza el esfuerzo que ha sostenido en alentar a sí mismo y a los demás «quadam opera sapientiae». De verdad, afirma, solamente la sabiduría nos hace parecidos a los dioses, y, contemplando la felicidad de los bienaventurados, nos percataremos de cómo los sabios han cultivado la prudencia, no tan sólo con el estudio de las cosas profanas, sino sobre todo para conseguir aquella sublime sabiduría acudiendo también a las ciencias humanas. Por tal razón introduce en el Diálogo a Jerónimo «quedam elegantem virum cuncta ferme disserentem». En la composición del Diálogo su autor nos declara que no ha acudido solamente a «Plato noster», sino a «tota athica comedia» y a los «philosophorum socraticorum libri».

Hemos dicho que el ms. está formado por varios diálogos que se han llamado «opúsculos». Resumiremos dos de éstos para que el lector se entere de su contenido y de la forma adoptada por Ortiz en éste que consideramos uno de los más acabados escritos de nuestro autor.

El «Archiepiscopus» abre el Diálogo preguntando: «Platón ilustre entre los más sabios, ¿qué hay que te parece mal dicho? Platón contesta: Por cierto como nada considero más contrario al hombre que el placer, éste he condenado, mientras tú, con todo tu apoyo, lo apruebas, pues en realidad creo conviene que en el hombre el placer se encuentre junto con la felicidad en el mismo hombre... ¿Qué contestas a esto, dime? Arzobispo: Si recuerdas lo que he dicho hace poco, oh ilustre Platón, ¿por qué tan inútilmente tantas palabras desperdicias? Dilo, pues, así no parecerá que yo esconda tus argumentaciones. Platón: De por sí el placer no es ni bien ni mal, esto resulta evidente. Todos amando aquél hemos llamado el dolor mal, y por lo tanto se considera éste contrario a aquél y nos parece que representa en relación con aquel mismo un peligro. De verdad no puede encontrarse junto en el hombre si se ha gozado el otro... Opino que si pensara en lo dicho esta obra podrá servir de ejemplo, por lo cual si Dios quisiese poner de acuerdo aquella repugnancia no lo podría conseguir. Han convenido las extremidades en uno de los dos y de aquí procede que si uno asiste al otro es preciso que aquél siga luego al otro, como a nuestro Sócrates aconteció en la cárcel que, doliéndole la pierna por estar apretada con las cadenas, sentándose sobre la cama, encogió la pierna y la tocó con la mano, y así después del dolor sintió que venía el placer. Por esto a uno sucede en seguida el mal, cuando uno y otro (placer y dolor) están juntos. Por esto, según nosotros, el placer no contiene nada bueno. Con razón por lo tanto se suele decir que aquellas cosas son nada: cierta impresión en la naturaleza sensible. Aquélla (se entiende el placer) se realiza en el sentido. La impresión no va junta con alguna finalidad, así como ningún levantamiento de casa es un bien si le falta una finalidad. El bien existe cuando existe relación con una finalidad. Ni se presenta placer si es procurado por fuerza. Los niños y las bestias que nada sienten persiguen los placeres, pero no los hombres prudentes ni los virtuosos. ¡Oh, desgraciada esclavitud de las virtudes que sirven el placer! Deber muy señalado de la prudencia es escoger los placeres y todas las virtudes encontrar, bien en la vida común y en los trabajos, bien en la contemplación, bien en el descanso... Opiniones contrarias a éstas se puede decir que hemos disputado en otro lugar por lo cual me parece oportuno omitirlas ahora.

Arzobispo: ¡Cuán espléndidamente, o Platón dulcísimo, has hablado! Pero tales dificultades podía cada uno resolver por su cuenta con lo que antes se ha dicho...»

Hoy se estudia la distinción de los placeres en simples y en mixtos. Son llamados simples los placeres que derivan de la disciplina... Y se pueden considerar como hábitos que son operaciones conforme naturaleza, y éstas no impiden la operación de los que se dedican a la disciplina. De por sí el placer no estorba el desarrollo de la virtud, sino más bien la aumenta... El hecho de que todos busquen el placer significa que éste es necesario y óptimo, pero hay que saber advertir las diferencias; como las hay entre el hombre y el niño. Todos lo quieren, pues tiene en sí algo divino. Dice Boecio que placer y felicidad según razón son una sola cosa... Las operaciones de los hombres perfectos siempre se tienen que considerar como llenas de placer, y por esto se condena la opinión de los estoicos, según los cuales se afirmaba que para la felicidad se necesitaba solamente la virtud. El placer se considera por lo tanto como instrumento de la felicidad, y con esto se refuta la posición platónica por la cual no existiría desperdicio de felicidad.

El Diálogo termina con una especie de oración que el arzobispo y Platón dirigen a la divinidad. Interviene la sabiduría, la cual dice a Platón que ha hablado en manera que ella con el silencio ha confirmado todo lo que él ha dicho. Pero Cicerón desea contradecirle y por eso Platón tiene que prepararse. Cicerón, dirigiéndose a la sabiduría, exclama que no puede dar dignas alabanzas a la sabiduría y, por consiguiente, otorgará la debida gloria solamente al silencio.

Vamos a resumir ahora la cuarta disputa, que Ortiz supone haberse celebrado siendo interlocutores el arzobispo y Boecio. El filósofo ostrogodo reprocha al arzobispo, «decus Ecclesiae Toletanae», que habiendo olvidado algo de la doctrina «Christi veri philosophi veritatis», ha dicho cosas que no se conforman con la Sagrada Escritura. Pues hay que asentar que existe una virtud perfectísima la cual a todos ha reconocido sus derechos. Esta virtud se llama Justicia y las demás virtudes sin ésta nada pueden hacer. Aristóteles así afirma en el Libro de Etica: «Inter morales virtutes eam proponit quum illarum sit lucifer». Sostiene por su parte Boecio que la virtud intelectiva nos hace formalmente buenos y el arzobispo lo rechaza, pero luego le demuestra, enseñando que el hombre, aun siendo vencido por los demás animales en resistencia física, a todos vence, como que «habet eam (virtutem moralem) perfectiorem ut nos bonos efficiat formaliter, quod virtus intelectiva non habet». Boecio trae a cuenta el paso de San Pablo en la epístola II a los Corintios, en donde se dice que de las tres virtudes, fe, esperanza y caridad, ésta es la mayor. Por cierto, «palam est beatitudinem in karitatem ponendam, non sapientiae aut philosophiae operatione». El arzobispo contesta que Santo Tomás enseña a dar respuesta, en cuanto «firmiter enim tenemus caritatem aliis virtutibus esse praestantiorem at non». «Simpliciter», sí, pero, «non tam hoc concluditur generaliter esse meliorem illo habitu vel lumine quod esentiae divinae visionem elicit».

Aquí, como en todos los diálogos que acabamos de señalar y en particular en el Diálogo sobre la educación del príncipe don Juan que vamos a examinar ahora, Ortiz sigue un método, a todas luces, humanístico-cristiano. Su conocimiento de la filosofía y de la civilización clásica, griega y latina, resulta asaz compleja y conforme, con ello nos percatamos por el contenido de sus escritos que hemos conocido y descubrimos como su preocupación, o mejor dicho, el objeto que intenta perseguir en su obra, consiste en ilustrar a sus contemporáneos varios momentos de la sabiduría antigua (que, en cierto sentido, guarda todavía rasgos de la revelación divina). De aquí la justificación de las frecuentes citas de autores paganos y cristianos. La filosofía tomista, o aristotélica-cristiana, no se presenta en pugna con la elaboración del pensamiento precristiano y por consiguiente subrayamos que Platón, al cual nuestro autor acude muchas veces, con el espíritu abierto de hombre del humanismo, muy a menudo se encuentra de acuerdo con Santo Tomás y con Boecio, Lactancio, San Juan Damasceno, lo cual acontece también con Séneca, Cicerón, Horacio y otros. Además Persio, Virgilio van mencionados al compás con San Agustín (quien, por cierto, interviene a menudo en los escritos de Ortiz), San Gregorio, el autor tan estudiado por sus *Diálogos morales*, San Pablo, al cual Ortiz acude con frecuencia (sobra decir que son muchas las citas de la Sagrada Escritura), Dionisio el Areopagita, Hugo de San Víctor y muchísimos autores más que atestiguan la cultura de nuestro autor.

Aunque no podemos detenernos tanto como quisiéramos sobre el Diálogo en torno de la educación del príncipe don Juan, lo que hemos dicho hasta ahora sobre la obra de Ortiz nos ahorrará atención y trabajo.

Conociendo ya muchas obras y muchos escritores de finales del siglo xv, que se avenían con la orientación intelectual y cultural de nuestro humanista (mencionamos tan solamente a Juan de Mena, a Juan de Lucena, a Alonso de Cartagena, a Fernán Pérez de Oliva y a muchos escritores de la segunda mitad del siglo xv, en los cuales la afición humanística había abierto caminos hacia una nueva sensibilidad y nuevas culturas), la persona de Ortiz, y de manera especial su Diálogo no desmerece en nuestra atención ni mucho menos. Asombra al leer esta última obra del canónigo Ortiz la profundidad de conocimientos entorno del saber filosófico y pedagógico de la época.

Por cierto, no tenemos por parte nuestra autoridad bastante para enfrentarnos con los problemas filosóficos, sin embargo no opinamos salir de una justa y supeditada apreciación al hablar de su actitud optimista y hondamente armonizadora del pensamiento antiguo, en la elaboración doctrinal cristiana. Ortiz nos descubre, a cada paso, el propósito de aprovechar lo que los autores clásicos han escrito en el dominio de los problemas existenciales que preocuparon a la humanidad de aquel entonces. Claro está que algunas veces le toca, como teólogo cristiano, corregir opiniones, condenar posiciones, pero nos parece que por poco que le sea consentido, sin infringir la solidez del credo cristiano, pide muy gustosamente auxilio a los grandes filósofos Sócrates, Platón, Aristóteles, Cicerón, Séneca, y hasta le parece conveniente situar los mismos poetas del mundo clásico, como Virgilio, Horacio, Ovidio y otros más, bajo una luz filosófica, interpretando sus versos, alguna vez en sentido platónico.

Si quisiéramos buscar entre los contemporáneos de Ortiz algunos escritores que pueden haber formado con él lo que solemos llamar ambiente y cuyas obras ofrecen parecido con las suyas (tal vez éstas también sugeridas por los Reyes Católicos o por el mismo cardenal González de Mendoza) habría que mencionar ante todos a Pedro Díaz de Toledo, a quien Juan II encargó la traducción de los preceptos más notables de la filosofía moral de Aristóteles, el libro de las costumbres de Séneca (todo esto es anterior a 1454). Pedro Díaz tradujo también los *Proverbios Morales* del mismo filósofo; pero la obra que más le acerca a Alonso Ortiz es el *Tratado de filosofía moral* que este humanista compuso sobre la muerte del Marqués de Santillana, en donde hace muestra de su erudición, sin evitar cierta pesadez, defecto común a la mayoría de los moralistas del siglo xv. Fue Pedro Díaz familiar del cardenal Mendoza que con él se trasladó de Sevilla a Toledo, cuando éste subió a la cátedra de Toledo. Semejante rasgo también hace que le consideremos situado en la misma zona de cultura de nuestro escritor y, aun no disponiendo de documentos específicos, nos parece que los dos trabarían íntimas relaciones entre sí. Así sería imperdonable descuido olvidar a dos más tratadistas de la misma época, que muy bien la representan y precisamente en su carácter moralizador y humanístico: aludimos a Diego de Valera, ya nombrado, y a Fernán Pérez de Oliva. Aunque el primero murió en 1486, su nombre tuvo que gozar mucha fama en los años durante los cuales trabajaba Ortiz, y sus dos obras, *Doctrinal de los príncipes* y *Espejo de la verdadera nobleza*, puede que hayan inspirado el Diálogo sobre la educación del príncipe don Juan, sobre todo en el *Espejo* Valera acudió a Aristóteles, Boecio, Cicerón, San Gregorio, San Agustín y, tal vez, en escala menor, actuarían como actuaba Ortiz, o sea, fundiendo la cultura pagana con la cristiana. En este último tratado, después de haber expuesto las «opiniones de los sabios antiguos acerca de la nobleza», dedica un capítulo a la teologal nobleza, refiriéndose naturalmente al pensamiento cristiano. También el *Diálogo de la dignidad del hombre* que Pérez de Oliva, una de las personas más doctas de aquella época, debió de componer en aquel torno de tiempo, es estimado una «imitación de Platón y de Marco Tulio».

Ortiz al escribir su Diálogo sobre la educación del príncipe don Juan no podía prescindir, aun admitiendo por imposible que lo hubiese querido, de la preceptiva clásica concretada en costumbres, ni descuidar un patrimonio de ideas que se imponían como necesario.

Pero nuestro escritor hizo algo más al querer presentar a la reina Isabel un tratado verdaderamente completo sobre la educación, en el cual, por supuesto, ya no podía faltar nada. Esto podría significar que el escrito de Ortiz en las intenciones del autor debía cerrar una tradición ya tan firme y tan ilustrada. El humanista se propuso —y lo demuestra a todas luces el plan mismo de la obra— resolver los problemas teológico-filosóficos previos a toda educación, luego aquellos que afectan directamente la pedagogía. Por esto el Diálogo se divide en dos partes distintas. En la primera, distribuida en veintiún capítulos, Ortiz propone y soluciona muchas cuestiones que podían invalidar la obra del educador. Después de haber encomendado a los reyes el mayor cuidado en la educación de los hijos, el cardenal (el interlocutor de la reina, que pensamos ser el propio cardenal Mendoza y al mismo tiempo quien expresa las opiniones de Ortiz) dirigiéndose a la reina —el Diálogo, como ya apuntamos, se desarrolla entre estos dos personajes, puntualiza, citando el dicho de los filósofos pitagóreos: «Philosophia contendit purgare genus humanum», la necesidad en la cual se encuentra todo preceptor de librar sus discípulos de «nostra terrena ignorantia et mortalis corporis specie». Aquí Ortiz quiere corregir la opinión de Platón, el cual no admite de ninguna manera que el cuerpo del hombre pertenezca a su parte sustancial, pues, conforme con tal posición ideológica, se afirmaba «anima igitur homo est», mientras Aristóteles reconoce, y en esto coincide con el espíritu del Cristianismo, que el hombre resulta compuesto de dos elementos: alma y cuerpo. Plantea luego las consecuencias del pecado original «dificultas ad bonum et error», por lo cual el hombre tiene que acogerse a la virtud para quitar todo obstáculo a obrar el bien y a la verdad y para vencer el error. Contrariamente a lo que afirmaban los seguidores de Platón, nuestras míseras condiciones no proceden del cuerpo, sino del alma que fue manchada por el pecado original. Sin duda aquí nuestro autor adhiere a la doctrina de San Agustín. Es curioso, como ya señalamos antes, que Ortiz ve en el poeta Virgilio un platónico, y para convencernos cita los versos del autor de la *Eneida:* «Igneus est illis vigor et celestis origo / seminibus quantum non noxia corpora tardant / terrenique ebetant artus muribundaque membra / omnisque illas notissimas animi perturbationes» (35). Si la muerte es una de las consecuencias del pecado original, tres son las razones por las cuales se explica la resurrección: conforme con la perfección de la naturaleza y conforme con la justicia, y, en fin, por conformidad de los miembros. Ortiz sigue su asunto ilustrando la realidad del pecado original, y acudiendo a las expresiones de Agustín afirma que el pecado original fue pecado de «concupiscentia», que el hombre transmite a su misma descendencia. Aclarado el sentido de la miseria que aflige a la humanidad y contra la cual el preceptor tiene que luchar para reducirla, no pudiendo anularla del todo, el autor se interesa por otro problema que en sus tiempos guardaba todavía mucha importancia: el influjo de las estrellas sobre el hombre, como los estoicos reconocían a los astros un dominio absoluto. Ortiz, por su parte, admite que los astros habían destruido el albedrío del hombre. Menciona, a este punto, a Virgilio, Séneca, Juvenal, que opinaban que «fata regunt homines». Esto opina también Homero. Sólo Cicerón se atrevió a rehusar el «fatum». Sin embargo, Ortiz comenta que la fe católica rehúye de toda doctrina capaz de imponer el dominio del «firmamento» sobre la vida y los actos del hombre. La razón de semejante creencia procede del hecho de que los estoicos enseñaban que las operaciones del intelecto del hombre «ex corporeo principio in celestia corpora» y sostenían que el acto de la inteligencia procede «ex rerum imaginibus mentibus impressis sicut specularia formantur simulacra». Ortiz todavía reconoce, con Dionisio y el Damasceno, que el intelecto humano en algo participa de las estrellas, en cuanto el intelecto y la voluntad reciben algunas impresiones de las fuerzas inferiores del cuerpo, por ser uno y otra, de cierta manera, vinculados con los órganos corpora-

---

(35) En l. VI, vs. 730-732. Hay que advertir que el v. «omnisque illas notissimas animi perturbationes» no pertenece a la *Eneida* de Virgilio.

les. Admite también que nacer bajo una buena constelación es cosa bienaventurada, como que el influjo que esta constelación ejerce sobre el elemento físico es indiscutible, al par que indiscutible se nos presenta el influjo que recibe el hombre de los ángeles. De tal cuestión se pasa al «fatum» y después de haber mencionado las ideas de Homero, Cicerón, Séneca, San Agustín, acude a Boecio y reconoce la distinción que este filósofo precisa entre Providencia y hado, siendo que este último es solamente la disposición inherente en las cosas móviles. Dios dispone con su Providencia, añade el autor del *De Consolatione philosophiae*, y, sirviéndose del hado, administra las cosas dispuestas. Así se nos hace manifiesto que el hado no puede de ninguna manera trascender lo divino, por su carácter de mera disposición de las causas medianas. Las cosas creadas, sin embargo, elevadas a Dios ya guardan en el plano divino alguna razón de contingencia, pues cuando las consideramos bajo tal aspecto presentan el imperio de la necesidad. Concluida la cuestión que atañe al hado, en la cual, como hemos podido constatar, se ha salvado la libertad del hombre y, por consiguiente, la eficacia de la obra del educador sobre su alumno, Ortiz, siguiendo todavía las huellas de Boecio, pasa a hablarnos del tiempo y repite, por su lado, la definición de la eternidad y del tiempo, siendo aquélla «perfecta y total posesión de una vida sin término», mientras conforme el pensamiento del Estagirita, el tiempo es sencillamente un número de movimientos anteriores y posteriores. Ortiz se refiere a la posición de Dios frente a los acontecimientos del mundo y luego comenta la ley del libre albedrío, con la cual queda establecido que las operaciones libres y contingentes nacen de causas contingentes. Pero no tenemos absolutamente que creer, según reza la afirmación de Dionisio, que la Providencia corrompe la naturaleza. Así concluye la primera parte del Diálogo en la cual el autor, por decirlo así, ha despejado el terreno de todo obstáculo a la libertad del hombre, base fundamental de cualquier obra de educador.

El libro segundo contiene sesenta y tres capítulos y desde el comienzo trata problemas que más estrechamente atañen a la educación.

En efecto, esta parte del Diálogo empieza declarando que la reina se ha percatado de la causa que ha provocado la decadencia del hombre y de cómo la ley, a la cual está sometida toda la humanidad, no va sujeta a las estrellas, siendo libre el espíritu, y cómo la voluntad del hombre sólo tiene que obedecer a Dios.

A la pregunta, planteada por la reina, sobre cuándo convenga dar comienzo a la educación del niño, contesta el cardenal que desde los primeros instantes de su vida, por el hecho constatado que la razón se forma muy pronto, como que a ningún animal le es propio el movimiento como lo es a la razón o pensamiento del hombre el discurrir. Aun siendo diferentes las capacidades de los hombres en relación con el ingenio de cada uno, no existe persona, afirma Quintiliano, que no haya conseguido algún adelanto gracias al estudio. Por lo tanto, conviene que el niño esté formado antes que ninguna corrupción del saber lo haya podido corromper.

Después de haber tratado la necesidad de buscar nodrizas de buenas costumbres y de habla honesta, explica lo esencial que es para los hombres ser fornidos de doctrina y erudición. «Vita sine doctrina imago mortis». Recuerda a Salomón, a San Gregorio, a San Agustín y comenta la frase del salmo «Beatus homo quem tu erudieris, Domine», y pone de relieve el deber especial que incumbe a los reyes de someterse a disciplina, para que puedan conseguir la eficacia de las leyes e impedir toda corrupción. Menciona el ejemplo de Felipe, rey de los Macedones, que se dirigió a Aristóteles anunciándole que había un hijo «de educar». Innumerables son los casos que Ortiz recoge aquí para comprobar la importancia del saber. Pero también habla de la naturaleza como elemento esencial para la perfección del hombre. Aristóteles (36) dice que el hombre se vuelve bueno por naturaleza, costumbre y doctrina. La naturaleza no está sometida a nuestro poder, pero sí la preparación del terreno, en el cual tenemos que echar la simiente, ha sido hecha, podemos esperar buenos resultados. «Necesse est ut mos praexistat ad virtutem», dice Aristóteles al afirmar que para conseguir la perfección se precisan las tres condiciones: «Natura, mos et ratio». Se presenta aquí, sumamente indicativa la postura de Ortiz, quien sabe armonizar con toda discreción la doctrina de Aristóteles con el pensamiento de su tiempo. Parece que su intención es repetir, en proporciones desde luego reducidas, los problemas que tan de cerca le urgen: la obra de cristianización hecha por la filosofía escolástica. Pero sí, se puede afirmar que Ortiz trabaja con mayor soltura y conformidad en el clima del Humanismo y luego del Renacimiento.

Nuestro escritor menciona a Averroes (37), el cual asienta: «Adversitate corporis degenerat animi ratio et insuper variatur intellectus in homine propter diversitatem loci et temporis». Insiste en considerar a la costumbre como segunda naturaleza, para pasar a tratar del hombre: «Quid est homo quod memor es eius?». Son palabras del salmista, quien compara al hombre con los ángeles, «Angelus conservus hominis». Recuerda a Ovidio, Virgilio, Marco Manlio, pues su «ratio omnia vincit». Los testimonios del mundo pagano y los reconocimientos del pensamiento cristiano forman una atmósfera que no dudamos llamar de verdadero y sano optimismo, en el cual los valores del individuo se ven ensalzados. De Lactancio menciona el dicho (38) «Homo natus est ad iustitiam et ad ceteras virtutes»; en efecto, el hombre es la sola criatura que vive sobre la tierra capaz de alabar a Dios con su lengua y es la

---

(36) En *De Moribus*, l. XI.
(37) L. II *De Anima*.
(38) En *De Ira*.

sola que tiene el cuerpo derecho para poder contemplar.

En aras de lo que definimos optimismo, Ortiz reprocha a los epicúreos sus teorías con las cuales rechazan la Providencia de Dios en el mundo, en donde todo acontecería por mera casualidad. Plinio llama a la naturaleza suegra y no madre. El capítulo séptimo está precisamente dedicado a poner de manifiesto la falsedad e ignorancia de los que maledicen de la realidad del corazón humano. Por esto, dice Ortiz, nos encontramos en un dilema: o preferimos la humana debilidad con la humana sabiduría o nos acogemos a la fuerza animal y aceptamos su naturaleza también brutal. Platón, menciona nuestro autor, dio gracias a la naturaleza por habernos llamado a la luz y reconoció que los órganos que han sido reservados al hombre resultan más útiles que los que han sido dados a los animales. Y, por consecuencia, mucho se equivocan los que consideran al hombre como último de los animales. Tanto es así, añade Ortiz, que la sabiduría de Dios ha dispuesto cada cosa de manera que óptimamente responde a su género y a sus causas. En sosteniendo este principio se apoya en Santo Tomás. Se prueba la superioridad del hombre en la jerarquía de los demás animales y si le corresponde el último puesto entre los espíritus, según declara Dionisio en *De divinis nominibus* (39), es porque no tiene directa noticia de la verdad.

En el capítulo XI se habla de las potencias del alma y precisamente de aquéllas capaces de adquirir un hábito; éstas son el intelecto y la voluntad. Pero cada criatura goza una participación especial de estos bienes. Pasando a considerar al hombre cual ciudadano de dos ciudades, advierte que para tener parte en la ciudad celestial no son suficientes los medios terrenos: se necesita la gracia divina. Enumerando las diferen-

---

(39) Dionisio, ob. cit., pág. 289.

cias que median entre los individuos y pesando las inclinaciones de cada uno hacia la variedad de la realidad, trae a cuento tres ejemplos de la historia antigua (Hanibal, Péricles, Pitágoras, Temístocles, etc.) y así acuerda en que cada uno escoja en la vida una mansión conforme con sus capacidades, para que no pueda acontecer que los actores del teatro parezcan tener mayor prudencia, en cuanto éstos eligen papeles que no llamaremos óptimos, sino acomodados con sus inclinaciones y posibilidades.

Trata luego de los afectos y de las pasiones, e insiste particularmente sobre la teoría de los peripatéticos y de los estoicos. Estos definen los afectos como movimientos turbios y contrarios a la razón, mientras los peripatéticos sostienen que de por sí los afectos y las pasiones no son ni buenos ni malos, sino que merecen alabanza y represión en cuanto obedecen a la razón o la obstaculizan. Ortiz reprocha a Cicerón su firme reprobación frente a los peripatéticos. Los estoicos por su parte opinan que todo movimiento del apetito corporal es algo malo y Ortiz discute con Cicerón, pues el filósofo romano no reconoce a los peripatéticos el mérito de haber reprobado la iracundia. Séneca, en su libro *De Ira*, demuestra cómo este movimiento de ideas es totalmente contrario a la razón.

Con el capítulo XX de la segunda parte entramos de lleno en la esencia del Diálogo, pues allí Ortiz empieza a hablar de las disposiciones y de los comienzos necesarios para que el joven venga educado. Luego discurre de la disciplina según la cual hay que guiar el discípulo con el objeto de disponerlo a las buenas costumbres. Cuanto al momento en el cual es oportuno dar principio a enseñar los primeros elementos al niño, Ortiz, después de haber mencionado a Horacio, Quintiliano y a los mismos griegos Esíodo, Demóstenes, señala los siete años como edad conveniente. Nuestro autor se detiene sobre los asuntos específicos de la enseñanza de los mismos párvulos; habla, por ejemplo, de «tabulae esculptae», de principios necesarios para la lectura, para deletrear, pero sobre todo es su preocupación constante que se cuiden las buenas costumbres y que las lecturas vengan inspiradas en la verdad, la realidad y la honestidad. Llama la atención subrayando que muchas veces la corrupción de los hijos depende de excesiva indulgencia de los padres. Y entre los que pueden influir en dar una educación demasiado floja Platón incluyó a los mismos poetas y por esto pretendía que se los echase de la ciudad. Mucho alaba nuestro humanista el modelo de educación que Platón nos describió en sus obras, y siendo nuestro autor convencido seguidor de la cultura antigua, enseña con cuál espíritu los jóvenes tienen que acudir a las obras de los paganos. También de relieve se presentan los capítulos en donde Ortiz estudia el método para conocer las inclinaciones del joven, sus capacidades. Dedica el capítulo XXXVIII a la conversión y la forma de vida que deben llevar los hijos de familias ilustres.

La inclinación y la preferencia de Ortiz por tratar aspectos morales en la educación le lleva otra vez a tratar de las virtudes morales, de la oposición entre virtudes y vicios. Con particular diligencia insiste sobre el conocido concepto del justo medio, en especial modo en cuanto se refiere a los efectos.

Principio del obrar del hombre es la selección de los actos y de la conciencia con la cual realizamos nuestras operaciones. En todas estas tan complejas cuestiones Aristóteles es a menudo el maestro a quien nuestro autor sigue fielmente. Sin embargo, para presentar la personalidad de Ortiz en su integridad, no olvidaremos que siempre se le acompaña la admiración hacia su preferido filósofo Platón (quien a finales del siglo XV y durante todo el siglo siguiente gozó de mucha autoridad). Alguna vez, pudiendo acogerse a las ideas del fundador de la Academia, sin faltar con los principios cristianos, percibimos que se alarga sobre estas ideas con gusto.

En el capítulo en donde trata de la elección y consultación, sobre cuestiones de formación espiritual y cultural de los jóvenes, se dirige expresamente a los reyes y menciona el dictado de Aristóteles, aceptando la antigua tradición que Homero consigna, conforme la cual los reyes establecían que se realizara lo que habían escogido después de la elección. Aquí, como en innumerables pasos del Diálogo, tal vez juntos a «Thomas etiam beatissimus» y Aristóteles. En el paso que citamos se afronta el problema de la voluntad, y, de manera especial, se alude a la «multitudo pravorum» en comparación con los «pauci qui certe viri optimi et studiosi reperiantur».

Resueltas las dificultades que se oponían a la justa interpretación de la voluntad, de la capacidad que reside en el hombre de escoger entre virtud y vicio, y de lo que «more aristotelico» hay que contestar a los que afirman no ser consentido al hombre resistir al vicio. Ortiz concluye (desde luego, no podemos resumir aquí todo el contenido del Diálogo) con cuatro capítulos en donde expone sus teorías sobre la bienaventuranza eterna, o mejor dicho, aquí expone las teorías propias del Catolicismo. «Mens quidem incorruptibilis beatitudinis dumtaxat est capax... Nam quum sit summum bonum ipsa beatitudo solis rationabilibus comunicatio eius conveniens est quae certe beatitudo finis noster est...». Así se expresa Ortiz reelaborando, con la consabida finura de lengua y de claridad, el contenido de las obras especulativas de los gentiles que tuvieron conocimiento del problema y de los padres de la Iglesia.

Con el fin de que los discípulos aprendan temprano el camino que llevan a esta bienaventuranza, en donde el espíritu encontrará su perfección, ha insistido todavía en el capítulo LIX sobre la necesidad de «pueros ab ineunte aetate ad virtutes provocare et compellere». De esta manera la finalidad última del hombre y la finalidad de la educación, que no busca otra cosa sino llevar el joven a la perfección terrenal —en el caso de nuestro príncipe don Juan y en el caso de cualquier joven que se encuentre bajo la dirección de un maestro se entenderá una perfección conforme con su categoría social y con su vocación— y, por consiguiente, también a la perfección eterna, se hallan casi identificadas en estos últimos párrafos del Diálogo.

Hemos visto cómo la obra de Ortiz no encierra ninguna referencia política, sino más bien se ciñe a la formación completa de las exigencias que la educación de un ingenio despejado (como nos consta que fue el infeliz príncipe) imponía. Este había sido el propósito del autor y esto le pareció haber conseguido. Decía, por cierto, en la carta proemio del Diálogo dirigida a los reyes: «... Venit in mentem mihi... non inutile dicatum exiret, quod republicae cristianae maxime conveniat». Y en realidad lo que mayormente convenía a la «respublica» de los reyes era que el joven príncipe con los demás súbditos «incipiant nostri aliquando sapere quum iucunda sit mortalibus regni tranquillitas». España, que después de siete siglos de guerra empezaba a disfrutar de una verdadera paz, colocaba entonces sus esperanzas en el hijo de Fernando e Isabel, a cuya formación Alonso Ortiz pensaba servir de alguna manera con el Diálogo que acabamos de presentar.

Abrigamos la convicción de que el Diálogo de Alonso Ortiz sobre la educación del príncipe don Juan, con sus largas consideraciones filosóficas y pedagógicas, en gran parte procedentes de un aristotelismo vivificado por el movimiento escolástico del siglo xv, puede ofrecer a los estudiosos de este siglo un panorama amplio y real de su situación cultural. A esto hemos orientado nuestro trabajo.

Giov. M. Bertini

Universidad de Turín (Italia).

Lámina 1

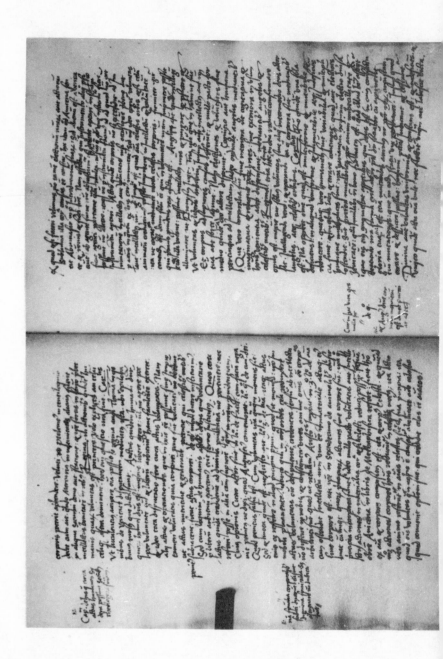

Lámina 3

Lámina 4

SOBRE LA EDUCACION DEL PRINCIPE D. JUAN, HIJO DE LOS REYES CATOLICOS

Libro de la educación del serenísimo príncipe D. Juan, primogénito de los poderosísimos reyes de Castilla, Aragón y Sicilia, Fernando e Isabel, ínclita prosapia, cónyuges clarísimos.

LIBRO I

Capítulo Primero.

REINA.—Advertí, oh cardenal, de las cosas que están escritas en los libros anteriores, que es mayor el trabajo que sobrellevan los reyes de cuanto creía. En efecto, la diaria preocupación por las cosas aflige nuestra alma y todavía no hemos puesto delante de nuestros ojos los cargos más graves, de forma que resulte evidente lo que corresponde a la dignidad de los reyes.

En realidad, los particulares, para alcanzar la bondad, sostienen pugnas duras contra sus pasiones, sostienen luchas contra las cosas exteriores y en contra los adversarios. Y esto para que quede en el hombre la razón incontaminada, la cual está sitiada por tantas pasiones turbidas, por tanto género de placeres, por tanta violencia de enfermedades, por tantas mudables vicisitudes y por tantas necesidades de la vida. Con tantos males descuidados, que desde el principio de la vida arremeten al género humano, se hace cuanto más difícil aquella virtud que Dios otorga a los pocos que ama de verdad. En fin, con la grave preocupación de gobernar que se nos sobreimpone, nacen no pocas dificultades con referencia a las cosas que tenemos que cumplir.

Por lo tanto nuestro Salvador, queriendo hacernos solícitos para conseguir la vida eterna, no en balde nos dijo: «El camino que lleva a la Vida es angosto». Por cierto, este gran peso por el cual, con frecuencia, día tras día, estoy atribulada, no tanto en mí produce molestias, cuanto en aquellos que después de mí reinarán. Por ellos duramente me muerde este afán que despiertan en mi alma los trabajos y peligros a costa de los cuales entrarán en el camino de la vida y del reino, y si Dios no llevara de su mano mi primogénito Juan en la vida recta, con mucha facilidad podrá caer desde su adolescencia, según reza el sagrado texto con estas palabras: «Toda edad está inclinada hacia el mal». Tanto deseo formarlo en la costumbre e instruirlo en la doctrina desde su infancia, de forma que reluzca en él la gloria de sus antepasados, pues con palabras de Salomón: «El hijo sabio es la gloria del padre». Se me ocurre por esto este pensamiento: nada los príncipes tienen que cumplir con mayor diligencia, con mayor firmeza, que procurar que los hijos sean buenos y sabios, en la vida de los cuales la salvación de los pueblos se robustece o desmaya. La salud espiritual del Rey es medicina para el pueblo. La intranquilidad moral y la infelicidad del príncipe se resuelven en confusión y luego en ruina del mismo pueblo.

Por lo tanto, procuremos cuanto antes educar en las buenas costumbres a nuestro príncipe, de manera que, por fin, él todavía adolescente, empiece a asimilar la doctrina cuyo perfume inestimable lo hechice; pues, asimilando toda inmunda corrupción que crece con la edad, el alma no puede conservarse en esta vida con tanta pureza que la inmundicia de la carne no la contamine, y reciba cierta herrumbre de nuestra mortalidad. Para librarse el alma se somete a unas disciplinas saludables. Pues, tú, cardenal, toma sobre las espaldas esta preocupación que yo he establecido que compartas conmigo y escribas luego algo, en gracia de lo cual los preceptores de nuestro Juan puedan seguir educándolo en el justo camino. Ellos, por cierto, serán los ejecutores de tus preceptos, cuando tú mismo hayas ilustrado, antes, el camino del cual puedan ser favorecidos con mayor facilidad en la educación de nuestro príncipe.

CAPÍTULO II. *Cómo debemos ayudar a los adolescentes para que enmienden sus faltas y cómo y por qué sea preciso corregirlos desde los primeros años, y cómo los platónicos y los pitagóricos entienden la purificación.*

CARDENAL.—Tú, reina, tratas de lo que el hombre fuerte y sabio tiene que hacer para amparar la debilidad de los jóvenes, para que no se aparten de los preceptos saludables. Por cierto, toda la vida de los hombres está puesta en la incertidumbre: si no fuera refrenada por las bridas de la razón caería precipitándose en mil fallos, pues la carne lucha en contra del espíritu. La desenfrenada codicia aumenta los afanes. Los astros nos inclinan, el hechizo de los demonios nos empuja hacia los vicios y los embustes de los hombres malos nos seducen.

Los compañeros de los vicios empujan a los mortales con vehemencia: por doquiera los males nos sitian y nos traen y nos llevan de un lado a otro: contra todo esto, para emplear las palabras de los pitagóricos, la filosofía intenta enmendar al género humano de tantas miserias. Con mayor eficacia la divina y celestial doctrina de Cristo nos salva de todos los errores, nos ilumina y nos perfecciona.

REINA.—Admirable es que los filósofos hayan puesto de relieve, con ingenio perspicaz, la esencia de la naturaleza, de forma que han revelado lo que se halla en ella de divino. Por tanto, dime en qué manera los pitagóricos nos instruyen con sus preceptos a fin de apartarnos de los inmundos yerros.

CARDENAL.—Hiérocles en verdad dijo: «Es logro de la sabiduría conocer la purificación y la perfección de la vida». En efecto, a través de la filosofía nos alejamos de nuestra ignorancia terrena y de todo despojo del cuerpo mortal; a través de la misma filosofía también alcanzamos aquella perfección, gracias a la cual, cobrando el vigor propio e innato en nosotros, conseguimos nuestra semejanza con Dios. Y los dos resultados los consiguen sobre todo la virtud y la verdad, pues la virtud, en efecto, rechaza la irracional vehemencia de las pasiones; la verdad, por su parte, hace visible nuevamente la esencia divina que le es connatural; y, según dice el Timeo de Platón, en cuanto estamos sanos, alcanzamos el carácter propio de nuestra primera naturaleza: por tanto, conviene librarnos de la ignorancia y de la desidia.

REINA.—Y ahora enséñame de qué forma lo que se ha dicho antes se acuerda con la religión cristiana, pues, de buenas a primeras, parece estar muy cerca una de otra, pero estas palabras en el fondo abrigan alguna sospecha de error.

CARDENAL.—Acertadamente has juzgado. En realidad consta que el hombre está compuesto de dos elementos: de alma que es forma y de cuerpo que es materia. Sin embargo, los platónicos sostienen que el cuerpo no es parte integral del hombre, mientras lo es el alma, la cual usa del cuerpo como instrumento. De aquí procede que Platón, en el libro *Del desprecio de la muerte* así se expresa: «Nosotros en realidad somos ánima, inmortal animal encerrado en cárcel mortal; pero la naturaleza, debido a la presencia del mal, ha forjado el cuerpo, en el cual algunos placeres leves e inestables van juntos con muchísimos dolores. Y esto mismo enseña el platónico Simplicio en *Epíteto,* cuando nos dice que el hombre no es otra cosa sino un alma racional que utiliza el cuerpo como instrumento, y termina diciendo: «El hombre, por tanto, es ánima, y quien desee cuidar de un hombre tiene que cuidar de un ánima racional y atender a los bienes propios de aquella ánima». En efecto, quien cuida del cuerpo no cuida del hombre ni de las cosas que son nuestras, sino que cuida solamente del instrumento; quien se preocupa por el dinero y por sus demás cosas, no se cuida del hombre ni de su instrumento, sino de las cosas que son tan solamente instrumento.

Purificándonos de toda suciedad contraída después, nos enseñó a volver al primer aspecto del alma que era imagen de Dios; significando con esto que el hombre se contagia con el cuerpo, esto es, que el cuerpo contagia las almas. Sobre esta cuestión varia y diferente es la opinión de los filósofos en relación con lo que afirma nuestra religión, la cual, acertadamente, sostiene que el hombre está formado de cuerpo y alma: y esto asienta Aristóteles sin más. Por consecuencia, Ugo de San Víctor y el Maestro de las sentencias, investigando si en los tres días de la muerte Cristo permaneció hombre, creyeron, engañándose, que quedó hombre en aquellos tres días debido al alma, que según ellos se identificaba con el hombre, mientras que ella es solamente la parte principal de la composición. De hecho estimaban el alma ser forma de la especie y la materia ser parte del individuo no de la especie; la cual cosa no es verdad, pues a la naturaleza de la especie pertenece todo lo que está incluido en la definición. En la definición de las cosas libres por naturaleza no se halla solamente la forma, sino forma y materia en cuanto es común a toda la especie. De verdad el alma y el cuerpo constituyen el hombre por su razón de ser, y de hecho conviene que pertenezca por razón de la especie todo lo que es común en cuanto sustancia de individuos bajo la especie de los contenidos. La cual cosa, Agustín, en los libros *De civitate Dei,* afirma acertadamente, cuando dice: «El hombre no es solamente alma o cuerpo, sino uno y otro al mismo tiempo». Y en esto la sentencia de los santos es concuerda.

CAPÍTULO III. *Del hombre interior y exterior.*

REINA.—Si no me equivoco, he oído que Pablo solía distinguir para los Corintios el hombre interior del hombre exterior. De hecho dice: «Aunque se corrumpa nuestro hombre exterior, el que vive dentro de nosotros se va renovando de día en día». Pero el hombre interior, ¿qué puede ser sino nuestra alma? Por lo tanto, el apóstol llama al hombre alma y con eso da su asentimiento a las doctrinas platónicas.

CARDENAL.—Y en Aristóteles, en los «Libros de las costumbres», se trata la misma cuestión que allí se define como precipua y principal. De la misma manera que cuando un senador o un magistrado hace algo en la ciudad, decimos que esto ha sido hecho por la misma ciudad. Así, lo que es principal en el hombre decimos ser el hombre, y otra vez afirmamos que la parte intelectiva es el hombre interior y otra vez decimos que la parte sensitiva, junta con el cuerpo, es llamada hombre exterior. La misma consideración y conexión suele declarar el Apóstol y suele hacer los mismos espíritus contemplativos: llaman hombre precisamente las partes del hombre para poderlas distinguir, y distinguen facultad y actos en el mismo hombre. Pero, sin duda, se define como hombre aquel ser con el cual existe la perfección de la especie.

CAPÍTULO IV. *Del acuerdo de los platónicos con los maestros peripatéticos y con los libros de la fe y de los errores de los mismos alrededor del pecado de origen.*

REINA.—Veo que por lo que se refiere a la sustancia del alma y del cuerpo, que se llama hombre, los pitagóricos y los platónicos están en desacuerdo con Aristóteles y con los textos sagrados. Dime, por tanto, ¿en qué están de acuerdo éstos? Por cierto, me parece que ellos enseñan una purificación de los males que amenazan a los hombres: la virtud reprime y rechaza las perturbaciones aun vehementes que proceden de nuestro cuerpo mortal, pero la verdad confirma el pensamiento de manera que no puede desviar de su semejanza con Dios.

CARDENAL.—Y en estos dos principios ellos consienten con los nuestros, aunque en sus palabras podamos encontrar algún error.

REINA.—Explícame este error y el acuerdo de los dos.

CARDENAL.—En realidad, concuerdan con Agustín en el libro *De la naturaleza y de la gracia,* en donde dice que del pecado original nacen dos males: la dificultad de alcanzar el bien y el error. La virtud, por su parte, quita la dificultad y la verdad borra el error. Y, en estos dos principios, Agustín está más de acuerdo con ellos. Pero Agustín y la cristiana religión asientan que la causa del pecado procede del alma y no de la carne; y otra vez la corrupción nace del pecado, la cual corrupción no es pecado, sino castigo del pecado.

En verdad los platónicos piensan que las perturbaciones son hervor de la carne y que de su morbo brotan los pecados y los vicios. Esta afirmación la desarrolla Agustín en el libro XIV del *De Civitate Dei* con estas palabras: «Aunque Virgilio nos parece explicar la doctrina platónica con estos versos muy claros, diciendo: "aquellas simientes tienen un fervor ígneo y un origen celestial, en cuanto no detienen los cuerpos del pecado y entorpecen las articulaciones del cuerpo humano y sus miembros mortales", y queriendo entender que todas aquellas cuatro perturbaciones conocidísimas del alma —codicia, temor, alegría, tristeza—, casi orígenes de todos los pecados y de todos los vicios, provienen del cuerpo, añade: "Por esto temen, desean, gozan y sufren, y como están encerradas en tinieblas y en una cárcel ciega, no perciben el aire". Sin embargo, de otra forma discurre nuestra fe: "De hecho la corrupción del cuerpo que pesa sobre el alma, no es causa del primer pecado, sino pena; ni la carne corruptible hace al alma pecadora, sino el alma pecadora hace la carne corruptible; a pesar de que existen ciertas pecaminosas ocasiones para el vicio, sin embargo, no se tiene que atribuir a la carne todos los vicios de una vida inicua, ni podemos considerar al diablo exento de todo esto por el hecho de que no tiene carne"». Por lo cual tenemos que apartarnos de este error de los platónicos que atribuyen a la carne la causa del pecado.

REINA.—¿Por cuál razón, por lo tanto, el apóstol va enumerando las obras de la carne: enemistades, luchas, rivalidades, animosidades, envidias?

CARDENAL.—El apóstol llama a las obras de la carne obras del hombre, pues, bajo el nombre de carne llama el hombre, según la sentencia: «El verbo se hizo carne, o sea, hombre». Y en otro lugar, como le place a Agustín, se ha dicho: «Con las obras de la ley no se justifica ninguna carne». ¿Qué quiso decir Agustín, sino que todos los hombres van mencionados bajo el nombre de carne? De manera que, no sólamente llama carne al cuerpo del animal terreno y mortal, por ejemplo, cuando dice: «No toda carne es la misma carne, sino que otra es, por cierto, la carne del hombre, otra la carne de la grey, otra la de las aves y otra la de los peces», y emplea el vocábulo carne en muchos diferentes sentidos. Entre las varias expresiones, a menudo, al mismo hombre, como he dicho, llama carne. Por tanto, vivir según la carne es mal, como dice Agustín, y así Pablo escribió a los Gálatas: «Manifiestas son las obras de la carne, esto es, fornicaciones, suciedades, lujurias, idolatría, venenos, enemistades, rivalidades, emulaciones, animosidades, disenciones, herejías, invidias, ebriedades, juergas y otras cosas parecidas que voy predicando a vosotros como ya prediqué, pues, los que tales cosas hacen no poseerán el reino de Dios». Por lo tanto, este paso del apóstol parece responder cumplidamente a nuestro asunto. Por cierto, así lo resuelve explicando lo que es vivir según la carne, o sea, según el hombre; pues allí va enumerando también las obras de la carne y las del espíritu: de hecho la idolatría no es obra de la carne sino del alma y por su parte las herejías y las animosidades parecen pertenecer al alma. Por esto enumera los pecados del hombre que son propios de la naturaleza humana.

REINA.—¿Y qué vas a contestar a esto? El cuerpo que se corrumpe pesa sobre el alma y la demora terrenal oprime la sensibilidad y el pensamiento.

CARDENAL.—Te daré la contestación con las palabras de Agustín. El apóstol por su parte tratando de este cuerpo corruptible dice: «Aunque nuestro hombre exterior se corrumpe, si se disuelve nuestra demora terrena, que ahora consideramos nuestro edificio, sabemos que una casa eterna y no material está preparada en el cielo para nosotros». Agustín añade: «Encerrados en esta celda gemimos, deseando revestirnos con lo celestial, si vestidos no nos hallaremos desnudos». En verdad, mientras vivamos en esta casa sufrimos vestidos con lo que no hemos querido quitarnos, sino más bien hemos querido ponernos en demasía; de manera que lo mortal venga absorbido por la vida y por eso sentimos el peso del cuerpo corruptible. Reconociendo que la causa de esta carga no es la naturaleza del cuerpo, sino su corruptibilidad, no queremos que se nos despoje del cuerpo y por el contrario queremos revestirnos de su inmortalidad. Y entonces permanecerá el cuerpo;

pero, no siendo corruptible, no tendrá peso, pues es el cuerpo corruptible que pesa sobre el alma.

REINA.—Estoy aprendiendo algo muy agradable y dignísimo de que se conozca. La corrupción del cuerpo ha sido producida por el pecado, el cual pecado salió del alma para alcanzar el cuerpo. Aquella corrupción pesa sobre el alma y ésta desea no verse despojada del cuerpo sino revestida de la inmortalidad que el alma recibirá en su resurrección. Sin embargo, no es tanto el cuerpo que pesa sobre el alma, según afirman los platónicos, sino más bien es la corrupción del cuerpo que continúa hasta la muerte; y esto acontece hasta que el cuerpo corruptible no se separe del alma incorruptible. Pero en la resurrección, como dice el apóstol, adquirida la inmortalidad, el cuerpo resurge sin corrupción y seremos semejantes a Cristo primogénito de los resurgidos, nuestra cabeza, quien resurgió de los muertos primor de los durmientes. Y entonces el cuerpo no pesará sobre el alma, sino que disfrutará con ella.

CARDENAL.— ¡Oh, reina!, discurres justamente y por esto el apóstol así dijo a los Corintios: «Todos resurgiremos, pero no todos cambiaremos nuestra miseria con la inmortalidad pasando a través de la gloria. Los muertos resurgirán incorruptos y nosotros, seguidores de Cristo, mudaremos el estado de nuestra miseria con los dones de la gloria. Será preciso que este cuerpo corruptible revista la incorrupción y que el mismo cuerpo mortal revista la inmortalidad. Esto, por cierto, ha ignorado Platón. De lo dicho resulta la necesidad de nuestra resurrección.

CAPÍTULO V. *De la causa de la resurrección de todos los hombres.*

REINA.—¿Cuál es la principal causa de la resurrección, según la cual resulta necesario que todos resurjan?

CARDENAL.—Por tres razones, sobre todo, se puede divisar la necesidad de resurgir. La primera procede de la perfección de la naturaleza: por cierto, hay naturaleza imperfecta cuando el cuerpo, que es una parte del conjunto, se encuentra separado del alma, gracias a la cual unión la naturaleza humana alcanza su perfección. Por tanto, la separación entre el alma y el cuerpo, que acontece con la muerte, aparece contraria a la inclinación natural del hombre; y accidentalmente esto acontece por parte de la forma y, por consiguiente, tal separación no puede ser perpetua.

La segunda razón procede del efecto de la justicia divina, de manera que el cuerpo, o junto con el alma es glorificado, o satisface por aquellas culpas que juntamente han cometido.

La tercera razón deriva de la conformidad de los miembros con Cristo, cabeza de ellos, según tú misma has explicado; y por lo tanto, el apóstol prosigue con las palabras de Osea, enseñando lo que acontecerá en la resurrección: «Cuando este cuerpo mortal será revestido de inmortalidad, entonces se cumplirá la palabra que está escrita: "La muerte ha sido tragada por la victoria". El mismo concepto está presentado en otra forma: "Yo seré tu muerte, oh muerte", y de nuevo: "¿Dónde está, oh muerte, tu victoria?"». De hecho el apóstol gozaba en su alma por la venidera resurrección, de esta forma zahiriendo a la muerte, la cual, durante el tiempo de nuestra vida terrenal, a todos en su victoria nos absorberá; y exclama: «¿Dónde entonces se encontrará tu victoria, oh muerte, cuando ya no reinarás? ¿Dónde está tu aguijón?». Con estas palabras el apóstol sentencia a muerte el pecado que había envenenado la naturaleza humana, y por esto en otro pasaje, hablando a los romanos, dice: «A través del pecado entró la muerte». Y añade: «Aguijón de la muerte es el pecado. Y éste ya no existirá después de la resurrección en cuanto con la resurrección desaparecerán los dos: la muerte y el aguijón de la muerte, el pecado».

Así resulta claro cómo la corrupción pesa sobre el alma, y de donde ella procedió: a través la caída por el pecado original, que partiendo del alma ha corrompido el cuerpo junto con el alma. Así, digo, entró la muerte en el mundo, según dice el sabio, por las ventanas del pecado.

CAPÍTULO VI. *Si la muerte y la corrupción del cuerpo afectan al hombre por naturaleza; de qué manera el cuerpo revistió la inmortalidad; y del pecado original.*

REINA.—El cuerpo humano está formado por una mezcla de elementos, tal como todas las cosas que están debajo del cielo. Por esto resulta un complejo, que tal como está la composición del cuerpo se puede dividir, y tal división no es otra cosa que corrupción. El ser de hecho compuesto con elementos contrarios entre sí lo hace por su naturaleza corruptible.

CARDENAL.—La muerte y la corrupción natural afectaban al hombre por necesidad de la materia, según tú dices; sin embargo, gracias a la esencia de la forma que es incorruptible, la inmortalidad corresponderá al hombre, y las leyes de la naturaleza de por sí no pueden engendrar la inmortalidad. A pesar de esto el hombre posee cierta aptitud a la inmortalidad por razón de su forma que es el alma inmortal. Sin duda el hombre consiguió tal complemento y tal ayuda por voluntad divina y sobrenatural a través del don de la Gracia y de la Justicia original con la cual el hombre ha sido favorecido. El hombre en su propia forma tiene algo de innato, tal como el querer y el entender, y algo tiene, por el contrario, por culpa de la materia, o sea, del cuerpo. Santo Tomás considera la naturaleza del cuerpo como doble, ante todo según la disposición de la forma. La forma es el alma racional que se junta con el cuerpo, de manera que, a través de los sentidos, capta las especies inteligibles, por medio de las cuales el alma, que es intelectiva en potencia, puede entender en acto. Por esto dice Aristóteles: «Es preciso para entender que observemos las apariencias sensibles», y, por tanto, la unión de nuestro cuerpo no se efectúa por medio del mismo, sino por medio del alma, a la cual sirve el cuerpo. Por eso la forma no tiene realidad gracias a la materia, sino que la materia sirve a la forma: y el cuerpo que corresponde a esta alma se compone de elementos contrarios. En segundo lugar, por la condición del cuerpo de la cual procede que la corrupción nace de la necesidad de la materia, por tal condición no tiene disposición a la forma, sino que tiene una total repugnancia. Por cierto, la corruptibilidad de cualquier cosa natural no se realiza según la forma, pues la forma es principio del ser, mientras que la corrupción tiende a lo informe y, por consecuencia, es contraria a la forma. Aristóteles físico en el segundo libro *Del cielo* afirma: «La corrupción de las simientes y cualquier deficiencia se mete en contra de la naturaleza de los seres particulares, que de tal manera pierden la forma preconstituida que les corresponde». Existen, sin embargo corrupciones según la universal naturaleza, por virtud de la cual la materia de cualquier forma, hacia la cual estaba orientada en potencia, se reduce en acto, y de esto procede que la generación de una cosa es la corrupción de otra. Además existe una corrupción especial que procede de la necesidad de la materia, prescindiendo de la correspondencia a cualquier forma: sobre todo en el hombre que tiene el alma intelectiva como forma incorruptible. Sin embargo, hay formas de cosas que son corruptibles al menos por accidente, como se ha dicho. De esto procede que si se pudiera encontrar en la naturaleza algún cuerpo, formado por elementos, que fueran incorruptibles, sin duda sería conforme con la racionalidad del alma según naturaleza; de la misma manera que si un herrero, para hacer una espada, pudiera dar con un hierro sin orín o pudiera usar un metal impenetrable, pero, como no puede hacer esto, escoge la materia que resulta más conveniente para aquella espada. Por esto, como el cuerpo excelente formado por elementos contrarios no puede mezclarse con la naturaleza del alma, lo absorben su organicidad y su corruptibilidad. Pero Dios todopoderoso ha podido quitar esta necesidad de la corrupción que urgía por su condición material y la quitó gracias a los dones gratísimos de la inmortalidad (aquella inmortalidad era de verdad un don divino que residía en el alma, y no pertenecía al cuerpo por alguna disposición del mismo). Si nuestro padre Adán no hubiese perdido aquel don, habría engendrado inmortales los hijos y los hijos de sus hijos. De aquí procede la desventurada corruptibilidad del cuerpo. Por cierto, el pecado original en nosotros es como cierta debilidad de la naturaleza, que nace de una conducta desordenada, a causa de la disolución de la armonía en la cual consistía el original principio de la justicia divina; de la misma manera que la enfermedad del cuerpo es cierta desordenada disposición del mismo cuerpo, cuando el equilibrio físico, en el cual consiste la salud, se disuelve. Y así el pecado original puede definirse como un hábito de la naturaleza desviada, y este hábito no es infuso, sino más bien adquirido.

CAPÍTULO VII. *Qué es propiamente el pecado original, y si es un hábito adquirido o si es concupiscencia; y de cuál manera de allí ha nacido la corrupción de la naturaleza humana.*

REINA.—¿Cómo puede haber adquirido tal hábito quien no tiene voluntad antes del uso del libre albedrío?

CARDENAL.—En realidad este hábito no es adquirido, sino innato por el origen vicioso; por el acto del pecado de nuestro primer padre se puede decir que lo hemos adquirido, y no por el acto de este o de aquel hombre.

REINA.—Yo pensaba que el pecado original era concupiscencia, o sea, tendencia hacia el pecado.

CARDENAL.—Esta opinión no sin razón se habrá apoderado de tu alma. Agustín, en efecto, en el *Libro de las Retractaciones* dice: «La concupiscencia es la primera prevaricación del pecado». Para que puedas comprenderlo en su conjunto, conviene entender que toda cosa adquiere su especie a través de la forma. Por cierto, la especie del pecado original ha progresado por su causa y, por lo tanto, la consecuencia formal del pecado original consiste en la pérdida de la justicia original, que era orden instituido por la voluntad divina, según la cual la voluntad del hombre estaba sujeta a Dios. Tal sujeción estaba primeramente en la voluntad: su poder es mover a las demás potencias y partes del alma hacia un fin; pero el alejamiento de la voluntad de Dios causó en nuestro primer padre la pérdida de la justicia original y de allí procedió el desorden de todas las potencias, representando la conversión hacia un bien conmutable. Así, la privación de este don gratuito, que era la justicia original, por la cual la voluntad obedecía a Dios, es la razón formal del pecado original. De hecho, el desorden de las fuerzas del alma, consecuencia del pecado original, representa una explicación material. Sin duda, este desorden se llama concupiscencia, según decíamos, y una razón material. Sin embargo, la razón formal es defecto de la justicia original, del cual procede que por muchos la concupiscencia es llamada también tendencia en lo que consideramos cosas materiales.

REINA.—Por fin, la concupiscencia ha nacido en el cuerpo de este pecado, pero también en el alma se encuentran presentes algunos defectos.

CARDENAL.—El primer hombre terrenal, Adán, descendiendo de Jerusalén, eso es de la visión celestial, desde la cual se vio rechazado, conforme se expresa Agustín, llegó a Jericó, lo cual significa la luna, o sea, la mortalidad, nuestro defecto provocado del pecado. La luna de verdad, en cuanto nace, crece, envejece y muere, simboliza la mortalidad; y así el hombre, antes que pecara, demoraba en la visión de la paz, la cual significa el paraíso, en donde todo lo que veía era paz, tal como afirma Agustín en contra Pelagio. De aquí deriva que Adán, humillado y apocado por el pecado en Jericó, eso es en el mundo, en el cual todo lo que nace viene a menos tal como la luna, cae en manos de los ladrones, eso es, en el diablo y en sus acólitos, los cuales, por consecuencia de la desobediencia del primer hombre, despojaron al género humano, cuando éste perdió el libre albedrío. De aquí procede que aquellos también le despojaron y después de haberlo cubierto de heridas, le abandonaron. Por cierto, en Adán que pecaba, el diablo infirió una sola herida, y a nosotros muchas, pues por el pecado heredado de nuestros padres hemos añadido muchos pecados más. Se puede también decir, según place a Agustín, en el libro *De questionibus Evangeliorum*: «Le despojaron de su inmortalidad y habiéndolo llenado de plagas e induciéndolo al pecado, le dejaron semivivo»; pues, por una parte, por la cual podemos entender y conocer a Dios, el hombre es vivo, pero por la otra parte por la cual es contagiado de pecados y por ellos oprimido, el hombre es muerto. Y otra vez Agustín, contra Pelagio, afirma. «Por cierto el hombre semivivo guarda un movimiento vital, esto es, su libre albedrío herido, el cual no es suficiente para conseguir la vida eterna, que había perdido, y por esto estaba tendido en el suelo por falta de fuerzas para levantarse y para poder llamar al médico, o sea, a Dios que le curara. Pero pasó el samaritano lleno de clemencia que nunca ha cometido pecado (como dijo Isaías, "no se encontró en su boca engaño alguno") y levantó al hombre semivivo, lo alivió con sus medicinas salutíferas, lo purificó y lo restableció. Este es el Cristo, nuestro Dios, que se ha hecho carne, del cual está escrito: «Envió al Verbo suyo y los curó y los salvó de sus muertes».

CAPÍTULO VIII. *De qué manera por el pecado original el hombre cae en la muerte y cómo, después de los sacramentos de la iglesia que curan el alma, quedan en la carne aquellas heridas del pecado original. Igualmente por qué nace el hombre sin fe siendo hijo de bautizados.*

REINA.—De hecho el género humano había caído después de aquel pecado en la muerte y en la enfermedad.

CARDENAL.—Así es, pues encontró la muerte cuando se alejó de la fuente perenne de vida por su desobediencia, y por esto canta el salmista: «Cerca de ti está la fuente de la vida». Quien se separa de este principio es necesario que muera como aconteció a Adán. El apóstol así se expresa escribiendo a los romanos: «Por un solo hombre entró el pecado en el mundo y por el pecado entró la muerte». El hombre de nuevo contrajo la enfermedad habiéndole sido quitada la gracia, pues la gracia es la salud del hombre que Geremías invocaba diciendo: «Señor, cúrame, y seré curado». Y en los salmos se dice: «Dios, ten misericordia de mí, pues estoy enfermo». A través del Verbo de Dios el hombre recibió el remedio de su vida; y, como dice el sabio, la sabiduría dio la vida a quien poseía la palabra de Dios. «Ni la hierba ni la malagina (1) los curó —dice en otro paso—, sino tu palabra que lo cura todo.» De verdad Cristo nos curó aplicando la pasión de sus sacramentos a nuestras heridas.

REINA.—¿De qué manera, por lo tanto, después que los

---

(1) Palabra indescifrable; tal vez signifique «cizaña».

fieles han recibido los sacramentos, quedan aquellas heridas infligidas al género humano, pues éste sigue muriendo y siendo enfermo en algunas partes del alma?

CARDENAL.—Por cierto, mediante el bautismo y los demás sacramentos se borra la culpa y la condición de culpable que procede del pecado original. Todavía queda aquella concupiscencia material en acto, y realiza la muerte por la corrupción del cuerpo. Entonces se borrarán los defectos, cuando estemos configurados y unidos al Cristo nuestro, nuestra cabeza, gracias a su muerte corporal, a su sepulcro y a su resurrección. Toda muerte y toda enfermedad será absorbida. Santo Tomás dijo que la culpa original es remitida por Cristo mediante el bautismo y los pecados que cometemos durante la vida vienen remitidos mediante la penitencia. Cristo cancelará también los demás defectos conforme con lo que dice el apóstol a los romanos: «Vivificará nuestros cuerpos mortales a través de su espíritu, que habita también en nosotros; pero una cosa y otra conviene que procedan en tiempo oportuno, conforme con la divina sabiduría, precisamente porque todo está dispuesto según la inmortalidad de la gloria que empezó en Cristo. Según he dicho, conviene que alcancemos lo que Cristo adquirió para nosotros, conformándonos antes con su pasión; por lo cual es preciso disponer nuestro cuerpo con tiempo, de manera que sea ofrecido a la impasibilidad de la gloria, y luego tenemos que conformarlos con Cristo, quien por amor hacia nosotros sufrió la pasión. Esto para que seamos en todo semejantes a nuestra cabeza».

REINA.—Explícame cuáles potencias del alma el pecado ha hecho hébetes y débiles, de manera que tú nos comentes cuáles remedios sean precisos.

CARDENAL.—Por cierto, el don de Cristo es más eficaz, porque, como dice el apóstol a los romanos, el delito de Adán no ha sido solamente delito, sino también don de Cristo, y el don de Cristo es mucho más poderoso. En efecto, Cristo remedió la condición del género humano, levantándolo a un estado de gloria más alto del que tenía antes del pecado de Adán. Pero es conveniente que el hombre consiga tal estado gracias a su conformidad con Cristo, para que la reparación que de allí procede se vuelva semejante a la misma causa, que nos ha redimido, que es Cristo. Por tanto, Cristo actúa en contra de nuestra vieja carne, semejanza del pecado, de manera que a través de la muerte nos libre de la muerte; y así con su resurrección nos ha ganado la vida; su muerte ha destruido la muerte. Por lo tanto, habiéndonos devuelto la vida por su resurrección, los hombres, por medio de Cristo, a él se conforman a través de la gracia, conservando la vieja carne que fue pena para nosotros. Pero en fin al resurgir en la gloria, los hombres serán librados y de esta pena y de la corrupción en que vivimos. Aún los hombres bautizados, por lo que atañe a las fuerzas interiores, transmiten a sus descendientes el pecado original: de hecho el bautismo purifica de la culpa la parte superior del alma, pero queda en las partes inferiores, en cuanto son principio de generación, la culpabilidad material. La parte superior del alma viene purificada del pecado original mediante la gracia infundida por el bautismo. Sin embargo, no se le concede virtud en gracia de la cual pueda guardar el cuerpo de la corrupción o conservar la parte superior del alma lejos de la debilidad y de la concupiscencia. Por tanto, queda después del bautismo sea la necesidad de morir y sea la concupiscencia, que está implicada en el pecado original, y el hombre, en lo que se refiere a la parte superior del alma, participa en la novedad de Cristo, mientras en lo que atañe a las fuerzas inferiores y al mismo cuerpo queda todavía aquella vieja carne contraída de Adán. Si preguntas por cuál razón de personas bautizadas y purificadas nacen hijos inclinados al pecado y a la corrupción, contestaré con las palabras de Santo Tomás: «El hombre bautizado no engendra según la parte superior del alma, sino por las fuerzas inferiores y el cuerpo. Por tanto, el hombre bautizado no transmite novedad y pureza recibidas del Cristo, sino la vejez de Adán, por lo cual resulta claro que el bautizado no guarda el pecado original: en cuanto es culpa, transmite el pecado original en su propia descendencia, debido a la concupiscencia de la carne corruptible. Del mismo modo que del trigo limpio nace la paja, con el fruto y de los circuncisos ha nacido el incircunciso, así de los bautizados pasa al hijo la culpa original, de la cual ya él estaba libre.

REINA.—Entiendo con todo mi pensamiento las palabras

de Santo Tomás, cuando tan claramente todo lo explica como si lo tuviéramos delante de los ojos.

CARDENAL.—No hay duda en todo lo que dices, pero esta primacía hay que reconocerla también en Agustín, quien, con palabras muy elegantes, ya antes había desarrollado los mismos conceptos.

REINA.—Por favor, añade también las palabras de Agustín sobre este tema.

CARDENAL.—Por cierto, aquél dijo que todo lo viejo no viene destruido precisamente en el momento del bautismo, pues en el cuerpo viejo queda la corrupción del espíritu, que el hombre lleva hasta la muerte, aun cuando vaya cada día renovándose. Pero quien así se renueva, no se renueva del todo, y en cuanto no se renueva del todo, está sujeto a la vieja carne. Por lo tanto, aun después de la regeneración el cuerpo tiene algo que se corrompe y que pesa sobre el alma. Por esto, inútilmente algunos han argumentado diciendo: «Si el pecador engendra un pequeño pecador reo por el pecado original, ¿por qué el justo no engendra un justo?», como si el hombre pudiese carnalmente engendrar lo que es justo. Y más aún, mediante la concupiscencia que mueve los órganos prepuestos a la generación, eso es mediante lo que tiene de corrompido y no de lo que es renovado. La carne engendra la carne. De verdad no se tienen que renovar los hombres a través de la carne, sino a través del espíritu, y la vejez de la carne, mediante la cual engendran, nunca se renueva en novedad. De aquí viene necesariamente que cualquier hijo nace a través de esta parte vieja y enferma, sea él viejo y enfermo, y por lo mismo debe ser regenerado; que si esto no acontece, de nada le valdrá un padre justo, pues no se renovará a través de la gracia espiritual y por culpa del estado carnal quedará en la vejez.

CAPÍTULO IX. *De cuál manera el pecado original ha herido las fuerzas del alma y sus potencias, y cuáles son las potencias heridas.*

REINA.—No puedo, cuando voy volviendo con el pensamiento a la sabiduría de Agustín y de los demás padres, admirar suficientemente el hecho de que hayan levantado sus ingenios hacia cosas tan excelentes y tan arduas, pues sin la iluminación divina no habrían podido alcanzar caminos tan inaccesibles, en donde han escudriñado misterios tan profundos y tan secretos. Cuando tú hayas dicho cuál es nuestra fragilidad y nuestra pobreza, no por esto nos explicastes de qué manera la caída en el pecado ha infligido heridas a las potencias del alma y cuáles son estas fuerzas y estas potencias. Por favor, explicánoslo.

CARDENAL.—Desde un principio he afirmado que Agustín asentó cómo dos males han perseguido al hombre después de la caída: o sea, el error y la dificultad de alcanzar el bien. El error o la falsedad es propia del intelecto y la dificultad, por su parte, reside en el apetito racional o sensitivo. De hecho, la verdad es el objeto del intelecto. Antes, Adán tenía noticia de todas las cosas sin ninguna falta, y cualquier cosa que movía su apetito era cosa buena sujeta a Dios y se conseguía sin dificultad, y de ninguna manera ningún bien capaz de seducir podía engañarle. Tanto rectamente la razón guiaba las partes inferiores y tan ordenada era la armonía de los dos apetitos, que estos dos iban de acuerdo con suma paz y tranquilidad. Pero cuando el hombre se opuso a la obediencia del conocimiento y de la contemplación de la verdad, se pasó a la ignorancia. De aquí provienen el error y la falsedad que han trastornado el intelecto, de forma que el hombre no fuera capaz de intuir las cosas altísimas sin mancha de error a través del intelecto científico, ni supiera buscar o escudriñar o juzgar lo que se debía hacer sin contaminación del intelecto práctico. Por cierto, quería alcanzar el bien con deseo incontaminado y no podía rechazar el sentido, de manera que no fuese engañado por la falsa imagen del bien; y habiéndose perdido la justicia original, que sabía dominar las potencias y las fuerzas libres del alma, la carne y el espíritu empezaron entonces a luchar entre sí. Por un lado y por otro se disputó la lucha de los apetitos y de tal manera los apetitos se afirmaron alejándose de la voluntad, que, habiendo desprendido el bien inconmutable, el hombre muy a menudo se entregó a un bien futil y aparente, que el sentido infatuado deseó. Por esto,

Beda, sacerdote venerable, dijo que el primer hombre, por la prevaricación, se encontró despojado de los bienes gratuitos, o sea, de la inmortalidad y de la justicia original, y luego fue también herido en los bienes naturales. Pero existen almas que tienen fuerzas y potencias en las cuales han lucido las virtudes; almas que tienen una razón en la cual brillan sabiduría y prudencia junto con una voluntad que engendra fuerte justicia, deseable fortaleza y temperancia. De hecho la voluntad fue herida por la ignorancia y por la malicia: la enfermedad y la debilidad tomaron el papel de la fortaleza inquebrantable. Y por fin los apetitos concupiscibles fueron destituidos de todo orden con el cual, moderadamente, buscaban la voluntad, y así sus heridas engendraron enfermedad y debilidad a las partes inferiores; y esto por la prevaricación de nuestro primer padre.

REINA.—Pero, por causa del pecado actual, también estas heridas se han hecho más sensibles.

CARDENAL.—No hay duda de que esta inclinación, la cual por su naturaleza nos lleva al bien se debilita y se entorpece por el pecado actual. Estas heridas derivan también de otros pecados cuando la razón se oscurece, sobre todo en su actuación según las palabras de Santo Tomás: «La voluntad también se entorpece cuando, por la dificultad de conseguir el bien espiritual, crece la concupiscencia del bien aparente y se inflama la parte sensible que tendría que desear la huida del mal y el sumo bien.

Capítulo X. *Si el pecado original ha afectado a todos los hombres en medida mayor o menor, y por cuál motivo la concupiscencia no inflama a todos igualmente.*

REINA.—El pecado original ha afectado igualmente a todos, pero no de la misma manera aquella mancha ha contaminado con igual impureza. Vemos que desde el comienzo de la vida, antes que acontezca la culpa actual, algunos, con vehemencia mayor, son perturbados por la ira, otros por la libídine y otros por el miedo; otros van perdidos por la temerariedad.

Dime, por tanto, por qué, siendo idéntica aquella culpa original, aparece en forma distinta, y por qué en todos la corrupción y la concupiscencia no aparecen iguales.

CARDENAL.—Aunque el pecado ha sumergido a todos los mortales en la concupiscencia, sin embargo, no inclina a todos igualmente, pues algunos son movidos hacia el mal pero de forma desigual. Antes de la caída de nuestro primer padre todos habrían gozado de la misma justicia, siendo aquel altísimo don distribuido igualmente a todos. Disuelto por la caída el lazo de justicia, gracias al cual las fuerzas iban contenidas en el alma en una perfecta rectitud, cualquier fuerza o potencia sin más se orientó, gracias a su propio movimiento y con tanta mayor vehemencia con cuanta mayor fuerza tenía. De hecho, hemos aprendido a través de nuestra experiencia que aquellos impulsos en muy pocos hombres son fuertes y vehementes, en otros más débiles y torpes, y esto procede de la diferencia del cuerpo y por causa de las diferentes cualidades del complejo físico. El ser unos más inclinados al placer y otros más tibios hacia el temor,no proviene de la naturaleza del pecado original, que, como sabemos, ingresó en todos igualmente, cuando fue disuelto el lazo de la justicia, y afectó todas las fuerzas y partes inferiores del alma, sino que viene de la distinta disposición de las potencias y de las facultades espirituales, y además de las constelaciones siderales, de la diferente naturaleza de los lugares y de los climas y de otras causas.

CAPÍTULO XI. *Si las estrellas del cielo pueden empujar al alma de los hombres para que huyan o sigan las perturbaciones y las inclinaciones. Y de las opiniones de los filósofos y de los poetas que fueron declaradas sobre este asunto.*

REINA.—Las estrellas del cielo pueden influenciar a que se sigan o se eviten las diferentes inclinaciones.

CARDENAL.—Este es un antiguo problema frente al cual nuestra fe, los estoicos y otros filósofos y poetas discurrieron en forma distinta. Si quieres procuraré explicar sus opiniones.

REINA.—Me gustaría que tú nos hablaras acerca de las varias opiniones y que, casi dándonos un sabor anticipado, te dieras prisa a tratar estos temas.

CARDENAL.—Diré en la forma más breve que nos consiente un argumento tan subido. Varios estoicos y matemáticos, creyendo que todo se mueve bajo el influjo de la fatalidad, todo lo atribuían a las señales celestes, de manera que no dejaban lugar alguno al libre albedrío. Ellos creyeron que la fatalidad fuera inmutable a tal punto que no reconocían ni a Dios mismo algún poder sobre las cosas, afirmando que los dioses no podían ser inclinados por nuestras oraciones. Por esto Virgilio dice: «Cesa en esperar que rezando podrás conseguir que Dios venza la fatalidad». Por tanto, hablando de las tres hermanas Parcas, insistían diciendo que a nadie podían perdonar. De tal error han sido culpables los mayores filósofos con afirmar que todo está sujeto a la fatalidad y que nada se hace sin la intervención de la misma. Afirma dicha opinión Manlio en el cuarto libro del *Carmen astronómico*. De hecho él dice: «¿Por qué pasamos nuestra vida atormentados por tantos afanes? Estamos retorcidos por el miedo, por la ciega avidez y por los incesantes afanes de los viejos; y mientras corremos tras el tiempo lo perdemos, y ningún voto se cumple y nunca somos felices. Intentamos vivir y nunca lo conseguimos, y quien más cosas desea se hace más pobre de bienes, ni cuenta con lo que tiene, y tanto desea lo que no posee. A pesar de que la naturaleza poco pide para sí, nosotros con tanto buscar no hacemos otra cosa sino procurarnos nuestra desgracia. Compramos el placer con el dinero y robamos por el placer, y la mayor riqueza es despilfarrar la riqueza. Librad los ánimos mortales y anulad las preocupaciones y cesad de llenar vuestra vida con tantos superfluos gemidos. La fatalidad gobierna el mundo: todas las cosas están bajo una ley inflexible y el tiempo, larguísimo, está distribuido en cortes fijos. Al nacer empezamos a morir y de nuestro origen ya está pendiente nuestro fin. Por esto las riquezas y los reinos se deshacen, y muy a menudo no apenas han surgido, como los trabajos por la pobreza y las costumbres creadas por el hombre. Los vicios y los estragos son prendas de la vida. Nadie va exento de daño y de ninguna manera puede salvarse. O tenemos que combatir la suerte contraria con sus mismas armas o huir de ella, cuando nos urge. La suerte se tiene que llevar por nuestra propia culpa: y si la fatalidad no impusiera leyes de vida y de muerte, ¿cómo habría podido Eneas escapar al incendio? Si Troya no hubiese sido destruida por un solo héroe, ¿habría podido salir vencedora aún en contra de la misma fatalidad, y la loba habría criado los mellizos abandonados y Roma habría podido nacer?». Y más cosas que sucedieron por voluntad de la fatalidad podríamos recordar. También Séneca en su *Edipo* así se expresa: «La fatalidad nos lleva y a ella tenemos que entregarnos. Nuestras preocupaciones aún con toda insistencia no pueden cambiar el hilo del huso ya prevenido. Todo lo que sufre el género humano y todo lo que hace, nos viene desde lo alto: el cielo guarda sus secretos». Por su parte Juvenal asienta: «La fatalidad domina los hombres». Sin embargo, de esta fatalidad los griegos hablaron como Homero, quien tanto poder a la fatalidad atribuyó, cual no concedió al mismo Júpiter, que, sin embargo, él mismo considera Dios, padre y rey de los hombres. De hecho Júpiter en Homero no puede decretar algo en contra de la misma fatalidad: contra la voluntad de Atena, eso es Minerva, y contra la fatalidad no puede salvar de las manos de Aquiles a Héctor. Dijo, por tanto: «Habló, y contra él surgió la glaucópide Atena: "Júpiter, esta sentencia no está firme en tu corazón. Pues éste que la fatalidad ha decretado que tiene que morir próximamente, tú intentas salvarle de las manos de la fatalidad; continúa queriendo lo que quieres. Pero yo creo que los habitantes del cielo no lo aprobarán". Entonces, Júpiter, recogedor de nubes llenas de agua, así contestó: "No dudes; ni yo te hablo con el ánimo, o Pálade Tritonia. Sin embargo, siento profunda piedad por Héctor, pero sea como tú quieras"». De hecho Homero nos presenta Júpiter incapaz de oponerse a la fatalidad, revelándonos la serie fatal de los acontecimientos.

REINA.—Entiendo cómo estos filósofos han opinado sobre este asunto. Pero deseo que antes nos expliques qué significa fatalidad, de manera que veamos en qué coinciden los poetas y los estoicos, y los demás que sostienen la fatalidad.

CARDENAL.—Crisipo, el más insigne de los filósofos estoicos, dijo que la fatalidad es una serie de cosas sempiternas e irreversibles, y como una cadena que empuja a sí misma y se envuelve a través de períodos eternos y consecutivos, por medio de los cuales aquella misma cadena se hace a sí misma y está entre sí conectada. Por cierto que estos filósofos consideraban como muchas cosas acontecen en modo circunstancial, o por acaso o por accidente, y han creído que todas aquellas cosas podían ser reducidas a una sola causa, a través de una serie y una conexión de causas; y por lo tanto Crisipo afirmó que la fatalidad no es otra cosa sino una serie de cosas y una cadena de realidades, que se hace y se conecta a sí misma, hasta que vuelve al punto de donde ha salido. Por esto lo han llamado fatalidad, casi significara suprema causa, o sea, «preanunciada». Cicerón, en el libro *De fato,* advirtiendo que la necesidad por las necesarias relaciones de las causas y por sus implicaciones, afirmó que la fatalidad no podía reducirse a alguna causa cierta. Y para que no se pudiera afirmar que él anulaba las leyes de los hombres, los actos libres, sus premios y sus penas, asentó que la fatalidad no existe. La cual cosa afirma también Agustín en el V.º libro de *De Civitate Dei.* Pero resulta evidente por las palabras de Cicerón, lo que hemos dicho cuando afirma: Crisipo preocupado entre mucha incertidumbre por explicar que todo acontece según fatalidad, pero que existe algo libre en nosotros, mucho escuadriña. Y como, por su parte, Aulo Gelio dijo en sus *Noches Aticas*: «El primer hombre lleno de sabiduría y el más antiguo de los poetas así se expresó en versos " ¡Ay de mí, que los mortales invocan los dioses del cielo y los males vienen por causa nuestra y los dolores entran en nuestro pensamiento sin obra ninguna del fato! ". Sin embargo, toda la controversia consistía en saber si todas las cosas acontecen por imperio de la fatalidad o conforme los actos libres de los hombres, por sus costumbres y por su propia conducta. No hay duda de que los que con Crisipo reducen la serie de causas en una causa primera y en esto concuerdan, mientras que por lo que se refiere a esta causa a la cual todo se relaciona han opinado de tres maneras. De hecho Crisipo y los estoicos afirman que la fatalidad se reduce a una serie de cosas y que va y viene por varios ciclos. Por otra parte los mismos atribuyen todo a causas subalternas en cuanto aquel orden se encierra en sí mismo como órbita del círculo que gira sobre sí misma y por lo tanto han argumentado que puesta una causa necesariamente deriva su efecto. Esto mismo confirma Cicerón en el libro octavo del *De Divinatione,* habiendo dicho que todo acontece y acontecerá según reconocieron los estoicos. Y añadió: llamo fatalidad lo que los griegos llaman «hemarmonem» (1), o sea, orden o serie de las causas, en cuanto la causa engendra otra causa; ésta es verdad eterna que desde toda la eternidad reluce. Estando así la realidad nada ha sido que no sea futuro en su ser y al mismo modo nada será si no contiene en sí por su naturaleza unas causas eficientes. De aquí procede que así se entienda cómo es la fatalidad; no lo que por superstición, sino físicamente se llama causa eterna de las cosas. ¿Por qué las cosas que ya pasaron han sido hechas, y por qué se realizaron las que son presentes y por qué las que siguen son venideras? De tal manera acontece que por medio de la observación se podrá notar, aunque no siempre, cuáles cosas consiguen en gran parte una cualquier causa. Del mismo modo de alguien que fue matado de noche dicen que la causa fue el haber salido de casa; pero que en casa no pudo quedar por tener sed. Y tenía sed por haber cenado comidas saladas. Cualquiera de aquellos efectos, se decía, habían procedido de una causa necesaria y así los efectos derivados de tales causas implicaban cierta serie de cosas. El error de tales argumentos estaba a la vista, pues, como afirma Aristóteles, que no todo lo que acontece tiene su causa, pero hay cosas que acontecen de por sí o proceden de una voluntad o de la naturaleza. Las cosas que se realizan casualmente y afortunadamente no tienen causa sino accidentalmente, lo cual no se puede decir sencillamente causa. Que al que sale de casa le acontezca morir es cosa que ha ocurrido casualmente y no de propósito. De nuevo Aristóteles afirma que no es lícito decir que puesta una causa necesariamente siga un efecto. De hecho, las causas son por lo tanto necesarias o contingentes. Son de verdad necesarias cuando es

---

(1) El término no es legible fácilmente. Es voz griega, tal vez erróneamente transcrita.

imposible que se comporten de otra manera, como, por ejemplo, el hecho de que ocurra un eclipse de sol o de luna, cuyos efectos tienen sin duda causas necesarias y puestas estas causas es preciso que se averigüen ciertos efectos. Y por otro lado es indiscutible que existen ciertos efectos que se realizan casualmente, aunque tienen causas accidentales que no son necesarias. En éstas no siempre se cumple el efecto, pues la mayoría de las veces éste está impedido por la intervención de otras causas y por esto se llama caso o fortuna. El caso acontece en cualquier cosa, mientras la fortuna afecta tan solamente las acciones humanas. Los poetas y matemáticos Empédocles y Demócrito atribuyen la fatalidad en su causa a las estrellas y al movimiento del cielo y enseñan que es necesaria consecuencia del influjo de las estrellas lo que acontece en el orbe inferior. Sin embargo, la fe católica rechaza la opinión según la cual el movimiento de los astros y los cielos del empíreo puedan cohibir las mentes humanas. Estos que tal cosa creyeron, o sea que el intelecto del hombre no se diferencia de los sentidos, según sostiene Aristóteles en el tercer libro *De Anima* y en el tercer libro *De theologia*. Decían que el intelecto es una virtud corpórea y que como tal se uniforma con los cambios de los seres superiores. Como en cualquier género de cosas hay algo que es superior, al cual todo aquel género, al menos por vía de generación, se reduce, decían que las operaciones del intelecto como del principio corpóreo se reducen a cuerpos celestiales, los cuales son más nobles entre todos los cuerpos y son de los demás cuerpos metro y medida. Homero, seguidor de esta opinión, es introducido por Aristóteles en las poesías que Cicerón ha convertido en latín en esta forma: tales son las mentes de los hombres cuales antes el mismo Júpiter inundó de luz las crecidas tierras. De aquí también se propagó el error de los estoicos, los cuales asentaban que los mortales entienden, gracias a las imágenes de las cosas imprimidas en las mismas mentes de la misma manera que se forman las figuras en el espejo y como el papel recibe las formas de la escritura sin ninguna operación suya. Esto refiere Boecio en el segundo libro *De Consolatione* cuando nos cuenta que un tiempo el Pórtico nos dio algunos viejos filósofos muy oscuros, los cuales creían que los sentidos y las imágenes procedentes de cuerpos exteriores se imprimían en la mente, como alguna que otra vez, es costumbre con un ágil estilete, se imprimen sobre la superficie de la página, que no presenta ningún escrito, unas letras. Pero luego Boecio condena la misma opinión con estos versos: «Pero la mente utilizando sus propios medios nada sabe explicar y solamente queda sometida con paciencia a las indicaciones de los cuerpos y devuelve como un espejo imágenes vacías, ¿de qué manera podrá subsistir el conocimiento del alma que todo mira, cuya fuerza observa cada cosa o divide las cosas conocidas? ¿Y en qué manera lo que ha dividido recogerá?» Siguiendo este doble camino, ahora el pensamiento alcanza las cumbres y ahora cae en las partes más bajas, refiriéndolo todo a sí corrige las cosas falsas. Esta es causa mucho más eficiente que no la causa material, la cual recibe tan solamente los signos impresos en ella. Por lo tanto parece que resulte falsa la opinión de los antiguos estoicos, conforme la cual el intelecto no se diferencia de los sentidos materiales. Esto lo refuta Aristóteles en su libro *De Anima*. Según el filósofo no tenemos que creer que los cuerpos celestes son la causa de nuestro entendimiento. Así la sagrada y divina palabra ha atribuido a Dios esta facultad y no a cualquier ser. Está escrito en el libro de Job (cap. 39): «¿Dónde está Dios que me ha creado, que profetiza durante la noche, que nos ha dado enseñanzas superiores a las de los animales de la tierra y de las aves del cielo?» Y en los salmos: «¿Dónde está Dios que ha enseñado al hombre la ciencia?» Pero, te ruego, observa que aunque directamente los movimientos del cielo no nos deparan las causas del entender, indirectamente ayudan nuestra inteligencia, aunque el intelecto no puede alcanzar ningún conocimiento sin las fuerzas y las capacidades del cuerpo. Estas colaboran como es el caso de la imaginación y del poder de la memoria y del pensamiento. De aquí viene que si estas facultades están impedidas por alguna enfermedad o por otro motivo, el intelecto no es capaz de realizar los actos del entendimiento, como se puede percibir en los locos, en los tontos y en otros hombres extrañados por otras enfermedades de la cabeza. Por la misma razón los que gozan de equilibrada disposición y de un complejo armonioso son muy aptos a todo conocimiento. Igualmente nos declara Aristóteles en el segundo libro *De Anima* cuando define que los que son ágiles de cuerpo son aptos al pensamiento. No te disguste saber que el complejo del cuerpo humano está sujeto a los movimientos de los astros del cielo. Pues aquellos cuerpos sublimes entre los demás cuerpos son más inmóviles en cuanto no son movidos sino por un movimiento local y como la muchedumbre procede de la unidad, pues lo que es inmóvil queda siempre en una misma posición, por esto cuanto más hay cuerpos inmóviles tanto más éstos son causa de aquellos que de especial manera son móviles. Por esta razón los cuerpos inferiores son varios y múltiples y dependen del movimiento de los cuerpos celestes. Agustín, en el cuarto libro del *De Civitate Dei,* se expresa con estas palabras: «No sin justa razón de alguna manera se puede afirmar que los movimientos de las estrellas valen tan sólo para señalar las diferencias de los cuerpos.» Y en forma parecida el Damasceno en el segundo libro dice: «Entre los planetas algunos producen en nosotros ciertas condiciones y ciertos hábitos y disposiciones y otros otras.» Agustín además en el tercer libro del *De Trinitate* asienta por su parte: «Los cuerpos más gruesos e inferiores son dirigidos y gobernados según cierto orden por otros cuerpos más sutiles y más poderosos.»

Dionisio en el libro séptimo del *De divinis nominibus* dice: La luz del sol concurre en la generación de los cuerpos sensibles y mueve a creación de la misma vida y alimenta, y hace crecer y perfeccionar, por lo tanto, directamente contribuye a los movimientos celestes de nuestros cuerpos. Pero en forma indirecta aquellos astros del cielo cuanto más luminosos ayudan de alguna manera nuestro entendimiento y favorecen los actos humanos, pues el intelecto y la voluntad reciben de las fuerzas inferiores del cuerpo lo que los tiene unidos a los órganos corpóreos, tal como son los fantasmas. Igual que el médico puede juzgar la perspicuidad del intelecto, a través de la robustez del cuerpo, como causa cercana, así el astrólogo podrá darse cuenta de la disposición del cuerpo observando el movimiento de las estrellas y el portamiento del cielo como causas remotas. Así Tolomeo en el *Centiloquio* enseña cuando dice: si Mercurio se encuentra en conjunción con Saturno o en su estación al momento de nacer de alguna criatura, este hecho prueba la bondad del intelecto en lo que se refiere a la suerte de las vicisitudes.

CAPÍTULO **XII.** *De lo que pueden las estrellas sobre los actos humanos, según el parecer de los teólogos.*

REINA.—En las acciones humanas en las cuales la voluntad es guía, deseo que tú nos expliques si el cielo y los astros ejercen algún dominio. Este ha sido nuestro tema.

CARDENAL.—Para que tú puedas entender con mayor claridad todo lo que atañe este problema, puedes, ¡oh!, reina, escuchar a Tomás cuando disputa con profundidad sobre estas cosas que se refieren a la verdad. Aquí repilogaré otra vez lo que ya se ha dicho. En ellos el hombre puede actuar o no actuar en plena libertad. Por cierto que él ejerce esta facultad por medio de la voluntad y del libre albedrío. Por lo tanto, toda la disputa trata casi solamente de los actos de la voluntad. Seguramente existen otros actos y otras operaciones que pueden desarrollarse en el hombre sin la intervención de la voluntad porque no obedecen a dicha voluntad siendo casi actos corporales: tal como son las operaciones de alimentarse y de engendrar que están totalmente sujetas al movimiento del cielo porque son actos completamente corpóreos. Y de estas operaciones aquí no hablaremos, según nuestra decisión. Pero cuando aludimos a los actos humanos entendemos referirnos a los que realizamos voluntariamente por medio del libre albedrío. Algunos opinan que dichos actos no pertenecen a la Divina Providencia y que de ninguna manera se pueden atribuir a causa superior distinta de nuestra providencia. Semejante opinión la defendió Cicerón en el libro *De fato,* cuando aseveró que no existe en cosa alguna la fatalidad. Esto mismo recuerda Agustín en el libro segundo del *De Civitate Dei.* Esta opinión resulta del todo falsa. Pues la misma voluntad aunque mueva algo a su vez es movida, conforme con lo que confirma Aristóteles en el tercer libro del *De Anima* y por lo tanto es preciso que los actos vayan referidos a un principio primero, el cual, siendo motor, queda por sí inmóvil. Y así los que han reducido los actos de la voluntad a las esferas del cielo, se equivocaron del todo, por haber afirmado que los elementos espirituales están sometidos a los elementos corpóreos, a pesar de que aquéllos son más dignos que éstos. Además no dudaron en asentar que el sentido no se diferencia en nosotros del intelecto y por consiguiente afirmaron que las fuerzas del alma son todas corpóreas. Esto, según advertimos antes, Aristóteles lo rechaza en el tercer libro del *De Anima,* al demostrar que nuestro intelecto es una fuerza inmaterial y su actividad sin cuerpo, como afirma el mismo filósofo en el libro dieciséis del *De animalibus.* Aquí sostiene que las acciones que estas facultades no tienen cuerpo y por esto los mismos principios son incorpóreos. De ninguna manera se pueden reducir las operaciones de la voluntad o del intelecto a cuerpos materiales aunque fueran celestiales. Avicena en los libros del *De Metaphisica* así discurre: «Como el hombre es compuesto de alma y cuerpo así lo es el cuerpo celeste y al mismo modo que las acciones corpóreas del hombre se reducen a movimientos celestes, así las acciones del alma se refieren a almas celestes como a sus principios.» De aquí viene que toda voluntad que en nosotros obra tiene como causa la voluntad del alma celestial. La cual opinión concuerda con quien dice que los cielos están animados y, puesto el caso que queramos afirmarlo también nosotros, tenemos que reconocer que no consta que aquellos cuerpos sublimes sean causa de nuestras elecciones o de nuestras acciones. Esto afirma Avicena por su parte y lo sostiene Abumasar en el principio de sus *Introducciones,* pero resulta ajeno a la verdad, sea de la razón, sea de nuestra fe. Los efectos que se perfeccionan utilizando algún instrumento son obra de un agente, y no de un instrumento, y tienen que adaptarse al instrumento mismo en cuanto en cierta medida es agente.

Hay muchas cosas que pueden realizarse mediante un determinado instrumento y no mediante otro, pues no hacemos por medio de un instrumento lo que a él no se adapta. La acción del cuerpo no consigue la mudanza del intelecto o de la voluntad sino presentándoles ocasión o «per accidens» o en cuanto el cuerpo por ellas se modifica, pero no por esto se cohiben la voluntad o el intelecto. Es, por lo tanto, imposible que el alma del firmamento celeste, aun cuando creamos que el cielo es animado, pueda imprimir alguna huella en la voluntad y en el intelecto, de manera que ejerza en ellos alguna costricción gracias al movimiento del cuerpo celeste. Por esto tenemos que creer que solamente Dios puede dejar huella en nuestra voluntad, siendo el principio providencial de todas las cosas. Sin embargo, los Angeles que ellos llaman inteligencias pueden purificar, ayudar e iluminar nuestros intelectos, según sostiene Dionisio. Tres son los principios que obran en el hombre: la voluntad con el libre albedrío y sobre todo el intelecto o la razón y el cuerpo, que están conectados con las causas superiores y de ninguna manera son movidos por la fortuna o la suerte. Los actos de escoger y de querer, sin ningún intermediario, por Dios autor, son dispuestos. El conocimiento del hombre que pertenece al intelecto está ordenado por parte de Dios mediante la intervención de los Angeles. Las acciones corporales sean interiores como el pensar y el imaginar y las demás fuerzas de las potencias, sean exteriores que son en uso del hombre, vienen concedidas por Dios con el auxilio de los Angeles y de los movimientos de los astros.

REINA.—Es necesario que se nos confirme cómo estas tres actividades se pueden relacionar con Dios, sobre todo en cuanto Dios mueve la sola voluntad sin algún intermediario. Por otra parte, conviene que entendamos y obremos en la realidad corpórea acudiendo a los Angeles y a las esferas celestes.

CARDENAL.—Una sola es la razón. De hecho, se impone que todo lo que es multiforme, mudable y deficiente se reduzca a algo uniforme, inmudable e indeficiente. Todo lo que procede del hombre es variable y múltiple y acontece que en ello nos equivoquemos y vengamos a menos. Y como las posibilidades de elejir en el hombre son innumerables, esta elección, por parte de los hombres mudables, nos muestra cosas distintas.

Por cuál motivo en esta vida no hay paz.

Los hombres son mudables debido a la flaqueza y a la fragilidad del alma. De verdad en ningún lugar el hombre es fijo en el bien hasta cuando no consiga aquella perfección del bien, gracias a la cual se sosiegan todos sus apetitos. Este bien es Dios, en cuya presencia gozamos nuestra firme bienaventuranza. Así se explica porque en los salmos se dice: «Me consideraré satisfecho cuando aparezca tu gloria.» Agustín, por su parte, exclama: «Señor, nuestro corazón está inquieto hasta que no Te alcance.»

Nuestra alma es también mudable por el variar de las circunstancias, las cuales apenas permanecen en el mismo estado por algún tiempo. Por encima de que los hombres yerran y vienen a menos, ofrecen pruebas y testimonios de su debilidad los pecados de los hombres. Al contrario la voluntad de Dios es uniforme y constante, sin ninguna deficiencia y con un único acto de voluntad todo quiere, ni nunca entorpece ni nunca vacila vencida. Por esto en el capítulo XXIII del libro de los *Números* está escrito: «No es Dios como el hombre que miente, ni como el hijo del hombre que muda.» Así, sin duda, la sílaba de Dios es inmudable como por el profeta fue dicho: «Yo soy Dios y no muto.» Por esto su ciencia y su voluntad no cambian.

REINA.—Otra vez te pregunto por qué nuestra inteligencia es múltiple y variable a tal grado y deba acogerse a Dios, según decías, con la ayuda de los Angeles.

CARDENAL.—Nuestra inteligencia recoge y destaca de muchas cosas sensibles la verdad inteligible, y no puede con un solo acto discurrir sobre las realidades inteligibles sin componer y dividir y esto se llama raciocinio, que no es otra cosa sino el conocimiento propio del hombre, pues partiendo de un principio inteligible, el hombre pasa a conocer lo desconocido. Además, puede desfallecer y equivocarse por causa de la mezcla de la fantasía y del sentido de los cuales recibe las especies inteligibles. De aquí nacen los errores de los que opinan en contra de la verdad, conforme lo prueban los herejes entre los hombres y sus diferentes enseñanzas. El conocimiento de los Angeles es uniforme, como que recogen el conocimiento y la luz de la misma fuente de la verdad, eso es de Dios. Y el conocimiento divino es inmóvil en cuanto sin discurrir de los efectos a las causas y de las causas a los efectos o, en fin, de cualquier principio. Ellos atisban la verdad en las cosas con el simple intúito. Por esto no pueden equivocarse ni dejarse engañar, pues, según acabamos de soslayar, intuyen la naturaleza de las cosas y su esencia, sin el medio de los fantasmas, sino solamente a través de especies concreadas para ellos en los cuales ningún error puede insinuarse. Por cierto como nuestro sentido no yerran entorno de las cosas sensibles pues el sentido entiende por sí mismo, así se portan los Angeles en el conocimiento de las cosas. Pero nosotros comunicamos por medio de los accidentes y de los efectos la esencia de las cosas. De aquí procede el hecho que nuestro conocimiento sea regulado, iluminado y perfeccionado por el conocimiento de los Angeles.

REINA.—Ya es cosa cierta la muchedumbre y la mudanza de nuestros cuerpos variables, ni otra cosa podemos añadir.

CARDENAL.—Así es: en cuanto la mezcla es multiforme y tan también la composición. El cuerpo es formado por varias cualidades entre sí contrarias, ni se mueve con un movimiento único, sino más bien variable y diverso, como que con un continuo movimiento no puede quedar invariable. Esto de verdad mantiene en continuación la misma corrupción e indica la decomposición de los cuerpos. Por el contrario, los cuerpos celestes son simples y existen, prescindiendo de toda alteración y conflicto de elementos componentes. El movimiento es único y siempre continuo, invariable y uniforme, y por tanto aquellos cuerpos resplandecientes no pueden estar sujetos a corrupción o alteración. Así, es preciso que nuestros cuerpos y aquellos que están a nuestra disposición vayan dirigidos por aquellos cuerpos más sublimes e incorruptibles que de ellos reciben las impresiones.

CAPÍTULO XIII. *De cuanto convenga a los hombres nacer bajo favorables constelaciones y de las personas bien nacidas y afortunadas, y quiénes son.*

REINA.—Por las palabras que acabas de pronunciar resulta evidente que mucho conviene a los hombres contar con cuerpos bien dispuestos, gracias al influjo de las estrellas, en cuanto de la buena estructura de los cuerpos depende la capacidad de la inteligencia.

CARDENAL.—No hay duda, o reina, de que los hombres bien nacidos bajo favorables constelaciones disponen de templados complejos. Ya es sabido que los apetitos sensibles proceden del movimiento del corazón por sístole y diástole, bien por exceso, bien por defecto. Semejantes defectos o excesos se llaman perturbaciones y pasiones y son capaces, si la razón no se dirige a mejores actitudes, de alejar el hombre de la normalidad.

REINA.—Sobre todo si también están dirigidos por los

Angeles y la voluntad está predispuesta por Dios. Por cierto, coincidiendo en El estas tres potencias, el hombre se puede considerar feliz, portándose bien en cada cosa.

CARDENAL.—Según lo que acabamos de decir, justamente se puede considerar feliz el hombre en el cual los astros lo favorecen bajo el aspecto corporal, los Angeles lo iluminan en la mente y alcanza la perfección en su libre voluntad con la ayuda de Dios.

REINA.—Es justo que reconozcamos cómo en nuestras acciones y en nuestras decisiones Dios obra directamente, pues de El proviene toda nuestra virtud y toda razón. Pero me urge saber de cuál manera los Angeles cooperan con nosotros, o cómo obra también el sidereo firmamento del cielo. Tú dijiste que todos estos componentes indirectamente prestan su ayuda en nuestras acciones.

CARDENAL.—Los Angeles o los demonios cooperan con nosotros en nuestras opciones, persuadiéndonos. Por el contrario, la acción del movimiento de los astros actúa de manera que, en realidad, no produce alguna violencia en nuestras operaciones. Sin embargo, sea que exista la disposición de los astros, sea que obre la persuasión en nosotros, queda en todo caso libre el albedrío de nuestra voluntad, y así podemos apartarnos de las persuasiones de los Angeles y de las inclinaciones de las estrellas.

REINA.—Según tú declaras tenemos que considerar afortunados los que de verdad disponen de dichos auxilios. ¿Por qué no llamas a estos bien nacidos, como dijiste antes?, ¿o existe alguna diferencia?

CARDENAL.—Por cierto concuerdan y difieren mucho entre sí. Para que entiendas esto hay que observar ante todo en cuáles realidades la suerte domina, como dicen los que afirman ser la fortuna señora y diosa; así sostiene Juvenal, quien casi reprochando los que creían que la fortuna era una diosa y en cuanto tal presidía las cosas buenas exteriores y sin algún examen de los méritos, distribuía los bienes; esto Juvenal lo considera insensato. Por lo tanto, afirma: «Ninguna divinidad se ausenta de nosotros cuando tengamos en nuestro interior la prudencia y nosotros, o fortuna, te hacemos diosa y te colocamos en el cielo.» Así nos reprocha el habernos comportado imprudentemente, aunque los Romanos han dedicado un templo a la Fortuna. Aristóteles, en el segundo libro del *De los Físicos,* establece dos principios de acción: la naturaleza y el propósito. En las cosas naturales la naturaleza actúa en vista de una finalidad, como cuando el hombre engendra a otro hombre: lo que es intento perseguido por la naturaleza. Sin embargo, debido a causas segundas, la naturaleza es impedida a conseguir el fin propuesto: entonces se averigua el caso como cuando en lugar de engendrar un hombre a otro hombre engendra un monstruo. Del mismo modo, también en las acciones que se realizan conforme un propósito y una voluntad: con esto indicamos las humanas elecciones y los actos. Un hombre se propone ir a buscar en una tarde a un amigo, pero casualmente le toca la suerte de encontrar un tesoro y, como esto aconteció fuera de todo propósito, decimos que tal acontecimiento se ha realizado gracias a la suerte, pues ha acontecido fuera de toda intención de actuar bien. Y aunque esto se ha efectuado fuera de la intención de quien encontró el tesoro, no se puede decir que se ha cumplido fuera del intento del agente superior al cual está sujeto aquel que obra. O para nombrar otro caso, cuando el dueño particularmente y sin alguna información manda a dos siervos a un mismo lugar: y ellos fuera de toda intención y propósito se encuentran uno con otro, de manera que coinciden por pura suerte, y en lo que se refiere al dueño quien allá los envió no se hable de caso o fortuna, pues los ha enviado expresamente y después de deliberada decisión. Por esto decimos que el hombre en cuanto al cuerpo es sujeto a los astros del cielo, según el intelecto a los Angeles y conforme la voluntad es sujeto a Dios. Por lo tanto, alguna que otra vez algo acontece fuera del propósito del hombre, que responde a la orden de la esfera celeste y de las estrellas, o por disposición de los Angeles, o también por mando y voluntad de Dios mismo. De verdad, aunque según dije, Dios obra directamente en la decisión del hombre, la acción del Angel obra como persuasión y la acción de los cuerpos sidereos como disposición, en cuanto las constelaciones de los cielos actúan en nuestros cuerpos con impresiones que disponen e inclinan nuestras decisiones, conforme los impulsos del apetito sensitivo. Por lo tanto, cuando algún hombre de tal manera se siente inclinado hacia alguna decisión por empuje de las causas superiores, las cuales suelen dar lugar a buenos acontecimientos, sin conocer, por su parte, si lo que escoge es verdaderamente bueno o si es útil, pero siendo su inteligencia también iluminada por influjo de los Angeles para obrar, y por divina intervención su voluntad es dirigida a escoger algo útil que ignoraba, entonces podemos decir que de tal manera es hombre de suerte. Por el contrario, se llamará sin suerte, cuando mediante las causas superiores será llevado a cosas inútiles y de mucho gasto. De la misma forma Jeremías habla de cierto personaje, cuando dice: Escribe: este es un hombre estéril el que en sus días no ha prosperado. Conviene advertir que el hombre que está dispuesto por impulso de los astros a obrar bien y se siente inclinado a preferir los actos virtuosos, de él se podrá decir que es bien nacido, mientras si es inclinado hacia el mal se dirá que es mal nacido. De esta manera conviene entender a Aristóteles, quien en el libro *De Ethica* así se expresa: «Es afortunado quien bien ha nacido, pues, si uno escoge las cosas útiles y otro las cosas inútiles y superfluas, hay que reconocer que no acontece por fuerza de la naturaleza, o por distinta manera de entender, el que uno escoja las cosas útiles y otro las cosas inútiles y muy costosas.» De hecho, el intelecto tiene la misma naturaleza en todos los hombres, pues una diferencia de forma acarrearía diferencia en la especie, y afirmar esto sería estúpido. En realidad toda la diferencia en los que escogen en sí una diferencia de la materia, la cual materia acarrea en sí una diferencia de cantidad, en cuanto, conforme con lo que asienta Aristóteles, es el principio de la individualización. Y así como el intelecto del hombre es iluminado por los Angeles, o las inteligencias dispuestas a bien obrar, o la voluntad del hombre es dirigida por Dios, un tal hombre no debe decirse bien nacido, sino más oportunamente y eficazmente se debe decir bien iluminado, o divinamente protegido.

CAPÍTULO XIV. *Epílogo del capítulo y del por qué la divina virtud puede dominar nuestras voluntades. Pero ni los movimientos del cielo ni las impresiones de los Angeles nos pueden cohibir, y hablaremos de los acontecimientos fortuitos y del caso y de la fortuna.*

REINA.—Estas tres fuerzas superiores pueden inclinar y dirigir nuestras acciones. Sin duda, según afirmamos, el movimiento de los astros disponiéndonos e inclinándonos; los Angeles, por el contrario, persuadiéndonos y disuadiéndonos y, en fin, la divina virtud llevándonos a la perfección. Semejantes diferencias están a la vista. Pero a pesar de esto intentaré escudriñar si entre los elementos que hemos señalado existen otras razones que conviene investigar. Tú mismo antes sostenías que no necesariamente los cuerpos resplandecientes se imponían a nosotros con nuestras inclinaciones e impresiones. Sin embargo, no alcanzo a entender con toda claridad cómo entre otras dos causas la misma razón no cohiba nuestras voluntades siendo estas causas superiores y poderosas.

CARDENAL.—Te ruego que te enteres en torno de las radicales diferencias que las estrellas no obligan a nadie, aunque parece que nos empujan con vehemencia por medio de las pasiones. Advierte, además, que el hombre podrá quedar inmóvil si la razón no obedece al apetito que la mueve. De esta manera aunque alguien, iluminado por el influjo angélico, se siente solicitado hacia algo, su voluntad con la cual mueve las demás potencias será capaz de resistir, invencible.

Por lo tanto, como la voluntad no está sujeta a la impresión de los cuerpos celestiales ni tampoco a las solicitaciones de los Angeles, tenemos que reconocer que los hombres seguramente se encuentran en la posibilidad de no conformarse con aquellos empujes, gracias a la resistencia de la voluntad que es totalmente libre. Pero como Dios bendito es causa perfectísima de nuestra voluntad, de tal manera puede dirigir e ilustrar la voluntad mediante su ayuda que es capaz de llevarla a cosas mejores. Así se comprende lo que dice nuestro divino Salvador: «Nadie puede venir hacia mí, si el Padre mío no lo trae.» En estas palabras se manifiesta el poder de la gracia divina. Por consiguiente, las inclinaciones de los cielos en balde conmueven; y del mismo modo los avisos de los Angeles se hacen vacíos e inútiles, como lo dijo el mismo profeta Jeremías: «Nos hemos cuidado de Babilonia y no está curada.» De verdad que la divina potencia siempre es previdente. Hay también otra diferencia entre las dos primeras causas. De hecho, las inclinaciones de las estrellas no son conocidas porque imprimen en nosotros aquellos admitidos movimientos. Lo que los espíritus angélicos disponen por medio de nuestra inteligencia y de nuestro conocimiento se cumple sin intervención de alguna pasión. Sin embargo, a través de dos maneras esto puede acontecer. El hombre alguna vez es iluminado para que conozca que es bueno lo que se le aconseja que cumpla, aunque no viene instruido perfectamente sobre el por qué es bueno, ni con la razón lo entiende, en cuanto ignora la finalidad y puede ser conducido por el conocimiento de aquella finalidad de manera que la razón sea llevada como por un principio de acción. Es sabido que en las cosas que se pueden hacer el principio de la acción es la finalidad.

Aristóteles nos lo enseñó y la razón nos descubre cada cosa abiertamente. Por esto a través de la experiencia hemos aprendido que el hombre escoge siempre algo como lo mejor. Y si le preguntamos por qué considera mejor lo que ha escogido, no sabrá contestar, pues su conocimiento no ha alcanzado la finalidad. Por lo tanto, un tal suceso es fortuito, pues descubre la finalidad más allá de la intención.

Puede también acontecer que alguna que otra vez el hombre reciba iluminación de los Angeles para conocer lo que es bueno, que, a su vez, prepara el bien futuro; y sobre todo que aprenda por qué es bueno. Por cierto, lo bueno se dirige hacia una finalidad y sin más alcanza la finalidad escogida y entonces no se tratará de un acontecimiento fortuito, sino realizado después de deliberada intención. Además, conviene que consideremos que hay grados en estas tres causas superiores. Sin más como la naturaleza espiritual y angélica es superior a la máquina celeste y a los cuerpos sidéreos; así esto es universal. De aquí procede que no todo a lo cual se extiende la humana elección alcanza el celeste movimiento. Añadimos también que el poder del alma humana o la fuerza singular del Angel se comportan, cada uno, de una manera particular, cuando los comparamos con la virtud divina que es universal, y todo está medido en relación con ella. A este propósito además de las inclinaciones del cielo y de los empujes angélicos otros bienes y divinos pueden favorecer los hombres por divino poder y por divina providencia la cual todo tiene en su poder. De aquí viene que casualmente algún acontecimiento alcance al hombre por sola atribución a él, o a los cuerpos celestes, o también a las iluminaciones de los Angeles, pero de ninguna manera por referencia a Dios, cerca del cual no hay cambio o semejanza con alguna vicisitud, según afirma el apóstol Santiago. Sin duda a Dios nunca puede acontecer algo improviso, o casual, o contingente.

Como algunos acontecimientos suceden sin finalidad prevista, en los cuales hemos reconocido que obra la fortuna, tenemos que admitir que en los términos de la ley moral no hay lugar para la fortuna. Esto nos dice Aristóteles en el libro sobre la fortuna al afirmar: «Donde hay más intelecto, allí cabe poquísima fortuna.» Su razón consiste en el hecho que los bienes morales, las virtudes y todo lo que es de este mismo género no tocará en suerte a nadie sin expresa intención, en cuanto en ellos el principio de la acción es considerado cual finalidad, pues si esta finalidad no fuera prevista, no existiría virtud moral. En estos bienes morales nadie se considere afortunado, en todo caso podrá decirse bien nacido, porque dispone de buenas condiciones corporales que ayudan a conseguir la virtud. Y tal cosa hacia cierta mejora disponen los astros. De verdad la fortuna se puede reconocer en los bienes exteriores, que nos pueden alcanzar sin ninguna nuestra intención y precisamente en este caso llamaremos afortunado quien así ha sido favorecido. Lo siente Virgilio en la égloga pastoral cuando canta: «Afortunado viejo, pues en tu poder quedarán los campos.» Sin duda el viejo campesino había recuperado sus tierras inesperadamente, cuando todos sus conciudadanos no lo habían podido conseguir.

CAPÍTULO XV. *Por qué los astrólogos que estudian el nacimiento de los hombres, a menudo pueden predecir de ellos la verdad, y alguna que otra vez no aciertan.*

REINA.—Con mucha frecuencia vemos a los que estudian las manifestaciones de los astros decir muchas cosas verdaderas sobre las costumbres y los acontecimientos de los hombres. ¿De qué manera podrían, si no interpretaran las constelaciones, anunciarnos los acontecimientos futuros y sobre todo anunciar cosas verdaderas?

CARDENAL.—Santo Tomás en el libro que escribió sobre la suerte responde a nuestra duda, y en primer lugar dijo: «Como al realizar los actos humanos no concurren solamente la voluntad y la inteligencia, los cuales de los cuerpos celestes no reciben impresiones, sino también la parte sensitiva del alma, la cual en cuanto utiliza el órgano corpóreo, es preciso que se someta a los cuerpos del cielo. Por lo tanto diremos que por disposición de los movimientos del cielo se averigua en nosotros cierta inclinación para hacer esto o aquello, en cuanto a esto nos sentimos empujados por una aprehensión de la imaginación y por la pasión del apetito sensitivo: trátese de la ira, o del temor o de otras pasiones, hacia las cuales el hombre está más o menos dispuesto, conforme su estructura corporal, la cual en algo está sujeta a los movimientos de los astros. Es verdad que cada criatura humana mediante el intelecto y la voluntad puede ahogar los fantasmas de la imaginación y la confusión del apetito sensible y sus movimiento. Ninguna coherción procedente de las constelaciones ha inducido al hombre a actuar; sin embargo, cierta inclinación, semejante a las confusiones, los sabios pueden moderar y frenar. Por esto Tolomeo en el *Centiloquio* exclama: «El hombre sabio es dominado por los astros, eso es por la inclinación movida por las impresiones de las estrellas.» Los estúpidos al contrario siempre son arrastrados por aquellas inclinaciones, sin dejar nada en poder de la razón, como los demás animales faltos de razón, que con toda facilidad son empujados hacia cualquier meta. Esto cantaba el santo rey David en los salmos: «El hombre encontrándose en posición de mucho honor no se dio cuenta; ha sido comparado con los animales sin inteligencia y se convierte en ser semejante a ellos.» Pues, según afirma Salomón, el número de los estúpidos es infinito. Y en muy pocos hombres la razón es totalmente dominadora; en muchos hombres las inclinaciones de los astros consigue su efecto. Por cierto por tal causa los astrólogos mediante la contemplación de los astros pueden predecir casi todos los acontecimientos, aunque a menudo en los hechos particulares se equivocan, y esto debido al hecho que la razón y la voluntad no están sometidas a los movimientos de las estrellas.

CAPÍTULO XVI. *Nos preguntamos si los astros influyen sobre todos los actos humanos o si solamente influyen sobre algunos y precisamente sobre cuáles. Y, además, preguntamos si se dan casos fortuitos provocados por alguna causa superior.*

REINA.—Según hemos discurrido, los astros no están en condiciones de disponer e inclinar los hombres hacia todos los acontecimientos o ¿por lo menos hacia algunos?

CARDENAL.—Aunque los astros nos disponen hacia ciertos actos, es cosa evidente que no nos disponen hacia todos. La razón de esto es muy clara, pues las inclinaciones que provienen de alguna manifestación pasional no se extienden hacia todas las operaciones del hombre. De hecho, los cuerpos del cielo obran según naturaleza. Y es propio de la naturaleza que toda cosa tiende hacia la unidad del mismo modo que cada acción natural procede de un principio, el cual es forma de la cosa misma de la cual forma deriva el acto segundo. Es cierto de todos modos que el intelecto actúa a través de formas y de especies concebidas por la mente. Estas formas y especies pueden ser multíplices en el intelecto y por lo tanto las fuerzas de la razón o sus capacidades no se orientan hacia un único punto, pues pueden moverse hacia muchas realidades. Sin embargo, lo que acontece en las vicisitudes humanas acontece casualmente, esto, sin duda alguna, es accidental, por ejemplo si un hombre cavando para abrir un sepulcro se encontrara con un tesoro. Así es que lo que acontece casualmente no representa unidad. De aquí viene que ningún agente natural puede inclinar hacia lo que acontece por caso. Por lo tanto es posible que un hombre abrigue la inclinación natural de cavar un sepulcro y esta sería una acción única y puede también darse el caso que sea inclinado a buscar un tesoro, la cual cosa es también una acción única. Sin embargo, al hombre que cavando el sepulcro se ha encontrado con el tesoro la causa natural no puede inducir a dos acciones conjuntas, en cuanto los acontecimientos [cavar el sepulcro y dar con el tesoro] están unidos sólo casualmente. De aquí será fácil reconocer que los astros no consiguen disponernos a cualquier acto por medio de la simple inclinación. Por cierto, sabemos que la naturaleza nos dispone a un solo acto y no a muchos en el mismo tiempo con la ayuda del caso y del accidente. Mientras el intelecto puede percibir estos varios actos como si fueran una sola unidad siendo muchas cosas dispersas. Luego nada impide que aquello que parece ocurrir casualmente sea por el contrario preordenado por el mismo intelecto, como podría ser el caso de quien pone un obstáculo en el camino de manera que quien es por él enviado tope con la piedra. Por lo tanto el haberse herido casualmente ha acontecido y sin duda sin alguna intención suya, pero ha sido dispuesto por el intelecto de quien ha enviado a quien luego se hirió. Por esta razón algunos suelen decir: las cosas que son fortuitas en las vicisitudes de los hombres, son dispuestas por alguna inteligencia superior y por una causa superior. Dios es el intelecto supremo quien creó todo lo que existe con su sabiduría, y lo que ha creado con la misma sabiduría guarda y todo mueve disponiéndolo y dirigiéndolo hacia su propia finalidad, conforme está escrito en el octavo capítulo del *Libro de la Sabiduría*: «Con fuerza alcanza de un extremo a otro extremo y todo dispone con suavidad.» Añadiremos que los cuerpos se mueven por divina disposición, y no solamente ellos sino también los pensamientos hacia sus propias acciones. Sabemos que las almas de los hombres son iluminadas por Dios y de El reciben la capacidad de entender, tal como David pedía en los salmos: «Ilumina, Señor, mis ojos así que nunca me duerma en la muerte.» También la voluntad es movida hacia la acción por la gracia de la divina virtud, como lo declara el Apóstol a los Filipenses diciendo: «Es Dios que obra en nosotros el querer y el actuar.» Siendo, pues, el intelecto y la voluntad principios de las acciones humanas resulta consecuente que toda operación humana venga sometida a la orden divina y a su voluntad. Nadie puede huir de esta divina disposición, según proclama Isaías: «Es verdaderamente Dios que ha obrado en nosotros cuando algo hacemos.» Sin duda no solamente las acciones de los hombres proceden de Dios, sino también los movimientos y las inclinaciones de cualquier cosa material. Por

Dios todo está ordenado a una finalidad y ésta siempre consigue. Por esto la Iglesia se ha acostumbrado a pedir en los salmos: «Oh, Señor, dirígeme en tu virtud.» Así los hombres son llevados por una superior disposición de nuestro Dios hacia algún bien aun cuando, conforme ya hemos visto, los hombres no se lo propongan y no lo hayan querido. Lo atestigua San Pablo, cuando nos manifiesta hablando a los Efesios: «Dios es poderoso hasta el punto que El puede hacer mucho más de lo que nosotros mismos podemos desear o entender.»

De la misma manera depende de Dios el hecho que cuando los hombres algunas veces no cumplen con el propósito que han tomado, como dice Job, pueden desechar los planos de los hombres malos para que las manos no realicen lo que han empezado a hacer. Algunos, por voluntad y providencia de Dios caen en las adversidades que ellos nunca habían sospechado. De esto trata el profeta Isaías cuando nos dice hablando de la ciudad de Tiro: «Sus pies la llevarán a peregrinar por tierras lejanas.» ¿Quién pensó tal cosa de Tiro que antaño vivía en el esplendor de su poderío? E Isaías en seguida añade: «El Señor de los ejércitos esto dispuso.» Por su parte Jeremías, insistiendo sobre el mismo motivo, dijo: «Yo sé, oh Señor, que no existe para el hombre ningún camino por el cual pueda andar y dirigir sus pasos.» De estas palabras concluimos más claramente todavía que no todos los acontecimientos humanos están sometidos sin más a la pura discreción del hombre, sino a la voluntad de Dios. De aquí resulta que algunos hombres alcanzan, de una manera inesperada, los mayores bienes y éstos son considerados afortunados y felices en el mundo. Las opiniones de los filósofos esto confirman. Aristóteles en el libro ya mencionado *De la buena suerte* así se expresa: «El principio de la razón no es la misma razón sino algo mejor.» ¿Qué cosa, por lo tanto, se encontrará mejor que la ciencia y el intelecto, sino Dios? Así que Aristóteles declara todavía que se llaman afortunados los que si arremetieron y no lo hicieron movidos por la razón. Por cierto tiene validez un tal principio que se encuentra más allá de la razón y más divino que el intelecto humano y su consejo. De tal manera tienes por seguro que los astros del cielo pueden inclinar, los Angeles iluminar, pero pertenece solamente a Dios perfeccionar todo en nosotros. Y de otra parte entiendes como los astros no pueden cohibir a nadie, ni los Angeles pueden imponer algo como necesario, tan sólo la voluntad de Dios todo lleva a cabo en nosotros, según dice el Apóstol. Así se han engañado los filósofos afirmando que existe una necesidad cohibente que procede del cielo y ésta llamaron fatalidad.

Capítulo XVII. *De la fatalidad y de aquellas doctrinas que sobre la misma han sostenido los antiguos filósofos y de aquellas cosas que fueron afirmadas por nuestros santos padres.*

REINA.—¿Qué cosa llaman fatalidad con razón, cuando en la boca de todos está el condenar la fatalidad, todas las veces que los acontecimientos del hombre no responden ni concuerdan con sus deseos?

CARDENAL.—Poco antes referimos dos opiniones de filósofos y de poetas que afirman como todo procede de su causa, y las causas están conectadas entre ellas, según dicen los estoicos.

De verdad algunos sostienen la necesidad de la fatalidad en relación con el movimiento de los astros. Ahora no nos queda que presentar la opinión de otros filósofos, quiero decir de aquellos que han afirmado algo más cierto sobre el hado. Estos filósofos sostienen que todas las cosas son contingentes en relación con la causa suprema o superceleste y ésta es la Providencia divina que Cicerón, según dice Agustín, había dicho que no existe, cuando asentó que no existe el hado, lo cual no nos debe extrañar cuando sabemos que Cicerón negó la existencia de Dios en los libros sobre la naturaleza de los dioses. Pero vamos a dejar este asunto. Según estos filósofos el hado no es otra cosa que el efecto de la divina providencia en lo creado, y sobre todo en lo que tiene contacto con el caso y la suerte. A este propósito Severino Boecio es autor de esta sentencia y él es quien ha separado la providencia del hado de esta manera: «La Providencia es la misma suprema razón constituida cual principio de todo, y ésta todo lo dispone. El hado por el contrario es la disposición inherente a las cosas contingentes.» Esto equivale a decir que la providencia es la razón del orden, tal como está en la mente de Dios; la fatalidad o el hado es la explicación y la realización de dicho orden cual vemos en la realidad. Y así aceptando la fatalidad podemos justamente decir que todas las cosas están sometidas a la fatalidad. Los que acusan la fatalidad en relación con la divina Providencia caen en una actitud temeraria. También los paganos y los que están enredados en supersticiones y errores han admitido que existe el hado: por parte entre los cristianos hay que evitar, como aconseja Agustín, el frecuente uso de este nombre. El santo sostiene que no tenemos que guardar nada en común con los paganos. La creencia sobre la providencia de Dios, como afirma siempre Agustín, la tuvieron muchos entre filósofos y poetas. Y entre los primeros nombraremos a Homero, quien nos deja entender que todo se tiene que referir al dios Júpiter, como a suprema y primera causa, cuando dice: «Tales son los pensamientos de los hombres cuales son las tierras fecundas que el mismo padre Júpiter hizo ricas de oro alumbrándolas con su luz.» Con toda evidencia aquí se habla del hado que habían dicho ser la voluntad del Sumo Padre. También Séneca introduce a Cleante mientras pronuncia el mismo concepto (aunque Agustín supone que estas palabras pertenecen al mismo Séneca, quien escribe a Lucilio «Optima cosa es padecer lo que no se puede enmendar y hay que aceptar la voluntad de Dios y dirigirse a El, del cual todo procede, sin ninguna queja. Es un mal soldado el que sigue a su emperador con gemidos. Por lo cual conviene que sin pereza y más bien con apremio recibamos lo que se nos manda ni de ninguna manera interrumpamos el magnífico desarrollo de su obra, en la cual está incluido también lo que sufrimos. De esta manera tenemos que suplicar a Júpiter en la cual tienda está incluida la gran fábrica del mundo). Nuestro Cleante dirige a Júpiter estos versos elegantísimos que nos ha sido permitido transformar en nuestro idioma, tras el ejemplo del cultísimo Cicerón: «Soy considerado padre y señor de la parte más alta de los cielos. No ha habido de parte de nadie alguna resistencia. Con toda vigilancia estoy presente. Procura que yo no tenga que acompañarte con mis gemidos, que sufra indispuesto lo que fue consentido al hombre bueno. Los hados guían a los que se someten y arrastran a los que se oponen. Haz que vivamos así como nos profesamos de manera que el hado nos encuentre siempre solícitos y preparados. Esta es el alma grande que se ha entregado a Dios. Pero, por lo contrario, el que es cobarde y degenerado se resiste y censura el orden del mundo, al punto que presume corregir más bien a los dioses que a sí mismo.» De otra manera Agustín recuerda estos versos, habiéndolos vuelto al latín: «Oh, Sumo Padre y Señor del alto Olimpo, llévame a donde te plazca y no habrá ninguna demora en mi obediencia. Y haz que yo, con plena voluntad, me encuentre en tu presencia. Te acompañaré con mis gemidos y yo de mala gana sobrellevaré lo que ha gustado a persona buena. El hado guía al que lo sigue con voluntad y arrastra al que se le opone.» Dicen por lo tanto que la relación entre los acontecimientos impuestos por el hado depende de Júpiter, que los paganos consideran sumo Dios. Nos parece que la fatalidad está subordinada a la divina Providencia, según dijo Boecio. De aquí proviene que todo lo que está sometido a la fatalidad lo esté también a la Providencia, a la cual está sujeta la misma fatalidad. Algunas cosas que de verdad están bajo la Providencia sobresalen el orden de la fatalidad. Estas son, sobre todo, las que están más cercanas en su estabilidad a la divinidad, y por esto exceden del orden de la mutabilidad fatal. Así, en cuanto algo se acerca a la divina razón, en las cosas creadas, de otro tanto se encuentran alejadas y libres de los lazos fatales: de la misma manera lo que se desarrolla lejos de la divina razón está más implicado con los lazos de la misma fatalidad. Si alguien a la firmeza de la mente divina se sometió, libre de las mudanzas de la fatalidad, vence así toda necesidad. Por esto igual que la razón corresponde al intelecto, cada cual que viene al mundo corresponde a su naturaleza, de la misma manera el tiempo está relacionado con la eternidad; el círculo está relacionado a un punto medio, y así, por fin, la serie móvil de la fatalidad está relacionada con la fija sencillez de la Providencia. De semejantes consideraciones explícitas sobre el hado sacamos como conclusión el saber lo que es la fatalidad; en segundo lugar sabemos acerca de cuales cosas ella obra; en tercer lugar nos enteramos de lo que permanece inmóvil y en cuarto lugar ya conocemos lo que está sujeto al hado.

CAPÍTULO XVIII. *Que el hado existe tan solamente en las cosas creadas y que de ninguna manera transciende las cosas divinas.*

REINA.—Ya resulta evidente lo que es el hado, pero no se entiende todavía de qué manera el hado existe en las cosas creadas. Tal vez tú digas con Agustín que la propia voluntad de Dios toma el nombre de hado.

Esta voluntad reside en Dios y permanece en la eternidad.

CARDENAL.—La divina Providencia consigue sus efectos a través de las causas medias, aunque ella todo lo ha ordenado por sí. Por esto en el mundo creado se realizan dos hechos: el orden de las cosas y su realización. El orden en el ámbito de los efectos, si levantamos nuestra mirada hacia Dios, se llama Providencia, pero si lo vemos en las causas medias, como realización del orden establecido por Dios, en vista de conseguir el efecto, lleva el nombre de fatalidad. Sobre este asunto así habló el mismo Boecio: «Dios en su providencia, de manera estable y específica, dispuso todo que se debía hacer y por medio del hado lo administra en múltiples y temporales formas.» Por lo tanto, se sirve del hado mediante algunos espíritus ayudantes de la divina Providencia: bien con la ayuda del alma; bien con todas las fuerzas de la naturaleza, bien con los movimientos celestes de los astros, bien con la virtud angélica bien con la multiforme solicitud de los demonios. O también interviene la serie fatal o por algunos de estos demonios o de todos. Lo que resulta incontestable es que la inmóvil y sencilla forma que sostiene el complejo del universo es providencia. El hado de las cosas, que la divina sencillez ha ordenado que se cumplan, dispone una relación móvil y un orden temporal. De esta manera, todo lo que está sujeto al hado lo está también a la Providencia. Este mismo orden de causas segundas, que Agustín llama serie de causas, no tendría alguna explicación si no depende de Dios y de su voluntad y por lo tanto se dice que el poder de Dios o de su voluntad es la causa eficiente de lo que el hado promueve. Se puede entonces añadir que es causa eficiente de todos los acontecimientos que entendemos bajo el nombre de fatalidad. Sin embargo, según ya se ha podido vislumbrar, y, esencialmente, llamamos fatalidad la misma disposición o serie de causas y su orden.

Capítulo XIX. *De las causas que hacen adelantar el cumplirse de la fatalidad.*

REINA.—Tú dices que existen algunas cosas que están más allá de la fatalidad; enséñanos cuáles son, puesto que tú sometes todo lo creado a la fatalidad.

CARDENAL.—Hemos dicho que el hado es la realización de las causas segundas en vista de los efectos ordenados por la divina Providencia. Resulta por esto indiscutible que cualquier cosa que se realice a través de las causas segundas está sujeta al hado. Sin embargo, hay algunas cosas que se realizan sin la intervención de ninguna causa segunda y éstas sin duda no están sometidas a la fatalidad.

REINA.—¿Cuáles son las cosas que Dios realiza sin intervención de las causas segundas?

CARDENAL.—La Creación, la Justificación; los milagros y la gloria de las substancias espirituales y otras cosas parecidas. Y éstas, nos dice Boecio, vencen la inmovilidad, el orden de la fatalidad. Por cierto aquellos actos Dios los realiza en nosotros sin que preexista ninguna causa, amén de la sola providencia de su voluntad.

REINA.—Tú afirmas que el hado es una disposición inmóvil. Y si esto es verdad las cosas sujetas al hado perseverarán inmóviles y procederán de la necesidad. Prescindamos de las cosas contingentes (nada puede ser contingente donde todo está dominado por la necesidad). Ni tendrá lugar el libre albedrío, ni se otorgarán premios a los buenos, ni se castigarán los malos. Tú, por lo tanto, caes en la misma necesidad que han cantado los filósofos y los poetas, como tú, hace poco, nos has enseñado.

CARDENAL.—Resolveré tus dudas acudiendo a las palabras de Santo Tomás de Aquino. En primer lugar confieso junto con Boecio, que el hado es una disposición inmóvil. Pero esta disposición de las causas segundas que hemos demostrado ser el hado tiene que estudiarse bajo dos aspectos. Si queremos

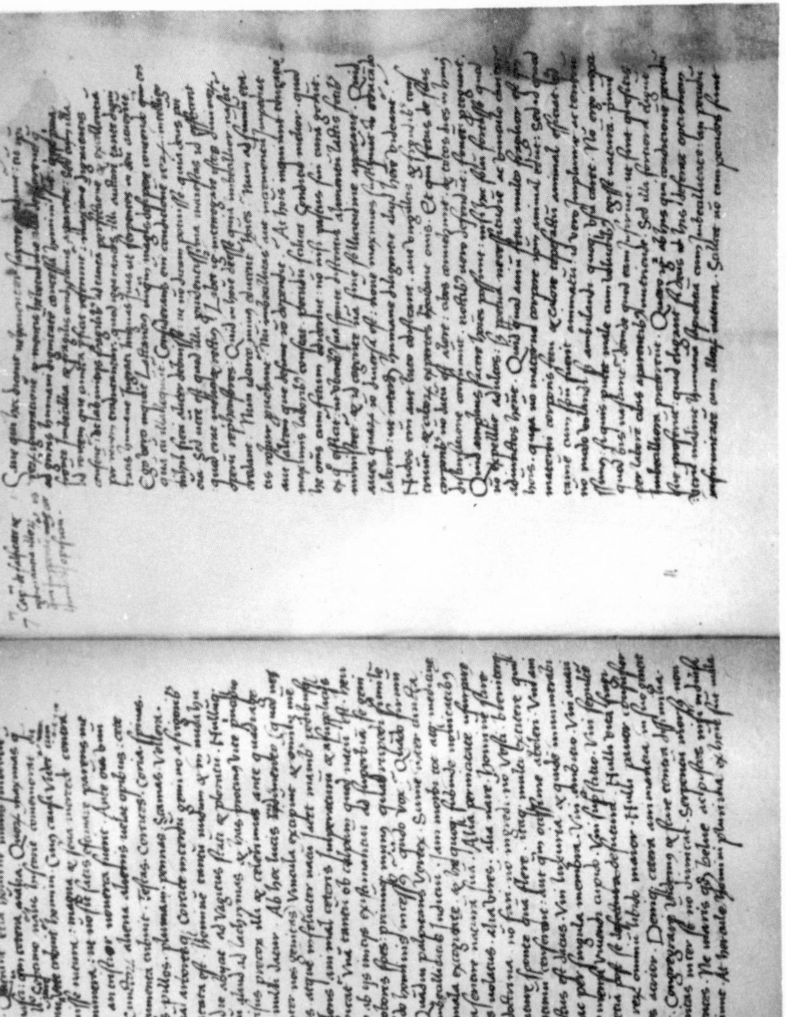

Lámina 5

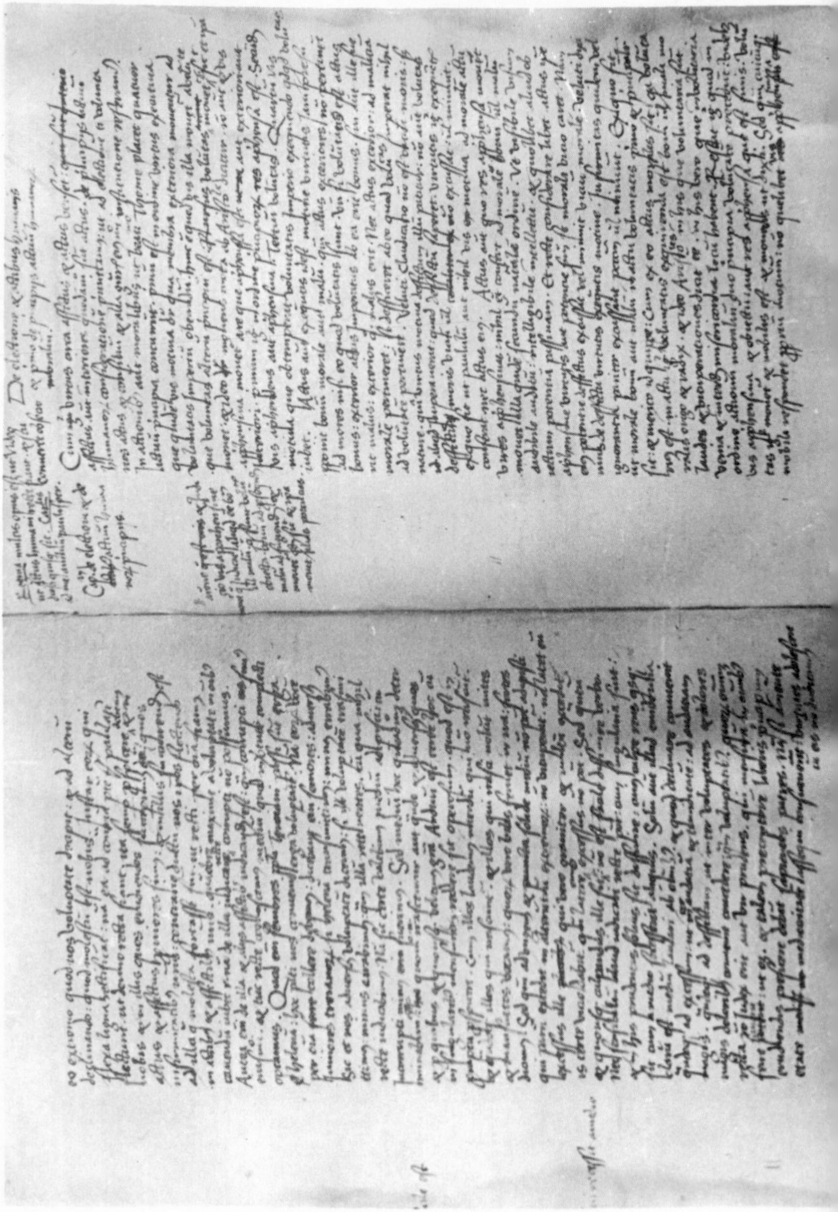

Lámina 6

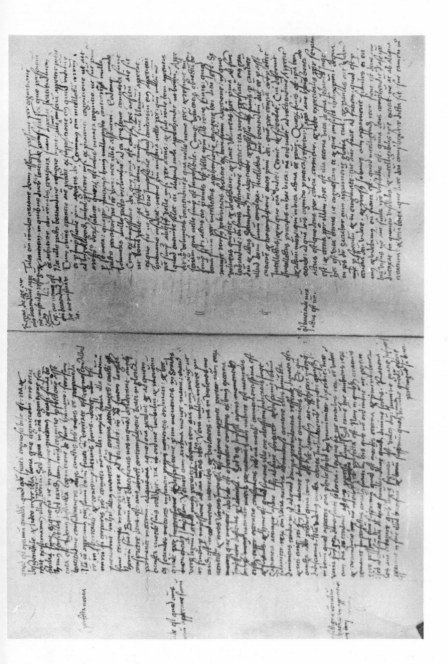

Lámina 7

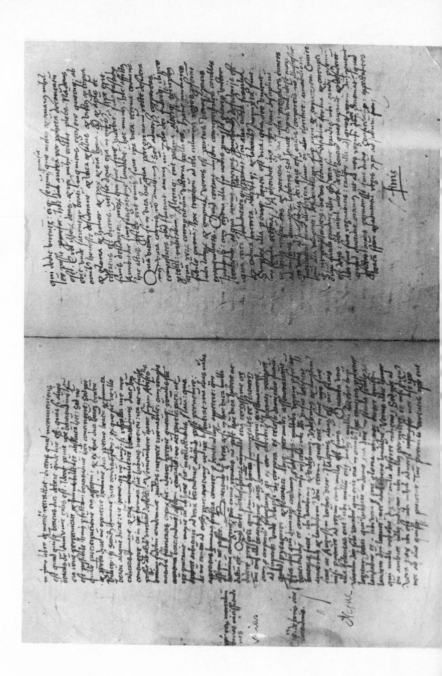

considerar la fatalidad según las causas segundas es seguramente móvil, pero cuando se relacione con la mente divina es inmóvil y persevera inmudable dando lugar a la necesidad, de manera que esté sujeta no a una necesidad absoluta, sino condicional. Igualmente decimos que esta condicional es verdadera o necesaria, si Dios ha conocido lo que era futuro. Por lo tanto, habiendo dicho Boecio que la cadena de la fatalidad es móvil, en seguida añade como depende de la Providencia inmóvil y así es preciso que sea inmudable. No faltaron también sacerdotes egipcios que se dejaron llevar a tal error al punto de creer que los mortales podían doblegar el orden divino y estable de la Providencia, con sacrificios y ritos supersticiosos. El cual error San Gregorio Nisseno tacha y condena. Pues aquellos no estaban implicados con lazos de ignorancia y de error menos graves de quienes afirmaban temerariamente que la serie en las causas segundas se encontraba atada a una necesidad. Por cierto entre estos dos errores hay que seguir un camino seguro. Yo creo que hay que consentir firmemente con estas sagradas palabras que enseñan lo que antes hemos demostrado ser la Providencia de Dios y su consejo inmudable y por otra parte las causas segundas siendo siempre contingentes están sujetas a cambios. Y a pesar de todo esto son necesarias en cuanto relacionadas con la divina Providencia.

CAPÍTULO XX. *¿Por cuál razón aquellos acontecimientos que están sujetos a la fatalidad, relacionados con la divina Providencia, no dependen de dicha fatalidad?*

REINA.—Creo que las cosas contingentes son mudables una vez que se consideran en sí y en sus causas próximas y segundas, y que las mismas, referidas a la divina preciencia, pierden su contingencia volviéndose necesarias. Explícame, si puedes, por qué así están las cosas, o sea, por qué referidas a Dios no tienen ninguna contingencia, mientras que referidas a nosotros se realizan de una manera circunstancial.

CARDENAL.—Aprende lo que nos dice Santo Tomás en el libro sobre la predestinación: las cosas futuras antes de su existencia no tienen ser en sí mismas, pero lo tienen solamente en sus causas. Así como el hijo que nacerá no tiene todavía en sí ningún ser, pero ya puede tener su ser futuro en sus padres que lo engendrarán. Sin embargo, notamos cierta diferencia entre las causas de las cuales recibirá su ser, pues algunas son necesarias y llevan consigo efectos necesarios y de ninguna manera se pueden eliminar. Pertenecen a este género de causas el salir y el ponerse del sol y de la luna, los cambios y los trabajos, que son efectos determinados y seguros en sus causas y que no pueden de ninguna manera evitarse. Existen también otras causas que no son en realidad tan necesarias, pero en su mayor parte y con mucha frecuencia siguen los efectos, aunque alguna que otra vez vienen a menos. Es evidente que en este género de causas los efectos no presentan absoluta certidumbre y ofrecen una certidumbre relativa en cuanto sus causas parecen determinadas hacia un efecto más bien que hacia otro. De tal manera, a través de tales causas se puede conseguir una noticia conjetural del porvenir. Tal noticia será más segura en cuanto las causas son más determinadas hacia un solo efecto. Del mismo modo el médico puede pronunciarse sobre la cura o la muerte del enfermo, o el astrólogo predice si habrá lluvias, o calma (?) o vientos. De verdad luego hay otras causas que pueden producir varios efectos que sin más dan lugar a situaciones contingentes, y de tales causas no se puede prever un determinado efecto o si se realizará de un modo preciso. Consiguientemente un tal tipo de contingencia, como se resolverá en diferentes modos, no puede ser conocida en sus causas. Y cuando acontecen de ellos tenemos noticia segura y tienen su ser en sí mismos; y cesan en cuanto futura, pues ya existen. Entonces existiendo en acto nos proporcionan un seguro conocimiento, ni pueden ser de otra manera de como son. Así, quien ve a Sócrates sentado, pues es necesario que esté sentado mientras ya está sentado. Por lo tanto, se consigue que los efectos presentes no pueden ya no existir: y su noticia es necesaria para quien los ve presentes. Advierte ahora a la divina mente que desde la eternidad todo considera y abarca como presente, bien las cosas que son contingentes en sus causas, bien las que son necesarias. Y no las contempla en sus causas sino en sí mismas, como luego serán, a través de la ciencia de la visión con la cual todo lo abarca en su eternidad. Nada de hecho por ninguno de los acontecimientos aumenta la divina ciencia, en cuanto esta ciencia no se realiza a través de las cosas, como acontece con nuestro conocimiento. Por cierto, las cosas se realizan gracias al conocimiento que de ellas la divina ciencia adquiere y con éste reciben la causa. Por lo tanto, la ciencia de Dios intuye las cosas futuras tales como serán y las ve presentes en la eterna visión, por medio de la cual abarca y contempla los tiempos, y los actos de los hombres y sus vidas.

CAPÍTULO XXI. *De la eternidad y del tiempo y en que entre ellos se distinguen.*

REINA.—Tú nos hablas a menudo de la eternidad y todavía no entiendo claramente qué es eternidad.

CARDENAL.—La eternidad, según opina Boecio, es la posesión ilimitada, total, simultánea y perfecta de la vida.

REINA.—Semejantes palabras precisan una aclaración.

CARDENAL.—Así es. Sin duda la razón humana no es capaz de alcanzar el conocimiento de las cosas sencillas, como es la eternidad, sino a través de las cosas compuestas y de aquellas que, por medio del sentido, se refieren a nuestro intelecto. Al conocimiento de la eternidad que es sencillísima y, a la misma vez, total, es preciso que lleguemos sirviéndonos de algo compuesto, tal como es el tiempo. Para Aristóteles, conforme asienta en el libro IV *De los Físicos,* el tiempo es un «ritmo movido según un antes y un después». Por cierto, en cualquier movimiento hay una sucesión de una parte después de otra. Esto se llama tiempo y nosotros hombres lo medimos con el movimiento del cielo antes y después y, si el alma no fuese capaz de medir el movimiento de lo antes y de lo después, el tiempo no existiría, aunque existiese el movimiento. Por esto, dos son las razones que aluden al ser del tiempo, en primer lugar: la sucesión del movimiento de antes y de después es lo que se presenta en forma material en el tiempo. En segundo lugar: sea el alma la que mide lo antes y lo después, lo cual es la forma del tiempo. De aquí viene que la esencia del tiempo consiste en calcular lo antes y lo después en los movimientos del cielo de la misma manera que en aprender su uniformidad, la cual siempre está alejada del movimiento, consiste la razón de la eternidad. Dios es ajeno de todo movimiento, siempre, y es sencillo y uniforme, en cuanto a El no le puede acontecer nada que sea antes ni después, sino que todo es al mismo tiempo perfecto: sólo Dios es eterno y está fuera de todo tiempo. Se suele decir que van medidas con el tiempo aquellas cosas que tienen un principio y un fin en el tiempo, en cuanto con todo lo que se mueve hay que reconocer la existencia de un principio y de un fin. Por consiguiente, lo que es inmudable no conoce sucesión y así no puede tener principio ni fin. De las dos cosas no se nos hace manifiesta la eternidad: antes del hecho de lo que es interminable en la eternidad y carece de principio y de fin, y la palabra término se refiere a las cosas y esto se dice interminable vida, luego por el hecho de que la eternidad es ajena a todo lo que es sucesión y por tanto existe toda a la vez y es perfecta.

La divina sabiduría medida por la eternidad, existe toda y a la vez y no conoce nada por medio de sucesión, sino que, superando la naturaleza del tiempo, todo lo abarca con una sola intuición. Conoce las cosas que para nosotros pertenecen todavía al futuro o presentes y referidas a su sabiduría todas son necesarias: nada acontece ante la sabiduría divina en forma contingente, aunque consideradas en sí mismas las que tienen causas contingentes son contingentes. De la misma manera, cuando consideramos a Sócrates sentado, el presente que tenemos bajo los ojos no cambia el hecho que es necesario lo que era contingente antes de que Sócrates se sentara.

Con todo esto afirmamos que permanece firme la ley del libre albedrío y aquellas acciones que de él proceden quedan libres y contingentes por derivar de causas contingentes. Los reproches y las alabanzas son admitidos, pues existe la libertad que Dios concede a toda criatura. La disposición del hado, referida a Dios, presenta el carácter de necesidad, sin embargo, en sus causas no tiene alguna coercisión o necesidad. De aquí puedes aprender lo que es fatalidad y lo que no lo es. Por otro lado, del todo rechazable, este término que nace de la vacía superstición de los paganos y el cristiano debe usurparlo. Pero por otros motivos afirmamos que la fatalidad es la misma divina providencia, y cuando conocemos esta afirmación debemos detener el juicio y corregir el lenguaje, tal como afirma Tomás que lo ha asentado Agustín. Por cierto, todo está sometido a la providencia de Dios que procede segura de un extremo al otro, y todo lo dispone con fuerza y con suavidad, según dijo la misma Sabiduría. Pondero que tal cosa acontece permaneciendo libres nuestras acciones, las cuales proceden del libre albedrío. Dios provee a todos respetando la naturaleza de cada uno. Dionisio dijo: «No os conforme la providencia corromper la naturaleza». Esta afirmación tiene de particular la naturaleza de algunos pasos, eso es en cuanto obran libremente, como acontece en el hombre, y hace de manera que ciertas cosas sean contingentes, y, por lo tanto, no impone a las mismas cosas una absoluta necesidad que excluya del todo dicha contingencia. La providencia de Dios impone a algunos seres la necesidad; y no a todos como habían opinado algunos infieles. Pertenece también a la providencia poner orden en las cosas con el fin de conseguir lo que se ha propuesto. Doble se presenta la finalidad: una principal y otra secundaria. La bondad divina es la principal finalidad fuera de las cosas, pero en las cosas mismas seguramente el fin secundario es la perfección y el orden del entero universo. Este, sin duda, no existiría si en las cosas no se encontraran todos los grados del ser. Por esto a la divina providencia pertenece el producir los grados de dicho ser. Y así ha preparado diversas causas con diversos efectos: las necesarias adaptó a necesarios efectos; las contingentes mezcló con efectos contingentes. Y según exigen las causas próximas que Dios en modo inefable desde la eternidad ha dispuesto y de manera infalible todo acontece conforme con el modo que El ordenó. Quedan ahora por comentar algunos actos de los hombres libres y la justa distribución de premios y penas.

LIBRO II

CAPÍTULO I. *En el cual capítulo, repilogando lo que se ha dicho en el libro anterior va repitiéndolo y otra vez enseña en su exordio de qué manera es necesaria la disciplina al hombre para vivir bien.*

REINA.—Me doy cuenta por lo que me has enseñado cómo tuvo lugar la caída del hombre; de dónde procede la corrupción de la carne que pesa sobre el alma y de qué manera la gracia de los sacramentos nos rehabilita. Además he aprendido cómo se manifiesta el pecado de la carne y su ley y cómo está sometido al influjo de las estrellas, mientras nuestro espíritu queda libre y de cuál manera la voluntad está sujeta solamente a Dios y en absoluto no se siente empujada por ningún movimiento celeste. Y todavía hemos entendido de cuál libertad ha sido proveída para que se pueda decir que es dominadora de todos sus actos y cuáles cosas pueden ser atribuidas a la fatalidad.

Partiendo de todas estas enseñanzas, resulta claro cómo nos es necesario atenernos a una disciplina que dirija los actos de los hombres. Y aquí me pregunto: ¿cuándo el niño será capaz de instrucción? Pues la infancia misma tiene que ser criada con caricias y ayudas. El alma no adquiere fuerzas si no encuentra ayuda en el desarrollo del cuerpo.

CARDENAL.—Tal como la vida se desarrolla en nosotros, así avanza el saber. En un primer tiempo vivimos sin alguna sensibilidad, mientras vamos formándonos en el útero de la madre; después de cuarenta días, en cuanto se ha formado el pequeño cuerpo del niño, es creada e infundida el alma racional. Entonces tenemos formado el hombre, aunque la razón se encuentra aún cohibida y obligada. El niño viene a la luz: la naturaleza le alimenta fácilmente y delicadamente y, a pesar de que adquiere nueva vida mediante el sacramento que le infunde la gracia divina, las virtudes quedan en potencia, según acontece con las fuerzas racionales de las cuales hará uso cuando el niño tendrá fuerza e incremento.

Por dichas razones debemos cuidar el cuerpo de los niños con todo esmero, con el fin de que, crecidos en salud, se vean ayudados para que puedan adquirir las fuerzas de la naturaleza. Y conforme con su ley, según place a Aristóteles, hay que creer que de los cuerpos buenos y sanos son engendrados hijos buenos y sanos, tal como de las bestias nacen bestias. Esto pretende la naturaleza, sin embargo la mayoría de las veces no es capaz de realizarlo, por esto hay que cuidar con toda atención del porvenir de los hijos. Así es preciso que se formen sus costumbres, imprimiéndoselos en su blanda mente apenas el niño empieza a hablar. Entonces es cuando da comienzo a su trabajo mental. De ningún otro animal se puede decir que le es tan natural ser adaptado a su propia especie, como pasa con las aves para volar y a los caballos para correr, cuanto lo es al hombre ver adaptada su razón a la discusión. Estoy de acuerdo sobre el hecho de que uno tiene más inteligencia que otro, pero nadie, como dice Quintiliano, sin el estudio algo consigue. El hombre ha nacido partícipe de la razón en las cosas que atañen a la búsqueda de la razón y a la solicitud de la mente.

El niño se tiene que formar desde cuando ninguna mala enseñanza ha sido impresa en su alma, o cuando todavía su alma guarda la pureza en la cual ha nacido: por cierto, que su alma es tal como una tabla sobre la cual nada se ha pintado. Es preciso ante todo tener cuidado y razón de las nodrizas. Crisipo nos recomienda que si se puede se escojan nodrizas sabias y castas en sus costumbres y en sus palabras. Pues en ellas las costumbres son el primer rasgo a cuya semejanza se conforman los primeros pasos hacia el conocimiento. Las nodrizas deben usar buen lenguaje, en cuanto el niño las escucha y como primera cosa intentará formar sus palabras remedando las que ellas pronuncien. Por naturaleza estamos muy apegados a las cosas que recibimos en el alma todavía tierna, al mismo modo que dura en la boca el sabor que probamos por primera vez. Ni el color de las lanas que ha mudado el sencillo candor original puede extinguirse, y estas mismas cosas se adhieren con mayor apego en cuanto son peores. Las cosas buenas con facilidad mudan en peor. No tome costumbre el niño a ninguna palabra que luego tenga que desaparecer. Por esto Horacio en la Sátira dice: «El maestro enseñó que el caballo con dócil disposición sigue el camino que su dueño le señala. El perro de caza, desde el tiempo en que ha ladrado a la piel del ciervo en casa, sabe luchar en los bosques. Ahora, el niño, con alma pura recibe las palabras y abre tus oídos a tus palabras mejores. La jarra una vez que ha sido llenada guardará para siempre el olor. Pues si tú interrumpes, o sigues en actitud valiente, no esperaré mucho ni tendré que empujar a los que están delante». Nuestros padres sabios tuvieron la mayor preocupación en educar a sus hijos. Por fin y de manera solícita dedicaron su obra a esta empresa y también a los que no cupo en suerte dedicarse a los estudios, dándose cuenta que en esto mismo habían venido a menos y por esto con mayor empeño se dedicaron a enseñar a los hijos.

CAPÍTULO II. *Cuánto es necesario a los mortales poseer doctrina y aplicarse a la erudición.*

REINA.—No todos los mortales, a cuanto nos resulta, se han consagrado al estudio, y tú ensalzas la doctrina a este propósito, como si fuera preciso que todos se aplicaran al estudio.

CARDENAL.—Por cierto, la vida sin sabiduría es imagen de muerte ,según alguien dijo. Por esto la razón príncipe es necesario que en el hombre ella mande o por lo menos sea respetada. Manda cuando todo dispone en orden a sus intereses y dirige a Dios todo su ser, bajo la luz divina que resplende e irradia.

Es de hombre sabio poner orden en las cosas, según dice Aristóteles. Si la razón no es respetada por ella misma por las fuerzas inferiores del alma, casi ociosa, se verá llevada a los céspedes y a las espinas y sin el culto del saber cae en medio de los cardos y de las ortigas, ella que era más apta para frutos muy sabrosos. De aquí viene que necesariamente acontezca lo que pasó a Salomón, quien dijo: «Yo crucé el campo del hombre perezoso y la viña del hombre tonto y todo estaba lleno de ortigas: sus espinas habían cubierto su superficie y la piedra de las lápidas había sido derribada». Esto ha sido interpretado por Gregorio: «Cruzar el campo del hombre perezoso y la viña del hombre tonto significa considerar la vida de cualquier hombre descuidado; contemplar su obra que está llena de ortigas y de espinas, porque en el corazón de los hombres descuidados pululan los deseos terrenales azuzantes y el aguijón de los vicios». Está escrito: «Todo hombre perezoso vive en continua codicia. La piedra de las lápidas estaba destruida, lo cual significa que la disciplina de los padres se había corrompido en su corazón. Y por esto añade el Sabio: "Lo que yo he visto, esto he esculpido en mi alma y con el ejemplo he aprendido la disciplina"».

Agustín, por su lado, dejó dicho: «¿Qué es el hombre falto de disciplina y de sabiduría sino caballo o mula que no tiene inteligencia?». Está escrito: «Bienaventurado el hombre que tú has educado, oh Señor, y que has formado con tu ley». Y en otro pasaje se dice: «Bienaventurado el hombre que demorará en la sabiduría y con los sentidos meditará la presencia de Dios». A los reyes y a los príncipes a través de la persona de David, Dios ha intimado: «Oh reyes que juzgáis la tierra, aprended la disciplina de manera que Dios no se levante con ira en contra de vosotros y salgáis del justo camino». Y otra vez, cuando el Sabio dirigió su palabra a los reyes, así habló: «Es mejor la sabiduría que la fuerza y mejor el hombre prudente que el hombre fuerte. Por lo tanto, oh reyes, escuchad y entended; aprended, oh jueces de las fronteras de la tierra; prestad vuestros oídos vosotros que gobernáis los pueblos y tendréis satisfacción en el gran número de naciones. De verdad, de parte de Dios, os ha sido dado el poder y la virtud del Altísimo, quien os examinará entorno de vuestras obras y escudriñará vuestros pensamientos». Y, además, añades: «Para vosotros, reyes, van dirigidos estos sermones, a fin de que aprendáis la sabiduría y no desmandéis. Los que han guardado la justicia, con justicia serán juzgados, y los que habrán aprendido las cosas justas tendrán siempre algo para justificarse. Sed deseosos de oír mis palabras y respetaréis la justicia».

La sabiduría es resplandeciente y nunca se corrumpirá. Fácilmente se dejará ver a los que la quieren y los que la buscan la encontrarán. Sin duda, se manifiesta antes a aquellos que la desean de tal manera que a éstos se descubre más pronto que a otros. Quien desde la mañana tendrá los ojos abiertos hacia ella no sufrirá fatiga y la encontrará sentada delante de su puerta. Pensar en ella significa tener el sentido desarrollado, pues quien vigilará sobre ella conseguirá sin tardar toda tranquilidad. En efecto, la misma sabiduría va buscando a los que son dignos de ella, o en sus caminos va a su encuentro alegre y previdente. Por lo tanto, su principio es un sincerísimo deseo de disciplina. El cuidado es a modo de disciplina y el amor es custodia de su ley. La custodia de ley preserva la incorrupción y la incorrupción nos acerca a Dios. La codicia de la sabiduría nos lleva al reino perpetuo. Y si os complacéis de los reinos y de los poderes, oh reyes del pueblo, amad a la sabiduría como si tuvieseis que reinar para siempre». Y de nuevo nos dice: «La muchedumbre de los sabios es el amparo del pueblo. Por lo tanto, aceptad la disciplina y os beneficiará».

Dios apareció a Salomón aquella misma noche en la cual él había ofrecido las víctimas a Dios y así le dijo: «Pide lo que quieras y te lo daré». Contestó Salomón a Dios: «Tú has demostrado hacia David, padre mío, gran misericordia y me has escogido como rey en su lugar. Por lo tanto, ahora, Dios mío, Señor mío, se cumpla la palabra que tú has prometido a David, padre mío; Tú me has hecho rey de todo este tu pueblo, que es innumerable como el polvo de la tierra: dame la sabiduría y la inteligencia para que yo entre y salga delante de mi pueblo». Dijo Dios a Salomón: «Como esta súplica ha gustado mucho a mi corazón y no has pedido riquezas, ni sustancia, ni gloria, ni las almas de los que te han odiado y no has pedido más días de tu vida, pero has pedido sabiduría y la ciencia para juzgar mi pueblo sobre el cual te he establecido como rey, te daré la sabiduría y la ciencia y además la riqueza y la sustancia y por fin la gloria». Dios entonces multiplicó los bienes que Salomón pidió piadosamente en sus oraciones, cuando pidió la sabiduría. Incomparable tesoro es adquirir la sabiduría, que Felipe, rey de los Macédones, apreció en Alejandro más que el reino sobre las gentes. Y Felipe cuando nació Alejandro escribió a Aristóteles: «Habiéndole nacido un hijo daba las gracias a los dioses porque el crecer de su hijo se iba a realizar durante lo mejor de la vida de él, el filósofo, a quien pertenecía el erudirlo. Grande sin duda es la utilidad de la disciplina, faltando ésta, la vida del hombre avanza con paso tambaleante como quien es ciego. Habiéndosele preguntado a Aristóteles en qué difieren los sabios de los incultos, contestó: se distinguen del mismo modo con que se distinguen los vivos de los muertos. Decía, según afirma Laercio, que la erudición es ornamento en la prosperidad y refugio en la adversidad. Los padres que han educado a sus hijos son más dignos de honra que los que les han dado sólo la vida. Los unos han sido solamente autores de su vida y los otros son autores del vivir bien y felizmente. Oh, bienaventurada sabiduría, pues apaga la luz en el alma que te desprecia e ignora a dónde va como tambaleando en las mismas tinieblas, desconociendo a dónde le convenga volverse y sigue cosas vanas e inútiles. ¿Qué tiene el sabio más que el estúpido? Si no saber orientarse hacia dónde está la vida como el libro de la sabiduría. Mejor el joven pobre y sabio que el rey viejo y tonto que no sabe proveer al porvenir. Por cierto, uno sube al trono saliendo de la cárcel y rompiendo las cadenas, mientras que el otro, aun habiendo nacido para reinar, se va consumiendo en la incapacidad. Donde está la sabiduría allá se encuentran la fortaleza, el consejo y la justicia. Seguramente ha salido de la boca del Altísimo y dijo: «Por mí reinan los reyes y los legisladores establecen leyes justas: los príncipes que un tiempo empezaron a reinar fueron escogidos en cuanto sobresalieron sobre los demás por sabiduría. Julio César, cultísimo en todo ramo del saber, bien con la sabiduría de las cosas humanas cuanto con la fortaleza, primero reinó sobre las hazañas de los romanos, cuando acabaron de mandar los reyes y acabó el gobierno republicano, como también el imperio se había extendido por medio de los aliados y de los senadores sobre todas las tierras. A éste sucedió Augusto, muy erudito en las letras griegas y latinas. Y luego les sucedieron hombres muy doctos. Nerón mismo, que decoró las imágenes de sus mayores y sus más célebres empresas, tuvo tanto saber y abundancia de letras que se atrevió a competir con Lucano mientras cantaba en el teatro de Pompeya la fábula de Niobé y las hazañas de Orfeo. De aquí derivó la lucha y la competición entre los dos.

Esta es la opinión de Platón: qué bienaventuradas son las repúblicas sobre las·cuales mandan los sabios. Y, por cierto, Dios les da ciencia, en cuanto ellos le consideran cual norte de la vida. Canta a este propósito el salmista: «Bienaventurado será el hombre que Tú, oh Señor, instruirás, y le enseñarás tu ley». Y en otro paso exclama: «Bienaventurado el hombre que demora en la sabiduría y en su temor contemplará la mirada de Dios».

Antígono Macédone, deseando que le instruyera Zenón, el maestro de la filosofía estoica, le escribió una carta de este tono: «El rey Antígono saluda a Zenón filósofo. Creo que tu vida me aventaja con su suerte y su gloria. Además, sé que te has distinguido en comparación conmigo en las disciplinas liberales y en la segura posesión de una perfecta felicidad, por lo cual he decidido rogarte que vengas a mí para enseñarme y que me convenga que tú no hagas mis rezos vanos. Tú, de verdad, reluces bajo todos los aspectos de tu vida y nosotros podemos disfrutar de tu amistad. He aprendido con toda seguridad que tú podrás representar no solamente en mi consideración, sino también en la de todos los macedonios, la perfecta sabiduría. Sin duda, quien enseña al rey de Macedonia y lo educa en la virtud, éste instruye también a él y a todos los súbditos en la fortaleza y en la honradez. Sin duda, tal como será quien gobierna así, es lógico que con creces lo sean los mismos súbditos. ¡Salud!». A estas cosas así contestó Zenón: «Zenón saluda a Antígono rey. Reconozco tu hondo deseo de sabiduría, pues es verdadero y útil. Y por esto he decidido aprender un género de instrucción no popular y capaz de pervertir las costumbres. Tú, por cierto, nos enseñas auténtica erudición. Quien está poseído por el amor y el deseo de la filosofía rechaza el placer común y vulgar que afemina el alma de algunos jóvenes y claramente guarda la nobleza, no tan solamente por instinto natural, sino también exhortado por la virtud y por educación. Por lo tanto, si una pequeña ejercitación enriquece un ingenio libre y noble, y no le falta gran cantidad de preceptores, pronto consigue el fruto perfecto de la virtud. Te aseguro que si no me lo impidiera la edad avanzada, tengo ochenta años y un cuerpo débil, escucharía tu mando y me llegaría a ti. Y como esto no me es permitido, yo te envío algunos de mis compañeros, los cuales no me son en nada inferiores en bondad de alma y me subrepujan por fuerza corporal. Si tú con atención los atiendes, no te faltará nada para conseguir lo que atañe la bienaventuranza. Salud!».

Aquiles, instruido por el centauro Quirón, fue el espíritu más resplandeciente entre los griegos que luchaban. Ni la corte del rey Nicomedes ni la voluptuosa conversación con las doncellas pudo alejarlo de la virtud: de tal manera que después de haber saboreado las delicias de Deidamía, soportara las fatigas de la guerra troyana. Y tan inmensa era la codicia de gloria y de virtud junto con una dulce costumbre de piedad que jamás, vencido por lo atractivo del placer, no quedó en medio de los coros de las doncellas que ofrecían abundancia de placeres. Prefirió, por lo tanto, por amor de verdadera fama de virtud sufrir los trabajos antes que someterse a las voluptuosidades de una vida réproba. Pues acercándose siempre más a la fama inmortal la consiguió a través de un camino arduo y estrecho. La misma fama había antes logrado Hércules, quien aconsejado por Júpiter, había cumplido sus doce trabajos. Cuenta Xenofonte que él desde sus primeros años fue en esto muy pródigo.

De hecho apenas crecido en aquel tiempo que la naturaleza concede para que cada uno elija el camino de su vida, le fue concedido apartarse en soledad y allí sentado por mucho tiempo se quedó dudando sobre lo que había de hacer: tenía delante de él dos caminos: el camino del placer y el de la virtud, y pensando cuál de los dos convenía emprender, empujado por la inspiración de Júpiter, entró en el de la virtud. Sin embargo, a nosotros, que intentamos imitar aquellos que nos parecen, según afirma Cicerón, dignos de alabanza, y seguimos sus intereses y sus principios de los cuales nos vienen las enseñanzas, no acontece la misma cosa. Sin duda educados en sus costumbres y preceptos, nos vamos conformando con su manera de vivir. Hay algunos que, bien movidos por alguna feliz suerte, bien por la bondad de su misma naturaleza, bien aún dirigidos por la disciplina de sus padres, han andado el recto camino de la vida. Por cierto, aquel conjunto de personas se debe considerar llevado por la razón y fornido de gran excelencia de carácter, o de destacada erudición y doctrina, o de una y de otra, y, por consiguiente, tuvieron mucho espacio de tiempo para decidir en torno del camino de la vida que sobre otros les gustaba seguir. Por lo tanto, con toda deliberación escogido el consejo se lo debe referir a la naturaleza de cada uno.

CAPÍTULO III. *De cuál manera es necesario el auxilio de la naturaleza para los que cultivan la disciplina o la ciencia.*

REINA.—Sin duda, tenemos que reconocer que acabas de enseñarnos muchas y excelentes nociones en torno de la erudición y de la disciplina que conviene a los príncipes y a los demás. Entre lo que has dicho tú nos has aclarado cómo la naturaleza del carácter de cada uno y su misma excelencia son capaces de favorecer la bondad de las costumbres y la disciplina. Continúa, pues, explicándonos en cuáles condiciones la naturaleza se aviene con la mencionada disciplina y las costumbres. Por mi parte, creo que la naturaleza constituye el mayor sostén de estos dos aspectos del hombre.

CARDENAL.—Has hablado con todo acierto, reduciendo en pocas palabras muy sutiles todo lo que nos interesa saber. Escucha ahora lo que nos enseña Aristóteles, en el libro X de las costumbres, demostrando lo que se ha afirmado por parte de algunos a propósito de esto: «Algunos piensan que hay quien se vuelve bueno por naturaleza, otros dicen que por costumbre, otros por doctrina. En realidad, la naturaleza no está en nuestro poder, pero se encuentra en algunos bienaventurados por cierta causa divina; sin embargo, el discurso y la doctrina nunca han tenido fuerza en todos. Y, por consiguiente, conviene que, antes de todo culto, el alma de quien escucha se disponga, gracias a sus costumbres, a gozar y a afligirse con pleno equilibrio como el campo que alimentará la simiente.

De hecho quien vive según la debilidad de sus pasiones ni puede oír las palabras de quien le aconseja ni las puede entender. Por cierto, que quien está de tal manera dispuesto, ¿cómo podrá persuadirse de lo contrario? No parecen ser pasiones del alma el escuchar las palabras, sino más bien el confiar en la violencia. Es conveniente, por lo tanto, que exista antes una costumbre de alguna manera apta a la virtud, y que busque las cosas honestas y huya de las malas. Con justicia ha condenado Aristóteles a los que estiman que cualquiera de estas tres realidades pueda producir el bien o la naturaleza, o la costumbre o la disciplina. Mientras es necesario que estas tres sean realidad antes para que se engendre el hombre bueno. Esto lo dice de forma más abierta Aristóteles en el libro VII de la República, en donde afirma que estas tres son indispensables para quien quiera ser justo.

REINA.—Es cierto que el que será bueno tiene que haber nacido bien y por esto cultivado en su manera de vivir y en la disciplina desde el principio de su vida. Valdrá la pena escuchar lo que nos dice tan gran filósofo.

CARDENAL.—Así él nos ha dicho: «Tenemos que considerar de cuál manera el hombre se hace deseoso del bien. Por esto los buenos y los deseosos del bien se vuelven tales con el auxilio de las tres realidades que acabamos de mencionar: la naturaleza, la costumbre y la razón. De hecho es necesario que desde un principio uno nazca hombre y no animal; y sea tal según el cuerpo y el alma. Por otro lado, el nacer en sí no es de algún provecho. Pues las costumbres imponen el mudar, y algunos seres, debido a la naturaleza, se sienten inclinados a una y a otra cosa, pero a través de las costumbres pueden orientarse hacia lo peor o lo mejor. Los demás animales viven sobre todo conforme a la sola naturaleza y pocos según las costumbres. El hombre, por el contrario, vive también según la razón. De hecho es él solo el que posee la razón. Por lo tanto, importa que se puedan poner de acuerdo los dos aspectos: muchas cosas, sin que intervengan las costumbres y la naturaleza, hacen los hombres obedientes a la razón cuando ésta los persuada que es mejor comportarse de otra manera. Algunas cosas se aprenden con el vivir y otras escuchando». Esto es lo que dice nuestro filósofo.

REINA.—Si las palabras fueran tan claras, tan breves y tan apropiadas no habría ninguna necesidad de explicaciones. Pero este filósofo en poco abarca mucho, por lo tanto procura que nosotros podamos parar mientes en cada una de sus palabras, pues algunas muy oscuras están entremezcladas oscureciendo profundamente las que de por sí podrían resultar evidentes.

CARDENAL.—No pudo quien ha discurrido sobre cosas tan secretas de la naturaleza, como es el caso de Aristóteles, más oportunamente conectar entre sendos conceptos que cuanto más se nos presentan ambiguos tanto más empujan el pensamiento a escudriñar. El filósofo demuestra que el hombre no puede alcanzar la bienaventuranza sin la presencia de las tres componentes ya mencionadas. Ya hemos demostrado en el libro precedente cómo tiene que ser quien merece que se le tome en consideración como bienaventuado y perfecto entre los hombres: hemos dicho que conviene que él haya nacido bien y dotado de felices condiciones y conviene además que esté bien dispuesto en el cuerpo en cuanto sujeto a los astros y a los movimientos del cielo. Así se conserva quieto frente a las perturbaciones gracias al equilibrio de su complejo. Por lo cual no podrán explotar las pasiones vehementes y los movimientos intranquilos y túrbidos de parte de los sentidos, cuya clarividencia toma razón de los ángeles y la voluntad bajo la inspiración de Dios y sigue lo que es justo y viene enderezada hacia la rectitud. Aquel que se encuentra en la parte corporal apocado por el influjo de las estrellas y en lo que se refiere a la razón apocado por los ángeles, aún si no ha tenido por gracia de Dios la voluntad debilitada, éste se va alejando de la humanidad y se hace inútil. Debido a esta situación tiene que ser formado de doble naturaleza y será feliz y bueno al mismo tiempo. No le será, sin duda, suficiente ser fornido de sus cualidades por la naturaleza, en cuanto le falta disciplina que avive y dirija hacia lo mejor. Si él ha decidido emprender la misma disciplina con el pensamiento a través de la costumbre misma perseguirá los hábitos morales, gracias a los cuales se hará seguidor de la perfeción. Así que nada le faltará para vivir feliz.

Justamente Aristóteles emprendió a demostrar lo que constituye la naturaleza en el hombre en cuanto nadie es por la misma bueno y justo. Mas, según sostiene el mismo filósofo, en el segundo libro de las costumbres, somos aptos a las virtudes por la naturaleza, pero esto siempre mediante la costumbre y la disciplina, y así llegamos a la perfección. Las tres componentes son necesarias dentro de nosotros para que la virtud se engendre y permanezca. Nos proponemos ser virtuosos por medio de la naturaleza y de las costumbres, mientras que, gracias a las costumbres o hábitos, se consigue la perfección y con la disciplina se alcanza el cumplimiento de la mejor finalidad a través de la convicción y selección de las acciones orientadas hacia el bien. Para conseguir esto fue necesario que viese la luz el hombre. De hecho quien es alejado de la razón lo es también del hombre y degenera de tal ejemplar como acontece con los tontos y los dementes; como los locos que son incapaces de toda virtud. Por esto podemos afirmar que el hombre ha nacido para conseguir la bienaventuranza según el cuerpo y el alma. Averroes, en el segundo libro *De Anima*, dijo: «La razón degenera por motivo de la diferencia corporal y además el intelecto varía en el hombre por la diferencia de lugar y de tiempo y también por la situación de la región en la cual le ha tocado nacer».

CAPÍTULO IV. *De cual manera son necesarias las buenas costumbres para vivir bien. La buenas costumbres son, en efecto, una segunda naturaleza.*

REINA.—De lo que has asentado resulta que entre las cosas necesarias al hombre el nacer bien es la más importante.

CARDENAL.—Es cosa segurísima ésta, pero a pesar de ello de nada sirve el nacer bien a algunos, pues con las costumbres pueden mudar y pervertirse. De aquí viene que se suele decir que es necesaria la costumbre llamada segunda naturaleza. Esta, se opina comúnmente, es aquélla que no puede acostumbrarse, aun cuando con frecuencia es llevada hacia cosas contrarias; tal es el caso de la piedra que nunca se levanta de por sí por su propia naturaleza hacia lo alto y espontaneidad; de verdad que su naturaleza es idónea a una sola cosa. Se acostumbra llamar segunda naturaleza aquella que obra, según dice Aristóteles, en los libros de *Retórica,* en aquellas cosas que son igualmente aptas hacia dos tendencias. Esto luego acontece, como asienta Cicerón, porque la virtud es hábito conforme la naturaleza. El hombre puede asentar en sí, acudiendo a la costumbre, una segunda naturaleza, siendo su primera naturaleza dispuesta a una y a otra aptitud y así se perfeccionará obedeciendo a la propia costumbre. Hay algunos que tal vez siempre por la misma costumbre se desvían hacia el mal, pero luego gracias a la disciplina y a la persuasión vuelven al bien y a él se convierten. Por lo tanto, nos parece que están dispuestos a la humana felicidad aquellos en los cuales coinciden las tres cosas, según dice Aristóteles, y justamente concuerdan. De esto procede que se averigüe haber opinado falsamente los que creían que el hombre puede hacerse bueno o solamente por naturaleza o por costumbre o, en fin, por disciplina. Sabemos, por el contrario, que son necesarias todas estas cosas para la vida bienaventurada que representa la humana felicidad.

REINA.—Quien habrá conseguido estas tres cosas ya mencionadas seguramente será virtuoso; sin embargo, muy difícilmente se podrán encontrar estas tres componentes en el mismo hombre. Por cierto muchos, que por su naturaleza, son dóciles y de mucho ingenio, se hacen perversos, por la costumbre, con los malos y otros, en fin, que son llevados por el trato con los buenos a las buenas costumbres, pero siendo ignorantes necesitan disciplina. O se encontrará también alguien que conocedor de las buenas costumbres degeneró de ellas a causa de sus relaciones con los hombres.

CARDENAL.—Por lo que acabamos de decir tenemos que cultivar los ingenios humanos desde los primeros años, igual que se hace con los campos fértiles, pues también siendo abundantes por su naturaleza en posibilidades, si no interviniera la cultura y la doctrina no podrán del todo darnos dulces frutos. Así como el arte ayuda a la naturaleza en todas las cosas, lo mismo la disciplina hace que el alma de los hombres se vuelva buena, o sea, impida que las almas caigan en la demencia. Y cuanto más los hombres han nacido para cosas grandes, mayormente les es preciso ayudarse de muchas maneras con la disciplina. Pero los príncipes, que es necesario que descuellen sobre su grey, son como los pastores. Ayudándose con los medios ya señalados, es necesario que cuanto el alma dista del cuerpo, tanto tienen que ser formados e instruidos desde la infancia de manera que sean un día cuales conviene a los reyes en medio del pueblo. Su reino entonces adquirirá estabilidad y firmeza mediante la sabiduría y la justicia. Consigue de todo esto que el príncipe católico debe poseer las tres cosas: naturaleza, costumbres y saber, alrededor de las cuales se desarrollará nuestro presente tratado y como primer tema hablaremos de la naturaleza del príncipe cristiano.

CAPÍTULO V. *De la naturaleza y del ingenio del hombre.*

REINA.—Continúa, te ruego, sobre este argumento.

CARDENAL.—Está escrito en el salmo «¿Qué cosa es hombre para que Tú, oh Señor, te acuerdes de él? Con razón lo has disminuido un poco en relación con los ángeles; lo has puesto en poco inferior a estas creaturas intelectuales que no tienen nada material; lo has hecho copartícipe de la eterna herencia con los mismos ángeles. Aunque por su naturaleza es distinto de ellos, sin embargo les es semejante por gracia y mérito». Dios, hecho hombre, ha revestido su naturaleza con el fin de que el hombre fuera partícipe de su naturaleza mediante la gracia que había perdido por causa del pecado. Sabemos que no es consentido adorar a los ángeles, pues el ángel así contesta a Juan: Yo soy consiervo tuyo... Los ángeles han sido encargados de vigilar sobre los hombres para que éstos conozcan su dignidad, y les sirven como ministros. El hombre es un animal racional por su naturaleza y Dios le formó con la obra de sus manos y le encoronó con gloria y honor, cuando exaltó nuestra cabeza Cristo por encima de los ángeles. Sin duda alguna el hombre ha sido creado para la gloria de la eterna bienaventuranza. Venciendo la mudable naturaleza humana no puede alcanzar dicha bienaventuranza mediante sus méritos, sino tan solamente con el auxilio enviado por Dios desde el cielo. Podrá también competir con aquellos dos elementos que lo levantan a las cosas sublimes. La gracia, por su parte, lo hace grato cuando el libre albedrío lo consiente. Con esto todo lo que hace el hombre se transforma en meritorio. Definamos, por lo tanto, cual fin bienaventurado para nosotros a nuestro Dios, por quien todas las cosas se ordenan y en cual todas viven y hacia el Cual la muchedumbre de ángeles eleva su adoración y, en fin, hacia el Cual las almas racionales desean volver su mirada. Esta es la finalidad segura de todos los espíritus y de todos los hombres en la bienaventuranza. Nada hay más alto para el hombre que la razón, finalidad, en la cual es igual a los ángeles y en medio de las cosas angélicas sube el espíritu del hombre conforme la medida de su caridad. En lo demás la naturaleza del hombre destaca sobre las especies de todos los seres animados. Por cierto, éstos son todos inferiores al hombre, debido a su forma intelectual, que se diferencia de los demás seres por las virtudes emotivas, pues el hombre no tiene alguna finalidad determinada por la naturaleza ni tiene que seguir ciertos caminos para alcanzar su finalidad como todos los demás seres. Esto el mismo Cicerón dice de esta forma: «Entre el hombre y la fiera ésta es la mayor diferencia: pues la fiera es movida solamente por los sentidos hacia lo que le está inmediatamente presente y se conforma con lo que está presente en cuanto no tiene conciencia ni del pasado ni del futuro, mientras el hombre, partícipe de la razón gracias a la cual percibe el desenvolvimiento de las cosas, se da cuenta de las causas, no ignora sus precedentes y sus consecuencias, compara entre sí las semejanzas y relaciona y añade las cosas futuras con las presentes, con facilidad entrevé el desarrollo de toda la vida y para vivirla prepara lo que es necesario y esta misma naturaleza, con la fuerza de la razón, hace que concuerden hombre con hombre para que así se cree una comunidad de palabra y de vida». Por cierto, Dios creó al hombre en posición erecta, capaz de mirar las estrellas, según dice el *Eclesiastés* y lo mismo afirma Ovidio: «Mientras los animales con la cabeza inclinada hacia el suelo miran la tierra, Dios concedió al hombre un rostro sublime que se levanta hacia lo alto y tiene el poder de contemplar el cielo y fijar sus miradas hacia las estrellas.

Creyeron que Dios estaba dentro de nosotros cuando opinaron que las almas de los hombres se metían dentro de los cuerpos divinos para que hubiera quien cuidara de la tierra».

De una manera parecida Virgilio nos dice: «A los hombres les ha sido otorgado un vigor ígneo y un origen celeste». Marcos Manlio también cantó en sus poemas: «Tal vez es motivo de duda el que Dios viva dentro de nuestro pecho y que las almas que bajan del cielo vuelvan al cielo». Y luego añade: «¿No es tal vez lícito a quien quiera creer que los hombres han sido engendrados en el cielo? Los demás animales yacen desparramados sobre la tierra o metidos en los ríos o volando por el aire. Y todos consiguen una sola satisfacción gracias al vientre y a los sentidos colocados en los miembros del cuerpo, como que no disfrutan de razón ni de lengua vivaz. Sólo el hombre es capaz de conocer las cosas y tiene posibilidad de hablar y es hábil para hacer lucir su ingenio en varias formas de arte. Este hombre fue engendrado para que reinara sobre todo el creado y se apartó en el mundo y dominó sobre toda la tierra y cazó los animales para su alimento y supo imponer sus rutas al mar. Unico entre todos los seres está erguido con su cabeza como fortaleza y victorioso levanta sus ojos resplandecientes como estrellas hacia el firmamento y con pleno derecho contempla el Olimpo y escudriña al mismo Júpiter, ni tan sólo fija su mirada con la frente de los dioses y escruta al cielo en toda su profundidad y, acompañado por su cuerpo, quiere estudiar los astros». Y de nuevo añade: «¿Quién puede pensar que sea ilícito conocer lo que nos es consentido mirar? Ni desprecies tus fuerzas encerradas en el pequeño cuerpo. Lo que vale este cuerpo está más allá de todo aprecio. Así el peso de poco oro vence en valor innumerables cantidades de bronce. Un pedacito de la piedra de Adonis es más precioso que el oro, así la pequeña pupila de nuestro ojo puede escrutar todo el cielo. Los ojos ven las cosas mínimas y al mismo tiempo contemplan las cosas mayores. Así, la sede del alma tenue, colocada bajo el corazón, reina por todo el cuerpo desde su angosto espacio. No busques la forma de la materia, considera más las facultades que tiene la razón y no su peso. La razón lo vence todo. No dudes en creer que la mirada del hombre alcanza lo divino. También la dignidad de la humana naturaleza se nos presenta celebrada maravillosamente en los cantos, aunque resulta claro que ningún animal, excepto el hombre, es llamado al consorcio de la bienaventuranza eterna. Está escrito que nuestro premio será abundante en los cielos. A dicha declaración parece que han accedido muy de cerca algunos filósofos, los cuales han afirmado: «Haber nacido el hombre para la justicia y para las virtudes más excelentes del alma». Lactancio, a este propósito, en el libro *De Ira,* dice: «Como el mundo fue creado por Dios para el hombre, así éste es constituido a sí mismo para que fuese guardián del divino templo y espectador del conjunto del firmamento y del cosmo. El hombre es el solo ser que con la razón alcanza a Dios, admirando su obra y contemplando sus virtudes y su poder. Por esto el hombre ha sido dotado de consejo, de pensamiento y de prudencia. Y, por fin, es el solo ser animado que ha sido hecho derecho de cuerpo y de postura, para que se nos presente erguido hacia la contemplación del Creador. Así es que él sólo recibió el verbo y la lengua que interpreta el pensamiento, para alabar a la majestad de su Señor. En fin, todas las cosas están sometidas a él, y así él se sujeta a Dios, su hacedor y artífice. Dios, por lo tanto, quiso que el hombre tributase a El el culto y tanto honor a su vez le dio que lo hizo dueño de todas las cosas. Ni es lícito que un cultor de Dios sufra violencia por parte de otro cultor de Dios. Por esto se comprende que el hombre ha sido creado en vista de su unión con Dios y de su justicia. De la cual cosa es testimonio Marco Tulio en los libros *De las Leyes,* en donde así se expresa el pensador romano: «Pero de todas las cosas que vemos discutidas por todos los hombres cultos, ninguna es más evidente que la que afirma que claramente se entiende haber nosotros nacido para la justicia». Esto si por un lado es segurísimo, Dios quiere que todos los hombres sean justos, eso es, el hombre y Dios sean amados en cuanto Dios se tiene que honrar como Señor y el hombre se tiene que amar como hermano. Sobre estos dos principios descansa toda la justicia. Por lo tanto, quien no reconoce a Dios o perjudica al hombre, vive injustamente contra su propia naturaleza y de tal manera quebranta la institución de la ley divina.

CAPÍTULO VI. *De la debilidad de la naturaleza huma-*
na que algunos filósofos reprochan sin derecho a
Dios como autor de ella.

REINA.—Aprendo que muchos acusan la naturaleza por
haber hecho el hombre débil.

CARDENAL.—Sin duda es así. El vulgo de los epicúreos
reprehende la providencia de Dios cuando intenta modificar
las obras de la naturaleza, pues pretende demostrar que el
mundo se rige sin providencia alguna. Sin embargo, atribuyen
el origen del mundo a cuerpos indivisibles y sólidos que los
griegos llaman átomos, de cuyos casuales encuentros nace toda
la realidad en el presente y en el pasado. Se quejan también
de que el hombre nace demasiado débil y frágil en comparación con los demás animales. Plinio, en el libro VII de su
Historia Natural, recuerda sus fuertes protestas cuando afirma
que el objeto de toda la naturaleza es el hombre en vista del
cual parece ser que han sido engendradas todas las cosas en el
mundo. La naturaleza en primer lugar reviste con vestidos al
hombre entre todos los animales, mientras ha dado a los
demás animales distintas defensas. A otros les ha dado espe-
ciales costras, cortezas, cueros, espinas, pelos, puntas, plumas,
escamas, lana y duras defensas como el tronco de los árboles.
Y ha protegido los árboles con doble corteza, sea contra el
frío, sea contra el calor. Tan sólo el hombre lo ha dejado des-
nudo y echado al suelo sin vestido desde el mismo día de su
nacimiento, y lo abandona para que gima y llore sin más. De
verdad que no existe otro animal al cual el principio de la vida
se acompaña con estas lágrimas. A ningún recién nacido le es
consentido una risa precoz y fugaz antes de los cuarenta días.
Y desde el primer percibir la luz empieza a ser atado con lazos y ligamentos en todos los miembros (la cual cosa no acontece a ninguna de las fieras que nacen entre nosotros). Por
cierto, el niño nacido entre tanta molestia se encuentra lloran-
do, estrechado en sus manos y en sus pies cual un animal, él
mandará a todos los animales desde el comienzo de su existencia entre suplicios por la sola culpa de haber nacido. ¡Oh
locura de los que desde sus principios se creen nacidos para
dominar! El primer aparecer de su vida le hace semejante a

cualquier cuadrúpedo. ¿Cuándo empezará a andar como hombre? ¿Cuándo empezará a hablar como hombre?

¿Cuándo tendrá la boca apta para comer? ¿Cuándo su cabeza se moverá libremente delante de todos los demás animales? Todo esto prueba su debilidad frente a todos los animales. Procurad todo género de medicina para tantas enfermedades y éstas serán vencidas con nuevos medios. Los demás animales sienten su propia naturaleza: algunos acuden, para su defensa, a venenos; otros al rápido vuelo; otros a la violencia agresiva; otros al nadar. Mientras el hombre nada sabe sin estudio, ni hablar, ni andar, ni alimentarse y, en resumidas cuentas, no le queda otra cosa espontánea de su naturaleza sino el llorar. Sin duda muchos opinaron que el no haber nacido sería lo mejor, o el desaparecer cuanto antes. A uno sólo de los seres animados le ha sido concedido sentir pésame de los muertos. A uno sólo le ha sido concedido el placer y éste probándolo de muchas maneras y en cada miembro del cuerpo. A uno sólo se le ha concedido la ambición, la avidez del dinero, el ilimitado deseo de vivir, la superstición, el cuidado del sepulcro que continúa después de muerto. A nadie como a él le ha sido dada una vida muy frágil; a nadie mayor codicia de todas las cosas; a nadie un miedo más confuso; a nadie una rabia más pertinaz. Y, por fin, los demás seres viven de manera apropiada según su especie. Y por esto vemos que se reúnen los unos con los otros y los que son diferentes luchan entre ellos. La ferocidad del león no combate contra su igual, ni la mordedura de la serpiente arremete a otra serpiente. Los animales marinos y los peces enfurecen contra las familias semejantes de ellos. Mientras la mayor parte de los males del hombre proceden del hombre.

CAPÍTULO VII. *De la falsedad e ignorancia de los que desestiman el complejo del cuerpo humano.*

REINA.—Con fuerza Plinio ha perseguido los defectos del hombre. Y tú, ¿qué vas a contestar a todo esto? ¿Son ciertas todas estas críticas?

CARDENAL.—De verdad, los que estas cosas afirman,

con vehemencia, son considerados sabios, mientras estos mismos por ignorancia de las cosas o por flaqueza del pensamiento desprecian lo que al hombre se le ha concedido por su dignidad. Y estas de buenas a primeras parecen ser débiles y frágiles, sin embargo estas críticas referidas a la razón que todo lo lleva a su perfección adjudican las más altas dignidades de tal manera que desde sus principios flojos, gracias a la razón, son levantados a tanta perfección y excelencia. La cual realidad ignorando contra el creador de tanta humana nobleza con ingratitud como serpientes aguzaron sus dientes. Con firmeza, asienta Lactancio; jamás los he despreciado (como locos), tanto como cuando hablan de tal forma, pues considerando el orden del creado me doy cuenta de que nada debía haberse realizado de otra manera de como de verdad fue realizado, y no diré que pudo, por cierto, ser realizado siendo como es Dios todopoderoso. Todavía era preciso que aquella previdente sabiduría lo hiciese así que es la forma mejor y más apropiada. Vamos a interrogar estos censores de la obra divina. ¿Qué le falta al hombre para que estimaran que ha nacido más débil? ¿Tal vez los hombres se desarrollaron imperfectamente? ¿Tal vez le faltan fuerzas para alcanzar una prolongada edad? ¿Tal vez la debilidad impide el crecimiento del hombre o tal vez la razón depende al menos de lo que le falta al cuerpo? Y añade que la educación del hombre se obtiene a costa de mucho trabajo. Podemos suponer que la condición de los animales es mejor, pues ellos cuando han parido la propia criatura, cuidan de ella y de su alimentación. De aquí procede que con los pechos fácilmente destendidos pueden deparar a sus críos el alimento de la leche, que éstos desean, impelidos por el instinto, y lo buscan sin preocupación. ¿Por qué las aves, cuya actitud es distinta, se someten a extremados trabajos para criar sus hijos de tal forma que parece tengan algo del afán propio del ser humano?

Construyen sus nidos o con el barro, o con hojas, o con ramas y sin tomar alimento las aves incuban. Y las que no pueden nutrir a sus críos con el alimento sacado de su cuerpo toman desde fuera y lo transportan. Todos los días en ello consumen, mientras durante la noche los amparan, los calientan y los defienden. ¿Qué podrían hacer de más los hombres sino sólo esto que los hombres no echan a sus hijos ya crecidos? Sin más los tienen siempre a sí unidos con los lazos de la necesidad y del cariño. Los críos de las aves son más débiles de los hijos del hombre. De hecho no crían a los pequeños con alimentos sacados de su materno cuerpo, sino sencillamente con alimento y calentado con su propio calor esperan que se vuelva animal completo. Una vez que han adquirido fuerza, implumes y tiernos, no solamente no disponen de la posibilidad de volar, sino que tampoco tienen la capacidad de andar. Se equivocará quien considere que la naturaleza se ha portado mal con las aves por el hecho, en primer lugar, que nacen dos veces y luego porque nacen con una naturaleza débil que tienen que ser alimentadas con alimentos buscados con trabajo por los padres. Ellos escogen la sustancia más rica y descuidan la escasa de nutrimento. Por lo tanto, me gustaría saber de los que prefieren la condición de animales a la propia, cuál condición escogerían si Dios les permitiera optar, tal vez se acogerían a la humana sabiduría con su debilidad, o la fuerza de animales con la naturaleza que les es propia. Por cierto, no serían tan bestias como para no preferir la naturaleza humana aún más frágil de lo que es ahora, más bien que una fuerza poderosa pero irracional. Sin duda alguna, los hombres sabios ni quieren la razón con la fragilidad ni la fuerza sin la razón. Nada es tan repugnante y tan contrario como el hecho de que la razón llegue a formar un animal con seso o que lo levante a alto nivel la misma condición de la naturaleza. Ya sabemos que si está sostenido por el instinto, la razón se vuelve superflua. ¿Qué pensará? ¿Qué hará? ¿Qué proyectará? ¿O en qué se ostentará la luz de su genio? ¿Cuándo lo que podría alcanzar la razón, la naturaleza lo depara con abundancia? Si está dotado de razón, ¿porqué necesitará el sostén del cuerpo, pues una vez concedida la razón por su cuenta? ¿podrá realizar el oficio de la propia naturaleza? Por cierto, estas cosas de por sí pueden embellecer y proteger al hombre de tal forma que Dios no podría crear algo mejor y mayor. En fin, el hombre está dotado escasamente de fuerzas y de salud y de su cuerpo limitado, pero como recibió lo que es mayor (eso es la inteligencia) es más fornido y perfeccionado que los demás animales. Y a pesar de que nace frágil y débil es amparado frente a todos los brutos. Y todas las cosas dotadas de mayor fuerza, aunque sobrellevan la violencia del cielo con ímpetu, no pueden, sin embargo, estar seguras en relación con el hombre. Y así acontece que la razón da más al hombre de cuanto no da la naturaleza a los brutos. Pues en éstos ni magnitud de las fuerzas ni robustez del cuerpo pueden conseguir que nosotros no las anulemos o que estén sujetas a nuestro poder. Tal vez alguien al ver los bueyes y las vacas servir al hombre con sus enormes cuerpos puede quejarse con Dios por haber recibido fuerzas reducidas y un cuerpo tan pequeño. Ni estima los beneficios divinos en sí en lo que merecen, y esto es prueba de ánimo ingrato o, para decirlo más claramente, de un alma insana. Platón, queriendo rechazar estos ingratos, dio gracias a la naturaleza por el hecho de que el hombre hubiese nacido. Cuanto mejor y con mayor sabiduría se portó aquél que se dio cuenta de que la condición del hombre tiene muchas cualidades frente a los que preferirían haber nacido animales. Que si Dios los convirtiese en estos animales, cuya suerte ellos prefieren a la propia, sin duda querrían volver atrás y pedirían a gritos la antigua condición.

De verdad la fuerza y robustez del cuerpo no valen como para que las prepongamos al uso de la palabra; ni el libre vuelo por el aire de las aves es más importante que el uso de las manos. Sin duda las manos ofrecen mayor utilidad que las leves plumas y mayor valor presenta la lengua que la fuerza de todo el cuerpo. ¡Cuál locura, por lo tanto, es preferir aquellos dones que si te los concedieran los despreciarías! Así ha hablado Lactancio.

Capítulo VIII. *Sobre la disposición del cuerpo del hombre convenientemente ordenada por Dios.*

REINA.—Lo que acabas de decirnos parece expresado con toda elegancia y sabiduría.

CARDENAL.—Si conocieras cómo habla de la disposición del cuerpo Aristóteles mucho disfrutarías.

REINA.—Pienso que no es oportuno omitir el conocimiento de lo que dice este notable autor.

CARDENAL.—Entonces conviene que aprendas lo que el filósofo ha escrito. Así habló: «Los que afirman que el hombre entre todos los animales no está formado bien, sino muy mal y, por lo tanto, hablan de él como de criatura desnuda e inerme, no opinan con recto juicio. Sabemos que los demás animales disponen de una sola defensa y ésta no puede cambiar; algunos duermen protegidos casi calzados y todo lo hacen sin poderse nunca quitar la pesada vestidura ni mudar las armas defensivas que recibieron. Al hombre, por el contrario, le es concedido disponer de muchas ayudas y cambiar esos medios de defensa cuando quiera y donde le parezca oportuno. ¿Diremos que la mano es uña y cuerpo, y asta y espada y cualquier otro género de armas y de instrumentos? Sin duda, todo es así, pues todas estas formas de defensa puede el hombre asumir y mantener. Al hombre en realidad la naturaleza le ha dado una mano que es cuanto más apta (a sus necesidades): está dividida y articulada. En esta división reside la facultad de disponer cada cosa, y en este orden tenemos también la capacidad de dividir. Y, por lo tanto, la articulación puede ser sencilla, doble y multiforme, por consecuencia el hombre dispone de los mejores medios en comparación con todos los animales: de hecho su mano aferra los objetos. Así que nos parece que la mano no constituye un solo instrumento, sino muchos. Con otras palabras, diremos que es el instrumento por excelencia. La naturaleza, por su parte, dio la mano a aquella criatura que podía recibir el don de muchas artes. La mano es apta para todos usos». Así habló Aristóteles.

REINA.—Sin duda, que ha hablado con mucha sabiduría.

CARDENAL.—Escucha ahora lo que dice la doctrina católica. Hemos demostrado que los que han escudriñado la divina sabiduría, generalmente y bajo cierto aspecto se han equivocado de lleno. Cuando luego son capaces de entender con cuanta armonía todo ha sido dispuesto, entonces ponderan con cierta perspicacia toda la creación. El ojo de nuestra inteligencia no puede franquear los límites que Dios ha puesto cuando se pone en relación con aquellas cosas que sobre todo por su propia naturaleza son inteligibles, según afirma Aristóteles, tal como se porta la vista del murciélago con los rayos del sol. He aquí por qué el sabio dice: quien fija su mirada en la divina majestad se siente sobrecogido por su resplandor. Ya hemos visto cómo la sabiduría de Dios así dispuso cada cosa de manera que se vea establecida en el ámbito de su especie y de su origen. Así reza el texto: «Dios vio todo lo que había creado y era bueno».

Demostraremos, mirando la hechura del hombre, cómo la naturaleza ha juntado en la forma más conveniente el cuerpo del hombre con el alma racional y cómo con dicha materia no habría podido obrar mejor. Sin duda, todas las cosas naturales, según ha sostenido el bienaventurado Tomás, han sido producidas por medio de la divina Providencia y en cierto sentido todas dependen de su obra y de sus disposiciones. Cualquier artífice piensa imprimir en su propia obra la más acertada compostura y esto no por sí sencillamente, sino en relación con el objeto establecido desde un principio para cada cosa; y a pesar de que este procedimiento lleva consigo algunos defectos connaturales con la cosa en sí, el artífice da forma a este mismo procedimiento, como quien forja con el hierro una espada para cortar (para que, sin más, sea apta a dicha finalidad), aunque el material del bronce es más noble que el hierro, no por esto utiliza el bronce, sino el hierro en cuanto éste es más indicado para cortar que el bronce. Tal finura causa estorbo en el caso del objeto propuesto. Así Dios ha dado a cada cosa natural una disposición pertinente a cual más en vista de su finalidad y, por lo tanto, no sencilla ni del todo simple, pero más bien proporcionada con su misma finalidad.

También el filósofo esto menciona en el II libro *De la Física* cuando así se expresa: «Porque es más digno no por esto tenemos que decir que se ha hecho sencillamente y simplemente (sino conforme con su finalidad)». Está claro que la finalidad inmediata del cuerpo humano es su propia alma racional que es su forma y su primer acto, según sostiene el mismo Aristóteles. Luego siguen sus operaciones que constituyen sus segundos actos. La materia, desde luego, existe en consecuencia de su destino. De aquí proviene que Dios ha formado el cuerpo del hombre de la forma más conveniente y dispuesto a la razón. Si en el cuerpo humano resaltan algunos defectos, algunas enfermedades o algunas debilidades, es preciso que consideremos la ley natural de la materia en base de la cual se produce aquella carencia, pues, aun siendo la materia frágil, es proporcionada con toda medida con el alma racional y con sus operaciones.

A pesar de que muchos animales tienen alguno de los cinco sentidos más perfectos que el hombre, no por esto su material será más perfecto o más obediente al alma racional. Aunque el conocer comienza con los sentidos, según justamente sostiene Aristóteles; el águila fija su mirada en el sol con mayor perspicacia y el perro es más ligero en su carrera y más hábil en el oler y el ciervo, por fin, tiene el oído más fino. Pero como se comprueba que el tacto, sostén de todos los sentidos, es más perfecto en el hombre que en todos los animales, convenía que él tuviese una cuanto más equilibrada estructura y disposición. El hombre además vence a todos los seres vivos en las fuerzas sensitivas interiores. Por lo tanto, por alguna ley necesaria acontece que en algunos sentidos el hombre se ve vencido por los demás animales, según ya se afirmó. Por cierto, el hombre dispone del olfato menos eficiente entre todas las especies animales. Además el hombre tiene un cerebro mayor de cuanto parece convenga a su cuerpo. Pero no sin razón la naturaleza se lo ha dado, para que más libremente se realizaran las operaciones de las facultades interiores, que en modo especial pertenecen a las actividades intelectuales, y para que la frialdad del cerebro pueda templar el vehemente ardor del corazón, que en el hombre se desarrolla naturalmente. De aquí procede que el hombre anda erguido mirando las estrellas. Sin embargo, esta voluminosidad del cerebro por abundancia de humedad produce empacho al olfato, que cuando es más seco aspira los olores con mayor avidez. De tal manera algunos animales están dotados de una vista más aguda y de oídos más penetrantes, pues tienen el cerebro dispuesto conforme sequedad y calor; pero no tienen un físico proporcionado y equilibrado como el hombre lo tiene. Y, por lo tanto, son más veloces ciertos animales a cuya velocidad se opone el equilibrio físico que resulta cuanto más proporcionado en el hombre. De aquí además procede que la naturaleza con acierto ha favorecido al hombre, pues éste no dispone de tan subida calidad en estos sentidos, como que puede contrastar con el equilibrio del cuerpo, en cuanto éste corresponde a un ser que discure con el pensamiento. Es desatinado quejarse de que la naturaleza ha rehusado al hombre el uso de cascos, cuernos, uñas o cueros, pues siendo éstos caparazones señales de la existencia de abundante humedad con la cual contrasta el equilibrio y la correspondencia de todas las partes del cuerpo humano. Los que quieren sostener que dichos elementos sean parte del hombre, se proponen, con esto, disminuir la capacidad razonadora del hombre, o quitarla del todo. Sin duda, el hombre, dueño, gracias a su razón, encuentra mejores caparazones que los atribuidos a todos los animales. De hecho, según afirma Aristóteles en el III libro *De anima,* la mano del hombre es el órgano de los órganos, la cual sola ofrece a las necesidades naturales un mayor número de instrumentos. Y esto sobre todo era conveniente a la naturaleza del hombre por el hecho de que no es dispuesto hacia una sola dirección, como los demás animales, sino a través de finitas concepciones y sensaciones que el intelecto concibe y siente, y éstas constituyen para la vida humana un sinnúmero de «instrumentos».

CAPÍTULO IX. *Porque Dios ha levantado el rostro del hombre hacia el cielo y lo ha colocado por encima de todos los animales.*

REINA.—También lo que ahora acabas de declarar responde a toda razón.

CARDENAL.—Por cierto, así es. Para explicar por qué Dios ha levantado el rostro del hombre hacia el cielo, Santo Tomás nos ofrece cuatro motivos: el primero: los sentidos han sido concedidos al hombre para satisfacer las necesidades de nuestra existencia, como suele pasar con los demás animales, y aun para el reconocimiento de las cosas; lo cual se nos hace evidente al ver los demás animales deleitarse con las cosas materiales, siguiendo cierto orden, eso es el gusto y el tacto, que ellos reciben por medio del alimento y de la unión carnal para la conservación de la especie y del individuo; mientras el hombre recibe tanto placer en la contemplación de la belleza de las cosas sensibles sin referirse a lo que tiene en común con los animales. Aquí está el motivo por el cual los ojos están puestos en el rostro del hombre, para que pueda fijar el cielo con la mirada levantada. En los demás animales el rostro es inclinado hacia el suelo con el objeto que miren y apetezcan solamente la tierra y busquen sus alimentos y lo demás necesario para la vida. Por el contrario, el hombre recibe mediante los sentidos y, sobre todo, mediante la vista, nota la diferencia entre las cosas. De aquí el intelecto recoge en uno las verdades componiendo y dividiendo. El segundo motivo es para que las fuerzas interiores expliquen más libremente su actividad hasta cuando el cerebro tiene su dominio en la parte alta de su organismo, pues en aquel punto aquellas fuerzas tienen de alguna manera sede y en él son perfectamente contenidas y contemplan casi desde lo alto de una ciudadela y cumbre.

El tercer motivo es que se conserve el uso de las manos, el cual sirve para acciones tan frecuentes y para obras tan diferentes, y de hecho existe un órgano que llamamos por su excelencia el principio de todos los órganos. Si el hombre caminara boca abajo utilizaría las manos como pies puestos por delante. La cuarta causa es que el hombre no toque el alimento solamente con la boca, pues a tal efecto puede utilizar las manos que no se encuentran empeñadas en dar pasos por delante. Que si no fuera así se habrían producido varios inconvenientes: por ejemplo, la boca quedaría abierta de par en par, los labios endurecidos y fijos... (1) y la lengua muy áspera para que no la perjudiquen los alimentos tal como en todos los animales. Pues si de tal forma se hubiesen encontrado estos instrumentos habrían perjudicado el habla gracias a la cual el hombre sobresale a todos los animales, y en esto el hombre se distingue de otro hombre. De hecho el habla es instrumento del intelecto por el cual la razón reluce en la criatura humana. Mas quien quisiera ser defensor del siguiente error más bien que testigo de la verdad, así podría expresarse: «Si así están las cosas, a los troncos y a los árboles ha sido dado mucho más que no a todos los seres vivos incluido el hombre, pues aquéllos levantan erguidos hacia el cielo sus

---

(1) Texto difícil de descifrar.

ramas y sus vástagos». A lo cual de manera evidente la razón se opone, en cuanto el hombre alza su rostro hacia el cielo, mientras que los árboles hunden sus raíces en el suelo. Por lo tanto, el hombre está dispuesto a las cosas celestes, y los árboles esconden en la parte más profunda de la tierra lo que es en ellos más importante, y por cierto vemos asomarse las raíces como desde una boca. Pero los demás animales viven casi de la misma forma, y la parte más elevada en ellos recibe el alimento y la parte inferior derrama lo que resulta superfluo. Es cierto que le hombre sobresale los demás animales en toda operación, especialmente porque su forma, que es el alma racional e inmortal, no está sometida a alguna corrupción. Y a la misma alma ha sido concedido como materia el cuerpo, de manera que el hombre consiga la perfección por los dos aspectos. A una forma tan excelente, por lo tanto, conviene que reciba un principio material, pues cada realidad material tiene que servir la forma, existiendo gracias a ella y contra ella. El alma intelectual ocupa el puesto más bajo entre las sustancias espirituales conforme el orden de la naturaleza, de manera que no tiene connatural el conocimiento de la verdad tal como los ángeles, sino que es preciso que vaya consiguiéndolo a través de las cosas visibles. Por cierto, Dionisio en el VII libro *De divinis nominibus* así lo expresa: «Como la naturaleza no ha faltado a nadie en las cosas necesarias, así fue conveniente que el alma intelectiva del hombre no tuviese solamente la capacidad de entender, sino que, junto con esta capacidad, tuviese también la facultad de sentir, de manera que a través de lo sensible sacara las imágenes, las cuales ofreciesen las especies inteligibles abstractas de cada materia en sus condiciones, y éstas, acogidas en el intelecto posible, son iluminadas por el propio intelecto activo o agente. Y así se hacen comprensibles. De hecho la acción sensorial no se realiza sin instrumento corpóreo. Y siendo así fue oportuno que la forma la cual es el alma intelectiva se juntase con el cuerpo noble, y de tal manera que el sentido pudiese ser su órgano conveniente. Todos los sentidos, según ya hemos afirmado, se fundan sobre el tacto, al cual órgano es preciso que tenga cierta mediocridad entre sus calidades contrarias que son: el calor y el frío, lo húmedo y lo seco, y así todo lo que es sensible al tacto y de tal manera en potencia se opone a las cosas contrarias y puede percibirlas. De aquí procede que cuanto más el órgano del tacto será intrigado con mayor perfección y templanza en la realidad del complejo, tanto mayor será su aprensión para con su objeto. Y como hemos conocido que el alma tiene una capacidad sensitiva muy compleja, pues lo que es inferior preexiste más perfectamente en la virtud superior,, según dice Dionisio, y fue conveniente que el cuerpo al cual se junta el alma fuese compuesto y entre los demás cuerpos más medido por su calidad compleja y por los hábitos. Por tales razones entre los demás animales más noble es el tacto, y entre los hombres que son más débiles por el tacto tienen un intelecto más apto. De esto es señal, conforme afirma Aristóteles, el hecho que vemos los que son más débiles por la carne ser más aptos en el pensamiento. Concluyendo consta que el hombre por el cuerpo destaca sobre todos los animales.

CAPÍTULO X. *De la dignidad del alma racional y de sus facultades.*

REINA.—En torno de la nobleza del cuerpo humano has hablado extensamente. Te ruego dinos ahora algo sobre el alma.

CARDENAL.—El alma creada por Dios viene entregada al cuerpo, con el cual se une en el instante en el cual es creada y en el momento en el cual se une viene creada, según afirma Agustín, y en ella, por cierto, luce la huella de la faz de Dios. Allí resplende la imagen de la Trinidad que sin duda ostenta la luz de la eternidad. Y mientras los demás seres animados manifiestan su divino autor a través de alguna huella, solamente la mente del hombre lleva en sí la verdadera imagen de la faz de Dios, la cual sin más irradia la luz divina. Y ésta la vemos brillar más y más en las facultades espirituales. De la esencia del alma viene expresada la facultad por la cual ella actúa. Si a través de su esencia el alma realizara sus operaciones, su obrar sería incesante, mientras, por el contrario, el alma informa tan solamente sus acciones, según su esencia. Por otra parte, si la misma esencia del alma consistiese en obrar sin algún medio, los actos de la vida tendrían en su desarrollo un principio que siempre contendría el alma. Como si tuviese al alma en el acto de obrar, el acto sería siempre vivo. Sin embargo, el alma, que es forma, no es acto ordenado a otro acto, sino que es término último de la creación. De aquí se hace necesario que tal acto primero del alma, que es, como hemos dicho a menudo, forma, sea en potencia ordenado hacia otros actos secundarios que no convienen al alma conforme su esencia en cuanto forma, sino conforme sus facultades. Por esto el alma que en cuanto forma es sostén de las potencias se llama acto primero preordenado para actos secundarios.

Los demás seres animados, por su parte, expresan algún vestigio que manifiesta a su autor. Solamente la mente del hombre de por sí revela el verdadero rostro de la imagen de Dios ostentando la luz divina. Esto lo vemos irradiar sobre todo en las facultades del alma. Aflora sin más de la esencia del alma una potencia por medio de la cual ella puede obrar. De hecho si el alma extrinsecara por medio de su esencia sus operaciones, esto acontecería sin interrupción, pues el alma según su misma esencia es un acto informante. Por otro lado, si la misma esencia del alma obrase sin la intervención de algún medio, observando siempre un principio, la realización de la vida tendría el alma siempre en acto. Así, teniendo el alma siempre en acto el acto sería siempre vivo. Pero hay que considerar que el alma en la cual reside la forma no es de ningún modo un acto ordenado a otro, en cuanto es el término final de la generación. Por esto conviene que tal primer acto del alma que es forma, sea en potencia dispuesta a otros actos secundarios. Estos no se conforman con el alma según su esencia en cuanto forma, y según sus facultades, y así el alma, en cuanto es forma y está sometida a su facultad, se define como el primer acto ordenado a otros actos secundarios. Sin embargo, vemos que el alma no siempre está en el cumplimiento de las obras de la vida.

Por tales razones Aristóteles cuando define el alma así se expresa: «El alma es el acto del cuerpo que tiene la vida en potencia, y esta potencia no rechaza el alma o su esencia. En el alma residen varias potencias, pues siendo imperfecto el actuar de las cosas inferiores mediante pocos movimientos lo conseguimos, mientras las facultades superiores consiguen la perfecta actuación a través de muchos movimientos. La suprema bondad y perfección se halla en aquellos seres que consiguen la perfección sin algún movimiento. De la misma manera quien no puede disponerse a la perfecta salud resulta más imperfecto de quien aquella salud puede alcanzar, aunque sea mediante muchos remedios. En conclusión, de todos estos seres será más perfecto quien no necesita algún remedio y dispone de una perfecta incolumidad. De aquí procede que se puede dar por cierto que si podéis entre los hombres conseguir por medio de singulares operaciones [la perfecta salud], podréis también conseguir ciertos bienes singulares. Diremos que no poseen una total virtud, sino solamente algunos particulares. Pero el hombre puede alcanzar una perfecta virtud y bondad, en cuanto es capaz de poseer la bienaventuranza, mediante varias aciones. En realidad, esta bienaventuranza es el último bien que puede alcanzar y por esto necesita muchas potencias o facultades y de éstas conviene que disponga. Los ángeles de verdad no tienen necesidad de tanto número de facultades, en cuanto con pocos movimientos alcanzan la bienaventuranza. Pero en Dios no hay razón alguna por la cual algo necesite fuera de sí para su perfección y, por lo tanto, con un único acto es perfecto. De aquí procede que quien necesita muchas ayudas para conseguir la bienaventuranza es preciso que tenga muchas facultades, con las cuales perfeccione sus acciones y así consiga el último estadio que será el más perfecto, eso es la bienaventuranza. Y esto sobre todo porque el alma humana es algo intermedio entre las criaturas espirituales y entre las corpóreas. Por esto en el hombre participan virtudes y facultades de los dos tipos de criaturas: espirituales, sensitivas y vegetativas y para todas el hombre necesita ayuda.

Las facultades en el alma se distinguen por actos y objetos. Los actos según razón, como dice Aristóteles, en el segundo libro *De Anima,* son anteriores a las mismas potencias. En efecto, cada potencia es ordenada al acto y, por lo tanto, la razón de la potencia se reconoce por el acto, hacia el cual está dirigida. Y como los actos reciben cierta diferencia, del mismo modo las potencias. El acto además o pertenece a una potencia activa o a una pasiva. Sin alguna exitación el objeto puede compararse en lo que atañe el acto de la potencia pasiva, con un principio y una causa eficiente. De tal manera el color, objeto del mirar, por el hecho que lo atrae es el principio de la vista. Pero el objeto se puede comparar con el acto de la potencia activa cual término y fin. De la misma manera diremos que el objeto del poder aumentativo es la perfección, o sea, la finalidad del mismo aumento. De aquí, o sea, de los dos casos, principio y finalidad, el acto saca su especie.

Por otro lado, los accidentes no varían la especie, como cuando un cualquier animal es afectado por el color de la piel. No por éste cambia su especie animal, sino que mudaría en el caso que tal diferencia fuese inherente a la especie. Lo mismo acontece cuando se trata de una diferencia del alma sensitiva, pues alguna vez ésta se acompaña con la razón, otra vez sin razón. De aquí procede que lo racional y lo irracional constituyen diferencias que separan las especies animales y forman varias categorías de dichas especies. Por lo tanto, no se puede afirmar que cualquier diferencia de los objetos constituye una distinta potencia espiritual, sino tan solamente aquella diferencia hacia la cual se refiere de por sí la misma potencia. Igualmente los sentidos de por sí captan las cualidades pasivas que se dividen en color, sonido, gusto y tacto. Otra es la potencia sensitiva del color, que es la vista, otra la del sonido que es el oído, y otra del oler que es el olfato. Pero como a esta calidad pasiva se debe el ser músico o gramático, grande o pequeño, hombre o toro, por esto apenas las diferencias accidentales de esta potencia sensitiva se distinguen.

CAPÍTULO XI. *Del orden de las potencias del alma.*

Es evidente que siendo varias las potencias del alma, éstas están sometidas a un orden. Este orden es tríplice: dos son los órdenes, pues uno depende del otro y el tercero se concretiza en el orden de los objetos. Cuando consideramos las potencias dependientes advertimos que algunas están dispuestas según el orden de la naturaleza; las cosas perfectas preceden las que son por su naturaleza faltas de perfección; otras nos aparecen sujetas al orden del tiempo y de la generación, en cuanto de lo imperfecto se llega a lo perfecto. Las potencias por su misma naturaleza más perfectas son las potencias intelectuales y, por consiguiente, preceden las potencias sensitivas.

Nos resulta que las dirigen y las mandan y de tal manera las potencias sensitivas, conforme con esta jerarquía, son antecedentes a las potencias del alma vegetativa. Pero siguiendo el orden temporal y el orden de su generación, las potencias vegetativas son cercanas a aquellas sensitivas y hasta a las intelectuales. De verdad como primera cosa disponen el cuerpo y además las sensitivas preceden las intelectuales cuanto al orden temporal.

Sin embargo, si tenemos en cuenta el orden de los objetos que ocupa el tercer lugar en nuestra consideración, algunas fuerzas y potencias sensitivas se ordenan unas con las otras, tal como la vista, el oído y el olfato. Por cierto, la naturaleza se nos hace visible, como primera, siendo común bien a los cuerpos inferiores, bien a los superiores. El sonido se hace oíble porque procede por naturaleza debido a la mezcla de sus elementos. Y esta mezcla sigue el olor, como en el hombre obran tres géneros de potencias, pues tenemos un alma vegetativa, una sensitiva y una intelectiva. Luego el alma vegetativa dispone de tres potencias, la potencia generativa, por medio de la cual se logra el ser, la potencia aumentativa, por medio de la cual se consiguen las debidas proporciones y la potencia vegetativa, por medio de la cual se perpetúa el ser y lo conserva. De éstas la más perfecta es sin duda la generativa y por lo tanto a ésta sirve la vegetativa y la aumentativa. Por esto, esta última sirve a la vegetativa. Las potencias del alma sensitiva algunas son de movimiento, mientras otras son de conocimiento. Algunas de las potencias de movimiento mandan que se realice el movimiento, tal como el apetito referido al bien considerado en sí absoluto y como el apetito colérico que se refiere al bien arduo de conseguir; las demás potencias realizan el movimiento como son las potencias anejas a las mezclas y a los músculos y a los nervios. Entre las potencias del conocimiento unas son exteriores tal como la vista, el olfato, el oído, el gusto y el tacto, otras son interiores tal como el sentido común que se encuentra en las primeras partes del cerebro, la memoria, que reside en la última parte, y la fantasía que ocupa la parte mediana. Esta es por muchos dividida en imaginación y actividad estimativa, la cual en los hombres se llama también cogitativa.

Las potencias del alma racional o intelectiva conforme el parecer de algunos filósofos son tres: la voluntad, la memoria y el intelecto. Por cierto el intelecto a su vez es doble, gracias a dos potencias. El intelecto activo que despierta las imágenes igual que la luz manifiesta los colores. A esto alude Aristóteles cuando así se expresa: «Con el intelecto activo lo hace todo, pues es el principio de toda acción. Además, existe el intelecto posible, que es una potencia pasiva y receptiva de las especies, que por medio del intelecto activo vienen sacadas de la materia y se manifiestan gracias al estado mismo de la materia y a su realización. Por lo tanto, el intelecto posible refleja las imágenes del cosmo tal como el aire y el ojo refleja los colores en cuanto es receptivo de las imágenes. Este, además, se subdivide en especulativo, que es el intelecto de lo absoluto, y en intelecto práctico, que atañe lo contingente. De aquí se puede deducir que algunas potencias del alma son tan activas que no obedecen a la razón ni la contradicen, tal como las tres potencias del alma vegetativa. En ésta obra un apetito natural que no es ni animal ni sensitivo. Es sabido que el apetito natural se encuentra en cada potencia que por su propia naturaleza es llevada hacia un objeto conveniente para ella conforme su natural apetito. Como el fuego por su forma es llevado hacia lo alto con la finalidad de engendrar su símil, así la potencia generativa por ser natural apetito es llevada hacia el ser a ella semejante. La potencia aumentativa es llevada hacia la debida cantidad y la potencia conservadora es dirigida para guardar lo que ha sido engendrado en su ser y en sus proporciones. Algunas potencias o facultades que son tan solamente pasivas tal como todas las potencias sensitivas que obedecen a la razón y que gozan de un apetito natural sensitivo: decimos natural en cuanto todas las facultades son llevadas por su naturaleza hacia su objeto.

El apetito sensitivo, por el cual son movidas las potencias sensitivas, es bueno en su esencia; vemos que las demás facultades tienen algo activo y positivo como acontece en las potencias intelectivas, pues el intelecto activo es en cierto modo una potencia. Esta, con su luz natural, elimina las sensaciones y abstrae de la materia y se diferencia de la materia objetivada. La potencia pasiva de hecho es actuante en cuanto recibe las especies conforme con la iluminación del intelecto activo.

REINA.—Estas consideraciones están por encima de una comprensión que prescinde de aquella doctrina.

CARDENAL.—De una manera aproximada y por metáfora Aristóteles pone en evidencia las partes del alma en lo que afectan a la disciplina moral. Para cumplir con nuestro asunto, según reza la expresión del filósofo griego, es necesario que las palabras tengan parentesco con las cosas de las cuales se habla. Cuando educamos a los jóvenes tenemos que considerar con cierta largura los principios que exije la calidad de las cosas y, por lo tanto, dividimos el alma en dos partes: una con la razón y otra sin ella y hemos definido la parte que no obedece a la razón como parte irracional, y tales son la facultad vegetativa y la engendradora, las cuales obran también en los animales imperfectos, pues estas potencias son comunes y no son hermanas siendo faltas de razón. Y hay otra parte sensitiva que de alguna manera comparte con la razón en cuanto la obedece y al mismo tiempo le lleva la contraria. Por lo tanto, Aristóteles afirma que la parte irracional parece ser doble: una parte vegetativa sin razón y una parte concupicible y apetitiva, en tanto partícipe de la razón en cuanto a ella se somete y obedece. Así, podemos comparar la razón y la parte codiciosa respectivamente a un padre y a los amigos. Sin duda la razón hace el papel de un padre que reprehende y la parte codiciosa y apetitiva desarrolla una actitud cual de amigos que suplican y de ninguna manera como de matemáticos en cuanto la razón matemática es propia de quien especula. El filósofo además añade que lo que se refiere a las amonestaciones, a las reprimendas y a las sugerencias. Eso quiere decir el apetito racional que es llevado por la razón y parece señalar la existencia de tres operaciones: las amonestaciones para que se eviten las malas obras; las reprimendas que ponen en claro la maldad, y las sugerencias hacia lo bueno y lo honrado. Luego, marcando las distinciones de la razón, Aristóteles aclara: «La razón es doble en cuanto resulta formada por un elemento primario y por otro elemento que obedece como a un padre. Conforme lo que opinan algunos filósofos significa que la razón se divide en razón expresamente dicha y en apetito intelectivo que se llama voluntad.

CAPÍTULO XII. *De las facultades que pueden recibir un hábito.*

REINA.—¿Es verdad que toda potencia o facultad del alma puede recibir un hábito?

CARDENAL.—Algunas potencias son capaces de admitir un hábito, pero las demás no lo pueden recibir, tal como las potencias vegetativas, las cuales de ninguna manera son susceptibles de recibir un hábito, en cuanto estas potencias obran siguiendo un instinto natural y están ordenadas en vista de un solo objetivo, como acontece con la misma naturaleza. Sin embargo, las potencias racionales y las potencias de alguna manera sujetas a la razón no son del todo encauzadas a una finalidad, sino que más bien obran en favor de cualquier objeto. Por esto ahora demostraremos cuáles son las potencias, sea sensitivas, sea intelectivas, que podemos someter a un hábito, obrando. Es cierto que cada potencia, llevada a menudo a la práctica, se hace más inclinada a todos los demás actos gracias a la costumbre que se forma a través de los mismos actos. Ya se sabe que en la asidua actividad convergen varias potencias y proceden de la perfecta virtud llamada noble: el intelecto que aconseja, la voluntad que elije, el apetito sensitivo que obra junto con los sentidos y los miembros exteriores. Todas estas potencias en resumidas cuentas admiten el hábito y como el intelecto práctico es aconsejado por la virtud, ésta, que es intelectual en cuanto producida por la prudencia, se llama virtud prudente. De aquí luego procede que la virtud es un hábito que da bondad al acto humano. Aristóteles en el libro *Del Cielo* nos declara: «la virtud es la perfección hacia la cual se dirige toda potencia a fin de que todas sus acciones sean buenas». Por esto resulta que la virtud de cada cosa es aquello por lo cual el obrar se hace perfecto. Así es que cada cosa puede ser considerada buena cuando es llevada a cabo por medio de la operación de la misma virtud. Diferentes son las perfecciones de las cosas perfectibles y por consecuencia el bien del hombre es distinto del bien del caballo y el mismo bien del hombre se alcanza de una manera distinta y por varias causas. No es igual el bien del hombre en cuanto es hombre y en cuanto es ciudadano. El bien del hombre consiste en que la razón sea perfecta en el conocimiento de la verdad y en el dominio de los apetitos inferiores mediante la razón y así el hombre se llama tal en cuanto racional. A su vez, el bien del ciudadano consiste en conformarse con el orden de la ciudad en sus relaciones con todos. El filósofo en el tercer libro *De Republica* afirma que el hombre y el ciudadano no coinciden en la misma virtud. Además, el hombre no es solamente ciudadano de la ciudad terrenal, sino que pertenece también a la ciudad superior y celestial, Jerusalén. De tal ciudadano el Apóstol así nos habla en la epístola a los Gálatas: «Gobernador y Príncipe de Jerusalén es el Señor y ciudadanos son los Angeles y los Espíritus bienaventurados reinando en el reino que les pertenece o también peregrinos en este siglo gracias a la Fe.» Entonces, conforme con lo que dice el mismo Apóstol a los Efesios: «Sois conciudadanos de los Santos y participáis de Dios; luego no es suficiente para entrar en la ciudad de Dios la humana naturaleza con su luz natural recibida de Dios, pues se adjunta a ésta otra luz mediante la cual las facultades intelectivas se levantan más alto que la luz natural, adquiriendo sobre dicha luz natural la luz intelectual natural», como sostiene el Apóstol. Por consiguiente, las virtudes y los hábitos que han sido otorgados al hombre no pueden ser conseguidos por los hombres a través de los dones naturales, pues, sin duda, son dones gratuitos y las virtudes sobrenaturales hacen que el hombre se convierta en ciudadano de aquella patria celeste y por lo tanto las virtudes no se logran mediante actos humanos, sino que se infunden en nosotros por don divino, como la Fe, fundamento de la vida espiritual, la esperanza que es fuerza del alma y la caridad que es forma y perfección.

Además, las virtudes y los hábitos, los cuales pertenecen al hombre por medio de la naturaleza y gracias a las cuales el hombre es partícipe y ciudadano de la ciudad terrenal, no excluyen la educación de la naturaleza humana. Por esto el hombre adquiere sus potencias naturales y le ayuda la repetición de sus acciones que favorecen el conseguir tales hábitos espirituales. La cual cosa se puede demostrar por medio de la razón: es sabido que el hombre presenta una inclinación natural hacia las virtudes y las costumbres, conforme con el principio activo y con el principio pasivo, eso es el intelecto posible. Este consigue su perfección ayudado por la luz del intelecto activo, la cual cosa podemos estimar como parte necesaria al orden de las facultades. El intelecto en acto entiende y mueve la voluntad la cual es otra potencia. Por cierto, el recto conocimiento es el fin que pone en movimiento el apetito intelectivo que es la propia voluntad. Por otro lado, la voluntad movida por la razón tiene como objetivo mover el apetito sensitivo, que llamamos también apetito concupiscible e irascible. Y así resulta muy evidente que la virtud al realizarse con perfección cumple su propia operación en el hombre y puede inducirle a obrar o en el intelecto o la voluntad o, en fin, en el apetito irascible o concupiscible.

Sin embargo, la virtud que tiene su sede en el intelecto no se realiza de la misma manera que la virtud, la cual se encuentra en la parte apetitiva. Pues la acción del intelecto y de cualquier virtud cognitiva se realiza conforme lo inteligible y lo conocible. Por lo tanto, la virtud intelectual se manifiesta en el intelecto en cuanto las especies son conocidas por el intelecto activo o por la misma virtud o por las costumbres. Sin duda la acción de la virtud apetitiva consiste en cierta inclinación hacia lo apetible y por esto para que tenga lugar esta mencionada virtud es preciso que dicha inclinación se actúe en un acto determinado por la costumbre. Y la costumbre en griego, según opina Tomás, se llama inclinación en cuanto los hombres son llevados hacia los objetos de la virtud por la costumbre. Las inclinaciones de las cosas naturales se adhieren a las formas en cuanto determinan hacia un objeto conforme las exigencias de la misma forma y por lo tanto su inclinación no puede eliminarse ni es llevada hacia otro objeto contrario. Por lo tanto, lo natural no se convierte en costumbre ni se deteriora por desuso.

Aunque la piedra pueda ser levantada no por eso se dirá que por costumbre es levantada, del mismo modo hay que opinar en torno de las facultades del alma vegetativa que se encuentran en nosotros. Estas, de hecho, no reciben costumbres, ni por costumbre se vuelven mejores. Tienen formas determinadas por las cuales se inclinan hacia un solo objeto. Algunas potencias apetitivas y cognocitivas no tienen una forma determinada a un objeto por el cual se vean llevadas por la propia causa eficiente y por ella se vean determinadas. Esto acontece porque son determinadas hacia algo solamente en cuanto hacia lo mismo están dispuestas. Cuando alguna vez se orientan hacia algo se ven determinadas por la propia causa eficiente y en tal manera se confirman en ellas las mismas inclinaciones. Igualmente interviene una semejante disposición como forma que mira hacia un objeto conforme con su naturaleza. Por esto se suele decir que la costumbre es segunda naturaleza. Es verdad que la fuerza apetitiva se refiere a cualquier cosa y no va dirigida hacia un solo objeto sino cuando éste se vea definido e indicado por la razón. Esta razón a menudo endereza la virtud apetitiva hacia un objeto determinado. En esta virtud se va formando una disposición según la cual aquélla se inclina hacia un objeto acostumbrado y tal disposición así formada se llama hábito de virtud. Si se considera la virtud de la parte apetitiva, ésta no es otra cosa sino una disposición cualquiera o sello impreso por la razón en dicha parte apetitiva. A pesar que se trata de una disposición muy firme en cuanto fuerza apetitiva no puede tener parte de virtud si no abriga en sí algún carácter racional. Por esto cuando Aristóteles define la virtud, añade la razón. Y, precisamente, dice que la virtud es un hábito electivo que se cumple en un medio justo, determinado por la razón, conforme establecerá el hombre sabio. De tal situación deriva que las potencias apetitivas son de manera muy particular receptivas de hábitos, pudiendo ser llevados por la razón por una o por otra parte tal como la voluntad y el apetito sensitivo. Los hábitos se engendran también en las potencias pasivas y receptivas como en el intelecto posible, el cual, a su vez, se divide en intelecto práctico y especulativo. En el primero se forma el hábito de los principios, la ciencia del silogismo y de la sabiduría que es ciencia de las cosas altísimas y divinas. Con todo, el hombre dotado de tales potencias no posee la disciplina necesaria para adquirir el hábito de las virtudes. Por esto con toda claridad se deben condenar la perfidia y la ignorancia de los que deploran lo frágil de la naturaleza humana y nada pueden conocer de por sí sin el aprendimiento. En efecto, quien sigue la razón cual maestra no se verá determinado a un solo objeto, como acontece con todas las demás especies de animales. Sin duda alguna conviene estimar digno de la mayor alabanza el hecho por el cual el hombre es sujeto al aprendimiento.

Mas de la naturaleza del hombre hablaremos a continuación.

CAPÍTULO XIII. *De las diferencias de los hombres y de las distintas inclinaciones hacia las distintas cosas.*

REINA.—No obstante que la naturaleza del hombre es igual en todos, me pregunto por qué en sus apetitos y movimientos del alma se manifiestan tan notables diferencias.

CARDENAL.—Aun siendo la naturaleza del hombre siempre igual y siendo único el principio de la especie, todavía de aquella parte de la materia, principio de individuación, se expresan las distintas inclinaciones de los hombres. El mismo Cicerón lo confirma en los libros de la obra *De Officiis,* cuando así nos habla: «Hay que entender que cada uno de nosotros está guiado por la naturaleza tal como si vivieran en él dos distintas personas, de las cuales una es común a todos, pues todos somos partícipes de la razón y por la excelencia de la misma precedemos los animales. De éstas luego sacamos nuestra dignidad, intentando con su ayuda realizar lo que nos cumple como deber. La otra persona, por su parte, se atribuye por el contrario a cada hombre de manera que en el cuerpo se presentan evidentes diferencias. Algunos, por lo que nosotros mismos constatamos, destacan por su velocidad en las carreras y otros se distinguen por su fuerza en la lucha. Así algunos tienen dignidad y otros hermosura por lo que atañe al cuerpo y en la misma alma notamos aun un número mayor de diferencias. Lucio Craso y L. Felipe disfrutaban de mucha gracia en su habla; Gayo César, hijo de Lucio, ofrecía más intensa inclinación para obrar; Gayo Lelio era hombre ajeno a toda tristeza y en su amigo Escipión sobresalía más viva ambición llevada en una vida muy triste. Hemos aprendido que Sócrates entre los griegos fue en extremo dulce, ocurrente en su conversación y pronto a simular en cada palabra conforme con aquel hábito que los griegos llaman con el nombre de ironía. Por el contrario, Pitágoras y Pericles consiguieron el más alto prestigio, sin indulgencia hacia ninguna forma de alegría. Aníbal entre los caudillos cartagineses fue astuto y en los romanos Quinto Máximo entre los nuestros era hombre callado y simulando con toda facilidad engañaba y sabía deshacer los planos de los enemigos. En tal género de conducta los griegos anteponen a Temístoles. Entre los más conocidos por astucia tenemos a Solón, hombre de muchas artes, quien para conseguir mayor seguridad y mayor poder en ayudar con mayor provecho la república fingió que había robado. Sin embargo, existieron personas muy distintas de estas que acabamos de señalar: simples, abiertas, que precisamente nada hacían de escondidas, ni obraban por insidias, y cultivaban la verdad y rechazaban el engaño. Hay otros que están por su cuenta dispuestos a hacer cualquier cosa, a prestarse a servir a quienquiera con el fin de conseguir lo que apetecen, como sabemos que aconteció con Silas y Margraso. Por su parte, Escipión Nasica sabía conseguir en sus oraciones que quienquiera, aun siendo fuerte en comparación con él, lo igualara con uno de los muchos. Contrariamente, el padre de éste, quien siendo pariente de Tito Graco tomó venganza de los caídos, no tenía ningún trato en el habla. Otras diferencias sin número se revelan en la naturaleza y en las costumbres propias no reprochables, con el fin de que se conserve la dignidad que vamos buscando en todo momento».

Es preciso recordar que no tenemos que contrastar en nada la naturaleza universal, sino que, guardándola, sepamos continuar nuestra propia naturaleza. De manera que si existen cosas mejores y más importantes conviene medir nuestras aficiones obedeciendo los imperativos de nuestras reglas. Ni conviene nunca contrastar la naturaleza y seguir su propia inclinación para que, si encontramos algo mejor y más ponderado, adaptemos nuestros intentos a nuestra regla. Por esto, como nada conviene que hagamos cuando se opone Minerva, como dicen, así no conviene que obremos si la naturaleza contrasta y repugna. En fin, si algo existe noble, no lo es más por cierto que el equilibrio durante toda la vida, de las acciones que personalmente podrás cumplir, y aquel equilibrio no podrás guardar, si olvidando tu propia naturaleza, querrás remedar la naturaleza de los demás. Así tenemos que emplear aquella lengua que conocemos y sin que nos burlen con razón, como acontece con los que emplean palabras griegas en sus conversaciones. De tal manera en nuestros actos y en toda nuestra vida no debemos permitirnos diferenciarnos y esta discrepancia de las naturalezas abriga tanta fuerza que muy a menudo debe concebir la muerte para los demás. ¿No ha sido tal vez por esto que Marcos Catón se entregó en Africa a César, mientras otros no lo hicieron? Y tal vez a los demás se había de reconocer como culpa el haberse suicidado, pues su vida había sido más fácil y sus costumbres de menor responsabilidad. Pero por el hecho de que la naturaleza había otorgado a Catón una delicada conciencia de su dignidad y como él había fortalecido su carácter con constante firmeza, quedando siempre coherente con sus decisiones, prefirió morir antes que ver la cara del tirano.

Ulises sobrellevó tantos sufrimientos en su peregrinación sin descanso haciéndose también esclavo de mujeres, si podemos considerar como mujer Circe y Calipso, y volviéndose atento para con todos en su trato, toleró también las ofensas de su servidumbre en su misma casa, con tal de conseguir, en fin, lo que apetecía. Ayaz se enfrentó, según cuenta la tradición, miles y miles de veces con la muerte antes que esperarla. De aquí se saca que considerando lo que acabamos de decir conviene que cada uno gaste lo que tiene de suyo y no experimente cosas que le son ajenas. A cada uno sobre todo conviene lo que es en particular suyo y por lo tanto cada uno se empeñe en conocer a sí mismo y sea severo juez de sus calidades y defectos. Y por cierto es deseable que nunca acontezca que los autores cómicos ostenten mayor prudencia que nosotros, pues ellos escogen para sí fábulas maravillosas, y muy apropiadas y sobre todo muy aptas. Y así ¿el actor verá en la función del teatro lo que el sabio no verá durante toda su vida? Tendremos como cosa indiscutible que empeñarnos en las cosas hacia las cuales demostramos mayor inclinación. Sin duda la necesidad nos ha llevado hacia lo que no nos es congenial y por esto convendrá hacer uso del más escrupuloso esmero de manera que si no podemos actuar de una manera excelente por lo menos lo hagamos de una manera no del todo insatisfactoria. Y, sin embargo, será oportuno poner todo nuestro esfuerzo en huir de los vicios más bien que en seguir nuestras buenas inclinaciones. A las dos personas mencionadas antes tenemos que añadir una tercera que las circunstancias y el tiempo nos imponen.

Hay también una cuarta persona que adaptamos a nosotros mismos conforme nuestro juicio. De hecho los imperios, los reinos, la nobleza, los honores, las riquezas y aquellas cosas que son contrarias a todo esto y que dependen del caso son gobernadas por las circunstancias. De nuestra voluntad depende el que escojamos la persona que mejor nos parezca. Y por esto hay quien sigue la filosofía, quien el derecho civil, quien la elocuencia. Y en las mismas virtudes hay quien sobresale en una y quien en otra. Muchos de aquellos cuyos padres o antepasados si distinguieron por algún mérito desean destacarse en el mismo mérito. Tal como Quinto Mucio en el derecho civil y el Africano Paulo en las hazañas militares. Algunos añaden luego ciertas glorias particulares a las que recibieron de sus antepasados, como el ya mencionado africano, que junto con la gloria bélica añadió la gloria que procedía de su elocuencia. Hay también quien descuida la imitación de los padres y consigue algún propio mérito. De úna forma toda especial se empeñan los que, prescindiendo de humilde nacimiento, se proponen grandes empresas. Estas cosas tenemos que abarcar en el alma.

Capítulo XIV. *De los afectos y de las pasiones.*

REINA.—De esto diserta Cicerón con maravilloso eloquio. Pero ahora vuelve al tema del cual has tomado arranque en tu sermón.

CARDENAL.—Seguramente observamos en el hombre varias inclinaciones y diferentes caracteres y tal cosa no suele acontecer por la naturaleza del alma, que es la misma en todos, sino por el complejo de los cuerpos que es diferente y que está sujeto al movimiento de los cielos que tienen por suerte distintas cualidades.

Algunos hombres se muestran más inclinados a ciertas tendencias y otros a otras. Si seguimos estas inclinaciones, cuando están orientadas hacia el bien y además las favorecemos con la doctrina y con las costumbres no resultará difícil conseguir la máxima gloria. De verdad hay quien se siente llevado a la ira; otro a la mansedumbre; otros se manifiestan crueles y severos; otros, por el contrario, son clementes y piadosos. Muchos luego son tímidos y rehuyen de todo peligro, mientras conocemos a otros que son atrevidos y acometen con vehemencia toda dificultad y todo género de riesgos. Muchos, en fin, se dejan llevar por la codicia de los ojos o se dejan arrastrar por los placeres. No olvidemos que hay también otros pudorosos y continentes que no se sienten sometidos al hechizo de la hermosura para hacer de ello un vicio. Algunos son particularmente cordiales y amables y otros al revés son difíciles, duros y avaros. Sin duda de aquí aprendemos que la condición humana por estar sujeta a muchos afectos se presenta muy variada.

REINA.—A pesar que algo nos has dicho de los afectos, no has agotado el asunto con referencia a todas las cosas.

CARDENAL.— Este es precisamente el punto que había escogido para profundizarlo todo. Los afectos, como explica Aristóteles, en el segundo libro *Sobre las costumbres,* están como encerrados en el alma y dice que ésta posee tres cosas: potencias, afectos y hábitos. De las primeras creo que se ha dicho lo suficiente. Pues el filósofo define potencias aquellas conforme las cuales somos aptos a cultivar los afectos y conforme las cuales somos capaces de entregarnos a la ira, al dolor y a la piedad. Los afectos son llamados por él pasiones, que en griego se indican bajo el nombre de «pathos» y en latín se llaman perturbaciones, o afectos, o también aficiones. Tales son la codicia, la ira, el miedo, el atrevimiento, la envidia y otras semejantes de las cuales hemos aclarado la esencia. La afección es el movimiento del apetito sensitivo hacia el bien y hacia el mal, según afirma San Juan Damasceno y según place a los peripatéticos, los cuales estiman las afecciones algo que está en medio entre la virtud y el vicio, considerándolas ni buenas ni malas. Y si obedecen a la razón son estimadas buenas, mientras que si se muestran contrarias se convierten en movimientos turbios. Se llaman pasiones por la transformación que obran en el cuerpo, cuando el apetito es llevado hacia lo que las potencias receptivas han recibido, como cuando el ojo percibe la hermosura cual cosa buena que abriga en sí el placer. El apetito de tal manera movido se inclina hacia aquella forma y este movimiento por parecida experiencia es llamado amor en cuanto el apetito se traslada a la cosa amada. Por cierto, la potencia apetitiva es llevada hacia las cosas tal como son en sí mismas, como dice Aristóteles: «el bien y el mal que son objeto del apetito residen en las propias cosas».

La capacidad de aprender no es conducida hacia el objeto tal como es en sí sino que conoce al objeto o su especie a través de la intención y por lo tanto el filósofo afirma que lo verdadero y lo falso se encuentran en el intelecto y no en las cosas. Mientras el bien y el mal residen en las cosas y no en el pensamiento.

CAPÍTULO XV. *Del sujeto de los afectos y de pasiones.*

REINA.—Tú dices que el afecto reside en el apetito sensitivo. Y ¿qué nos dices de la voluntad?

CARDENAL.—Es cuanto más oportuno que ahora analicemos la voluntad. Consideramos el apetito sensitivo, en torno del cual conviene que todos los afectos residen en el apetito sensitivo y en ningún caso en las potencias receptivas. Por cierto, el poder del apetito sensitivo es doble; uno de los poderes se llama concupiscible en cuanto concierne en absoluto sea el bien sea el mal, buscando el primero y huyendo el segundo. De la misma manera las pasiones de aquella parte atañen en forma total el bien y el mal. El bien en efecto tiene una fuerza de atracción y el mal igualmente una fuerza repulsiva. El otro poder se llama irascible por referirse al bien bajo el aspecto más arduo, pues presenta en sí algunas dificultades. El bien recibido en el poder concupiscible imprime cierta inclinación o aptitud y connaturalidad con el apetito y así podemos declarar que pertenece al afecto del amor. De otra manera, sin embargo, aquel mismo apetito es o malo o aparente o existente en sí; la huida del apetito concupiscible es sin más un afecto que tomó el nombre de odio. Por lo tanto, si el bien recibido y amado se ausenta, sentimos nostalgia de él por el hecho que la codicia continuada se transforma en deseo. Por otro lado, si el mal y lo reprensible en cuanto vienen recibidos son despreciados, tal desprecio se llama afecto ajeno a toda nostalgia.

Después de haber conseguido el tercer bien se obtiene descanso del apetito, que se llama voluptad cuando el amante se complace con la cosa amada que por algunos es llamado gozo. A éste repugna el dolor, tal como los males recibidos ofenden el apetito, pues cuando están presenten dan angustia. Otra vez en los afectos del apetito irascible se presupone cierta actitud o inclinación a conseguir el bien y a huir el mal, la cual actitud nace de aquella parte que se refiere a lo bueno y a lo malo con toda sencillez y entereza.

Por lo que concierne el bien, que podemos alcanzar en el porvenir y que solamente con trabajo se alcanza, surge la esperanza, la cual se sostiene pensando que se conseguirá lo deseado a pesar de toda dificultad. Mientras cuando no se tiene confianza en el éxito se desespera y también la desesperación es una pasión o afecto. Pero cuando al sobrecogernos algún mal, en el momento que nos arremete el miedo de no poder vencer el mal, estamos en el temor y el temor es otra pasión que nos perjudica. Cuando, por el contrario, nos atrevemos a perseguir nuestro intento se impone la audacia. Por lo que alude al bien conseguido la satisfacción que deriva no pertenece al apetito irascible, por la razón que lo que está presente no puede considerarse difícil o arduo. Mientras cuando nos arremete el mal nos vemos sujetos a la ira y la ira es pasión compresente al mal. Así se comprende la razón por la cual los peripatéticos ponen en la parte concupiscible tres posibilidades de pasión: amor, deseo, voluptad con referencia al bien y al odio, abominación y dolor con respecto al mal. En la parte irascible, por el contrario, las tres pasiones son ira, desesperación y temor. Cuanto al bien las pasiones son dos: esperanza y audacia y, por lo tanto, el número de los afectos y pasiones llega a once: seis en el apetito concupiscible y cinco en el apetito irascible, en el cual número se contienen muchas otras pasiones.

CAPÍTULO XVI. *Desacuerdos entre los peripatéticos y los estoicos sobre los afectos y las perturbaciones.*

REINA.—He aprendido que las opiniones de algunos filósofos son distintas de las opiniones de los peripatéticos.

CARDENAL.—Por cierto hemos definido los afectos como movimientos del apetito sensitivo. Todos pertenecen de hecho, por expresarnos así, a este género. Los estoicos los reconocen cuales movimientos turbios y enemigos de la razón. Mientras los peripatéticos, quienes los consideran en sí mismos, no los estiman ni malos ni buenos, pero les dirigen elogios o menosprecios conforme obedecen o rehusan la razón. Esta es una disputa muy antigua, aunque luchan más con palabras que concretamente. Los estoicos no distinguían el intelecto del sentido y tampoco querían diferenciar los apetitos, como hacen justamente los peripatéticos. De verdad la voluntad es llamada apetito intelectivo, mientras el apetito sensitivo tomó el nombre de «apetición». No hacían ninguna diferencia entre las pasiones del alma, que pertenecen al apetito sensitivo, y los movimientos de la voluntad que son movimientos simples y consideraban constantes todos los movimientos racionales de la parte apetitiva, que afirmaban ser el gozo y la prudencia. Definían pasiones y perturbaciones todos los movimientos que no obedecían a la razón y que además sobrepasaban sus fundamentos, oponiéndose a los mismos movimientos constantes y, según su opinión, actúan no conforme con el verdadero bien y con el verdadero mal, sino en la apariencia del uno o del otro.

CAPÍTULO XVII. *De la opinión de los estoicos en torno de los afectos y de sus divisiones.*

A propósito de estos problemas Marco Tulio Cicerón en el tercer libro de las *Disputaciones Tusculanas* llama todos los afectos movimientos turbios, sobreentendiendo que son en realidad enfermedades del alma; lo cual significa que, tratándose de enfermedades, no hay salud y a quien no es sano llamamos torpe, pues éste en semejantes condiciones mucho se aleja de la razón. Luego el mismo Cicerón en *Las paradojas* afirma que todos los que son torpes son enfermos. Al definir las perturbaciones así habla: «La perturbación es un movimiento del alma ajena a toda racionalidad o en menosprecio o en desacato de la misma.» Y en otro paso, en el cuatro libro de las *Disputaciones Tusculanas* discurre de tal forma aludiendo a Zenón: «La definición de Zenón así reza: "La perturbación es lo que en griego él llama 'pathos': una conmoción del alma ajena a la razón y contraria a la misma naturaleza".» Algunos suelen a su vez definir y más ligeramente la perturbación como un apetito más vehemente y sin embargo los mismos opinan ser más vehemente el apetito que más se aleja de las leyes de la naturaleza. Luego pone en la novena cuestión tres afectos constantes que se mueven al compás con la razón y cuatro perturbaciones del todo ajenas a la razón y a la naturaleza al mismo tiempo. Cicerón apunta: «Gracias a la naturaleza todos siguen las cosas que parecen buenas y huyen las contrarias, por lo cual está al alcance todo género de cosas que parecen buenas y la misma naturaleza nos empuja a adueñarnos de ellas.» Y siendo que esto acontece constante y prudentemente, los estoicos definen tal apetito en griego «bulesin» y nosotros lo llamamos voluntad. Pues creen que tan solamente el sabio dispone de ella y ésta es su definición: «La voluntad es la que desea algo de acuerdo con la razón, mientras aquella que por el contrario es ajena a la razón y es con mayor fuerza empujada es la líbido o codicia desenfrenada, la cual se encuentra en todos los torpes.» Igualmente, cuando nos movemos para conseguir algún bien lo que acabamos de decir acontece de dos maneras: en un caso el ánimo es movido por la razón de una manera quieta y constante y esto llamamos gozo, en otro caso, por el contrario, el ánimo se alboroza con fuerte entusiasmo; esta alegría se define exaltada o excesiva. Y así hablan de ella como de una exaltación del ánimo sin algún serio motivo. Y como apetecemos los bienes según naturaleza, según este mismo motivo procuramos evitar los males. El cual hecho llamamos, si se realiza con criterio, y lo definimos prudencia pues consta como esta pertenezca al solo sabio. La cual tendencia no iluminada por la razón y del todo falta de animación humilde y apocada se llama miedo. Por esto es una preocupación desordenada. Por cierto, el sabio no se siente triste por ninguna aflicción frente

a los males de la vida presente. Este dolor sería una enfermedad estúpida, pues por ella son afectados los que no obedecen
a la razón y se rinden y se encogen en vista de los males ima-
ginados. Esta viene a ser la primera definición de la misma
enfermedad: un contraerse del ánimo opuesto a la razón. De
tal manera los estoicos distinguen cuatro perturbaciones y tres
hábitos en cuanto no oponen ninguna resistencia a la presencia
de cualquier mal. Luego debido al hecho que creen que estas
perturbaciones se producen sobre el único fundamento de la
personal opinión, las definen de un modo más preciso para que
se comprenda que no solamente son falsas, sino que también
derivan de nuestra voluntad. De aquí viene que opinamos que
la creencia en la presencia de un mal es una enfermedad a
causa de la cual nos parece cosa aconsejable dejarnos caer de
ánimo y encogernos. Por el contrario, la creencia que nos ha-
llamos delante de un bien es alegría por lo cual nos parece
conveniente dejarnos llevar por ella. El miedo es por su cuenta
creer en un mal venidero que nos parezca insoportable, mientras que la concupiscencia es imaginar con transporte de júbilo
un bien que procede del uso y puede ser presente así como
puede al último faltar. Sin duda los estoicos no toman en
cuenta aquellos juicios y aquellas opiniones que pueden ser
causa de inquietud, según he dicho; y también creen que aquellos juicios y aquellas opiniones son provocados por las perturbaciones, como cierta enfermedad que produce dolorosa mordedura; el miedo por su parte ocasiona un replegarse del alma
y el huir; el júbilo puede provocar una hilaridad desbordante
y la concupiscencia un apetito desenfrenado. La creencia sobre
la cual descansan nuestras definiciones la consideran un asentimiento irracional. Luego los estoicos dividen las distintas especies de las perturbaciones en cuatro clases.

CAPÍTULO XVIII. *De la oportunidad y de discreción
de los peripatéticos y estoicos y de su concordia.*

REINA.—No insistas en explicarme las mencionadas especies. Por el contrario, tienes que decirme en qué se diferencian
o en qué concuerdan las dos escuelas filosóficas.

CARDENAL.—Entonces escucha. La doctrina de los peripatéticos no se presenta distinta de la de los estoicos, pues las dos concuerdan en considerar estos movimientos que llaman afectos o pasiones. Por otra parte, coinciden en considerar aquellos movimientos que no obedecen a la razón como males. Una sola diferencia subrayamos: los estoicos no creen que estos movimientos pueden volverse buenos en cuanto traen su origen del elemento sensitivo, mientras los peripatéticos opinan que pueden volverse malos en cuanto se alejan de la recta razón. Y esto acontece en cuanto estos filósofos no sostienen que el apetito ajeno en todos los aspectos de la razón, tal como creen los estoicos, los cuales, en otro lado, creyeron que todos aquellos movimientos, producidos por el apetito, son turbios y totalmente enemigos de la razón. Pero como estos llaman aquellos tres hábitos voluntad y apetito racional coinciden en la teoría de los peripatéticos, que, por cierto, distinguen dos apetitos: el racional que llaman voluntad y el sensitivo que llaman a su vez apetito. Y, de hecho, estos tres hábitos se pueden definir a buen derecho como apetitos. Resulta, pues, como consecuencia, que cuando los apetitos y los afectos sacan su origen de aquélla (la razón) y la obedecen, los definen sencillamente como hábitos, tal como afirman los peripatéticos. Y por fin demuestran que se deben definir como pasiones cuando se manifiestan fuera de la razón. Aristóteles, junto con los peripatéticos, quienes, procediendo de él, creen que se puede hablar de pasiones bien cuando se someten a la razón, bien cuando no los consideran ni buenos ni malos en un principio. Por fin se vuelven buenos o malos al alejarse de la razón o al acercarse a ella. De esta manera admiten que estos afectos y apetitos son movimientos: los vehementes y exuberantes los consideran malos, mientras, según ya se ha dicho, los que obedecen a la razón los llaman buenos, bien cuando llaman hábitos, como los estoicos, bien cuando los llaman pasiones, como los peripatéticos.

En fin las perturbaciones que los estoicos reprehenden son movimientos ajenos a la razón y tales que ya cesan en ser primeros movimientos, pues reciben una forma irracional. Por esto adhieren al vicio y así justamente se llaman perturbaciones en cuanto aparecen sin duda como viciosas. Estos movimientos pueden ser cierta materia de las virtudes, pues cuando sabemos obrar según conviene y cuando conviene y donde y como de estas acciones nace la virtud de la fortaleza. Por cierto, de estos movimientos disfruta el hombre por naturaleza con la precisa finalidad de perfeccionar sus acciones. Estas no apocan los bienes según opinan los estoicos, pues los afectos con frecuencia aparecen mezclados con nuestras acciones, tal como la ira con la fortaleza, la cual ira empuja a la fortaleza, según asienta Aristóteles. Mientras ésta sigue la razón y el juicio, y no cuando la ira, que puede inquietar, precede con toda vehemencia. En realidad, cuando la parte superior de la razón es movida por algún fervor en seguida el movimiento de la parte inferior del alma e irascible se despierta y empuja la voluntad a ejecutar su venganza. En este caso la ira enardece justamente en favor de la equidad. Es esto lo que Aristóteles saca de Homero en el tercer libro *De las costumbres,* al afirmar: «Y aquel ardiendo despierta el poder de la ira y, con ésta obcegada, empuja las fuerzas corporales. Por las narices la rabia de la ira encendida sube y la sangre de la hiel habiéndose hecha oscura y subiendo hierve.» No creo que podamos estar de acuerdo con Cicerón, quien alaba el justo medio de los peripatéticos, los cuales no encomiaron de ninguna manera la iracunda. Cicerón, si hubiese comprendido que la iracundia no es la ira sino su propio exceso, no iba a imponer al sumo filósofo, que escoge y alaba el justo medio, el conceder mucho a la iracundia, pues ésta es un exceso vicioso y en nada es una virtud ni pasión. Por esto opino que conviene dar lugar a la ira cuando ésta sigue la razón siendo un movimiento útil concedido al hombre, el cual movimiento si procediese junto con la razón nos daría frutos convenientes. Distinto se presenta el juicio del libro de Séneca sobre la ira, en donde parece que se proponga eliminar del todo este movimiento del alma por que éste contrasta con la misma razón. Séneca, a través de muchos sermones, aconseja que nos abstengamos de la ira, opinando con firmeza que con la ira no podremos realizar nada bueno.

Todos estos puntos de vista en cuanto proceden de fuentes estoicas están como apocados por la misma falta, en cuanto estiman que las pasiones y los afectos resultan ser enfermedades del alma y las contagian con el vicio, las exasperan y las hacen caer en una verdadera enfermedad. Pero no distinguen si por acaso son movimientos naturales o movimientos que no podemos reprimir del todo, o movimientos que no obedecen a la razón en sus manifestaciones. Del mismo modo los estoicos afirman que se deben evitar aquellos movimientos a los cuales está sujeta la naturaleza del hombre, provocados por las aprensiones del alma. No hay duda de que en mucho se equivocan los estoicos, como demuestra Aulo Gelio al hablarnos del sabio, quien mientras navega en el barco es sobrecogido por el miedo y se siente llevado a temer el naufragio en cuanto en el alma se le ha metido el miedo. También Agustín dice lo mismo y nos señala a este propósito que es una perturbación. Así es que nadie se encuentra en la posibilidad de evitar estas emociones que despierta la naturaleza en cada uno. Por nuestra parte, debemos procurar que rechazemos aquellos movimientos que vencen la razón. Bajo este aspecto los estoicos discurren rectamente y coinciden con los peripatéticos. Estos filósofos enseñan a sujetar los mencionados movimientos a la razón, aun admitiendo que estos movimientos que consienten con la razón son provocados por la parte sensitiva. A través del dominio de la razón a la cual obedecen, por la frecuencia de los actos se engendran hábitos y virtudes que a su vez llevan todo movimiento al respeto de la razón. Por esto vemos que el desacuerdo de los estoicos se cifra solamente en palabras, mientras en realidad están de acuerdo en el contenido. De hecho, los unos y los otros, estoicos y peripatéticos, consienten en que en el alma del sabio no tienen cabida ni afectos ni perturbaciones rebeldes a la razón, mientras pueden abrigar aquellos movimientos primitivos que o se alejan de la razón o la obedecen. Aquellos afectos o pasiones que dan el paso a los movimientos totalmente contrarios a la razón son considerados locos y, por consiguiente, resulta indiscutible aquella opinión de los estoicos de la cual discurre Cicerón en *Paradojas*: «Todos los estólidos son locos y locos son aquellos quienes dan el paso a las perturbaciones y a las enfermedades contrarias al recto juicio, mientras los que dan paso a aquellos movimientos distinguiéndolos no parecen locos, por el hecho que esto acontece naturalmente en el hombre. Por cierto, la razón hace que aquellos movimientos se vuelvan buenos de manera que se definan hábitos según opinión de los estoicos. Resulta de tal manera por esta disputa de palabras que los unos y los otros han hablado bien.

CAPÍTULO XIX. *De la disposición de los hábitos y de lo que es indispensable para cada uno.*

REINA.—Has afirmado con pleno derecho que bien las fuerzas interiores que se llaman pasiones o bien aquellas exteriores que se llaman virtudes toman su origen de los actos de esta naturaleza. Dime, por lo tanto, de qué manera se pueden transformar en hábitos.

CARDENAL.—Proceden sin más de estos actos, si ponemos mientes con toda discreción a aquellas cosas que ellas engendran de hecho y tienen una única preocupación y un único propósito: hacer de manera que los sentidos estén sujetos a la razón y ésta mande en el hombre tal como un príncipe al cual obedecen los demás sentidos y órganos. De aquí se han desarrollado las virtudes morales así que mediante sus hábitos pudiéramos reprimir los apetitos del sentido enderezándolos a la obediencia de la razón. Sin duda el hábito no implica otra cosa sino cierta disposición al compás de la misma naturaleza de la cosa, con su finalidad y su realización conforme la cual a cada cosa se le da una disposición buena o mala hacia lo que reside en el hombre, quien posee una naturaleza racional. De tal manera el hombre está orientado hacia la religión natural y hacia la operación que debemos actuar con la razón y hacia la finalidad que es la bienaventuranza. Conviene que abrigue en el hombre tal disposición robustecida gracias a las virtudes y a los hábitos. Pues no hay que dudar que le falta una disposición tal que le permita comportarse con toda formalidad en vista de su propia naturaleza y de la operación que le consiga alcanzar aquella finalidad para la cual ha sido creado. Y para que cada cosa consiga su propia disposición se precisan tres cosas, según sugiere Santo Tomás: «En primer lugar es necesario que lo que se dispone sea diferente de lo que tendría que ser dispuesto en vista de las circunstancias y que se porte para consigo mismo como se porta la potencia con el acto». Sin duda como la naturaleza de Dios es simple y no es compuesta de potencia y de acto, su sustancia se resuelve toda en el acto. Dios no puede ser afectado por alguna disposición ni por lo tanto no es susceptible de algún hábito. El hombre que tiene las potencias de obrar, pero su obra no es conforme con la potencia, mas de ésta es diferente, y puede disponerse a través de hábitos de manera que aquellas mismas potencias correspondan con los actos. Como segunda condición es lo que tiene que poseer quien debe ser dispuesto y debe ser acostumbrado a esto. Eso es, conviene que la potencia creada en vista del acto pueda de distintas maneras desarrollarse en las acciones y conformarse con cada cosa distinta. Por lo tanto, si algo potencialmente es enderezado hacia un solo objeto de manera que no tenga capacidad de orientarse hacia otro, de tal forma puede disponerse a través de la costumbre, pues la cosa tiene una natural actitud a no mudarse, tal como el cielo que siendo por su naturaleza dispuesto a su forma, aunque hecho de materia y de forma, todavía no cabe que reciba otra manera de ser. De hecho el cielo no podrá ser llevado a otra manera de ser o acto gracias a otra disposición, en cuanto la naturaleza de la sustancia celestial es determinada en potencia a un único movimiento circular. Lo mismo afirmamos de las potencias vegetativas que se dirigen a una sola operación: la potencia engendradora tiene como objeto el individuo, la nutritiva su conservación, la aumentativa su crecimiento. Por cierto, estas potencias no son capaces de dirigirse hacia otro objeto hasta cuando no sean determinadas a un solo acto. En tercer lugar, es necesario que más elementos contribuyan en disponer el sujeto hacia una de las cosas que están en potencia: éstas pueden de varias maneras adaptarse al sujeto que así se dispone bien o mal a la operación. Del mismo modo acontece que las cualidades simples se avienen con su naturaleza conforme con una regla prefijada que no llamaremos hábitos o disposiciones, sino cualidades simples. Por el contrario, definimos como disposiciones o hábitos la salud, la hermosura y las demás cualidades de este género, que consienten ser medidas de diferentes maneras. El filósofo en el V libro *De Teología* así se expresó: «El hábito es disposición y la disposición es orden por partes o conforme con el lugar o según la potencia o según la especie». Como las facultades apetitivas a través de los sentidos o el intelecto pueden dirigirse a cosas diferentes de manera que las cosas que de buenas a primeras gustan, luego disgustan y aquellas que desde un principio son estimadas como buenas y una vez experimentadas vienen rechazadas. Esto hace que tales potencias deben recibir la disposición gracias a la costumbre de manera que de aquellas tome principio una obra perfecta. Lo mismo acontece con algunas potencias o facultades receptivas que pueden disponerse a lo mejor siempre mediante el hábito como el intelecto especulativo dispuesto a través del mismo hábito del conocimiento de los principios; a través de la ciencia que es desarrollo silogístico procedente de los principios orientándose hacia las conclusiones necesarias; y aun mediante la sabiduría que nos lleva a las cumbres más altas y lejanas de los sentidos tal como son las sustancias separadas y Dios mismo. La ciencia de las cosas divinas se llama sabiduría.

El intelecto práctico se dispone mediante dos hábitos: en primer lugar, acudiendo a la prudencia, que es la derecha razón de lo que se tiene que actuar, cuando en verdad se trate de realizar algo; y luego acudiendo al arte, que es por su parte la recta razón de lo factible, cuya manifestación guía más allá del simple obrar. En el acto apetible las virtudes morales disponen las facultades con objeto de inclinarlas hacia el bien y orientarlas hacia lo mejor, conforme con la recta razón a cuyo imperio están sujetas. De hecho la prudencia es dueña de lo que deseamos conforme lo lícito o lo que huimos. La naturaleza humana necesita ser perfeccionada y cultivada con la ayuda de disciplina y costumbre, como depende del hombre mejorar las facultades de las cuales se sirve para obrar mediante la disciplina y del hábito. Por cierto, el alma humana es tal como una tabla de cera sobre la cual nada se halle impreso. Las virtudes y los hábitos se engendran gracias a la disciplina y a la educación; por el contrario, con el descuido y la desidia en el ánimo del hombre se van formando muchas imágenes vivas que obedecen al intelecto y que hacen inconstante y vario el apetito: vicios éstos que una vez que intentamos desarraigar más acosan.

REINA.—Conviene, por lo tanto, acostumbrar los niños desde sus primeros años a las buenas costumbres.

CARDENAL.—De verdad resulta preciso formar los niños con la disciplina y la educación hasta cuando el alma todavía tierna puede empaparse con toda facilidad de buenas costumbres. Del mismo modo Aristóteles opina que los adolescentes pueden ganar estima cuando hayan sido educados en las reglas honestas. De verdad así dijo: «Es sumamente difícil apoderarse desde la adolescencia del justo método para alcanzar la virtud, si uno es instruido bajo las buenas leyes. Sin duda, vivir con sobriedad y templanza no es agradable para la mayoría de las gentes, si se trata de jóvenes, por la cual cosa es preciso que la educación sea sustanciada de ejercicios y de reglas y éstas, si se hacen familiares, no llevan consigo ninguna molestia.

Capítulo XX. *En cual momento es oportuno dar a los muchachos un preceptor o ayo.*

Ante todo, es preciso tener preceptores para conseguir aquella educación a la cual deben entregarse los muchachos cuando empiezan a hablar. De hecho el ánimo debe ser aplicado a las buenas y honestas costumbres cuando siendo blando como cera más fácilmente admite cualquier forma. Esto Persio encomienda en la sátira, al observar que «cuando la creta y el lodo son húmedos y blandos entonces es necesario modelarlos con la rueda que no para».

Es cierto que en aquel momento el muchacho dirige su atención hacia los coetáneos que disfrutan del juego y empieza a enfadarse en cuanto ya comienza a formar las palabras. En esta edad conviene que le dirija alguien de manera que educado por tal maestro pueda adquirir las formas de la virtud desde su mocedad. Tal cosa expresa Horacio en el *Arte poética:* «El muchacho que ya sabe expresarse con palabras y pisa el suelo con paso firme, intenta porfiar con sus compañeros y se enfada y pronto se apacigua cambiando a cada rato. Por lo tanto, el muchacho empieza a sentir los efectos desde cuando usa la palabra y comienza a andar. Y entonces, se nos presenta, mudable y fácilmente se enciende de ira y se tranquiliza y por esto podrá destacar si verá los ejemplos de la virtud realizados en su propio preceptor o en los chicos con los cuales convive, los cuales empiezan a conformar sus costumbres con las leyes y los preceptos». Lo mismo, por su lado, aconseja Quintiliano, con estas palabras: «Será bien educado entre los muchachos de buena índole y que se han acostumbrado a una honrada disciplina, bien en las costumbres o bien en el eloquio». Otros, sin embargo, no opinaron sobre el hecho de que los chicos menores de siete años tuviesen que aprender a escribir, pues esta edad no consiente recibir la sustancia de las disciplinas y sobrellevar el esfuerzo.

Del mismo parecer, afirman muchos, haber sido Hesíodo y otros autores, entre los cuales mencionamos a Eratóstenes, que enseñaron lo mismo y confirmaron que en aquella edad debían ser ya educados en las disciplinas de las costumbres. De verdad, la razón alumbrada por la instrucción, sigue la recta templanza del apetito y por esto conviene aprender la verdad sin errores y perseguir el buen apetito, o deseo, sin que intervenga ninguna especie de mal: por las dos cosas es útil confiar la tierna edad a un preceptor y pedagogo.

Así Quintiliano, tras la enseñanza de Crisipo, con mayor oportunidad, opina que no conviene desperdiciar el tiempo en formar a los muchachos. Por cierto, a pesar de que fija en un trienio el tiempo concedido a las nodrizas, sin embargo, cree que desde entonces la mente del niño se deba formar con los mejores hábitos. ¿Y por qué no debe ser apta a las letras aquella misma edad que consideramos ya dispuesta a recibir las buenas costumbres? No desconozco que todo el tiempo del cual estamos hablando se puede luego apenas reducir a un solo año, pero me parece que los que así opinaron no se propusieron favorecer los alumnos cuanto los maestros. ¿Y cómo pueden actuar en forma distinta de aquella que han elogiado? Sin duda, es preciso que algo se haga. ¿Y por cuál razón debemos continuar en esta enseñanza, por cuanto se quiera prolongarla hasta los siete años? Conviene advertir que por cuanto poco sea lo que se puede adquirir en esta edad, todavía el muchacho en aquel mismo año aprende más de lo que va desaprendiendo, y esto proseguido, año tras año, resulta cuanto más provechoso, y todo el tiempo que antes se ha empleado durante su infancia es recuperado para la adolescencia. La misma cosa es aconsejada en los años siguientes para que lo que cada uno debe aprender no se empiece a aprender con retraso. Por esto no desperdiciemos los primeros años.

Y esto porque los comienzos del aprendimiento de las letras se sostienen con la sola memoria que no solamente obra en los pequeños, sino que luego, además, es muy tenaz. Por semejante razón doy la debida importancia a la edad de manera que considero que no es oportuno agobiar exageradamente la tierna edad, mientras conviene exigir que se cumpla gradualmente el plan propuesto. Pues, en primer lugar, se aconseja que se evite que quien todavía no se siente inclinado al estudio, hasta lo odie y lleve la amargura, una vez que ha entrado en su alma hasta llegar a los años de su vejez. Por el contrario, debemos procurar que se convierta en una diversión y que el alumno pida el estudio y nunca se alegre por no haberlo conseguido. Alguna vez, contra su propia voluntad, se instruya alguien que despierte envidia en el estudio. Porfíe con éste y más a menudo estime que ha destacado sobre su adversario. Se halague también con dádivas que mucho convencen en aquella edad.

Estamos hablando de cosas de poca monta, sabiendo que educamos a un príncipe, pues su infancia requiere, como para los demás, el estudio, como la formación de los cuerpos más fuertes comienza con el mamar la leche. Quien un día será sabio y prudente, no apenas emitirá un vagido, intentará por primera vez hablar y emplear aunque con incertidumbre la razón, se entregará a las letras y demorará en ponderar las cosas humanas. Y si algo hay que no ofrezca alguna utilidad una vez aprendido, es superfluo decir que por ningún motivo se presente como necesario. Por consiguiente, nadie reproche un padre el cual estima que no se deben descuidar estas cosas para su hijo y tanto más cuanto más son inconsistentes, en cuanto con mayor facilidad los pequeños las hacen suyas. Al mismo modo que los cuerpos no se forman al movimiento de sus miembros, sino en tierna edad, así la misma robustez hace el ánimo preparado con mayor soltura a muchas posibilidades. ¿No es verdad que Felipe, rey de los macédones, quería que Aristóteles, sumo filósofo, enseñara los primeros elementos de las letras a su hijo Alejandro en aquella tierna edad?

¿Y Aristóteles habría aceptado este cargo y Felipe no habría confiado al filósofo dicho comedido si los dos no hubiesen creído que los comienzos del estudio, siendo muy importantes, tenían que confiarse al más perfecto filósofo? Figurémonos que se nos entregue en los brazos el infante Alejandro, digno de tanta atención, de hecho nuestro príncipe no es en nada inferior. ¿Tal vez me pesará dar breves y jugosas enseñanzas en esta situación?

CAPÍTULO XXI. *De cuál manera es aconsejable formar los muchachos en las primeras disciplinas del saber.*

REINA.—Con mucha elegancia nos has enseñado todo lo que concierne a los muchachos nobles para que desde los años de su infancia sigan sus preceptores. Sin embargo, no considero fuera de nuestro plan afirmar que los preceptores aprendan de tus palabras el método de tal enseñanza.

CARDENAL.—Empezaré, conforme tu deseo, desde los mismos elementos con los cuales los preceptores enseñan a sus pequeños discípulos y los sacaremos de Quintiliano que de tal forma se expresa: «Por cierto no apruebo lo que muchos suelen hacer enseñando a los chicos las letras y las reglas antes de enseñar las formas». Esto se opone al conocimiento de esas mismas formas, pues los alumnos no entienden en seguida lo que se les ofrece en cuanto la memoria está empeñada en recordar lo que precede y esto es la causa de que los muchachos que están estudiando, a pesar de que mucho a ello atiendan, expresan después lo que en un ordenado contexto conviene que se enseñe antes.

Actuando de tal manera los preceptores estorban la formación de los chicos, pues éstos mudan continuamente y así insisten hasta que aquellos habrán aprendido las letras superficialmente y no según su debido orden. Pronto aprenderán perfectamente a pronunciar bien los nombres y las costumbres de los hombres. Ya sabemos que lo que no perjudica en las letras no perjudica en las sílabas. No rechazo el uso de ofrecer como diversión a los discípulos formas de letras en oro o marfil con el objeto de que la infancia disfrute en aprender, según es sabido, o a atraerlos con cualquier otra cosa que tratada, nombrada y considerada puede proporcionar alegría a aquella edad. Cuando el muchacho habiendo sido guiado empezará a seguir la enseñanza no estará demás grabar aquellas tablillas de la forma más conveniente, así que el estilo discurra a través de los surcos ya trazados. No podrá equivocarse escribiendo si se atendrá a las márgenes sin desbordar. Y con mayor frecuencia y rapidez tendrá que asentar los dedos tras una huella señaladora y su mano tendrá que ser conducida por la guía de la mano del preceptor. Sin duda la preocupación por que escriba bien no puede olvidarse por ningún honrado pedagogo. En otra circunstancia Quintiliano comenta: «Entonces empiece el muchacho a formar palabras con sílabas y oraciones con palabras». Es increíble cuanto contribuye a la costumbre de leer el uso de repetir. De aquí proceden las pausas y las dudas más de lo que conviene al recto entendimiento. Segura, en primer lugar, sea la lectura, luego bien ordenada y durante un rato lenta hasta cuando con el ejercicio se consiga una lectura rápida, pero sin faltas. El mirar hacia la derecha, como exige la enseñanza de la mayoría, responde más al uso que a la razón. De hecho a quien presta atención a lo que tenemos dicho se puede enseñar lo que sigue y lo que resulta más difícil, eso es repartir la atención de manera que una cosa consiga con los ojos y otra con la voz. No será demás que cuando el muchacho ha aprendido a escribir las palabras conforme el uso corriente, emplee también el tiempo aprendiendo vocábulos vulgares y hasta corrientes. Por cierto, mientras se atiende a otra cosa, él está en condiciones de aprender aquellos secretos de la lengua, que los griegos llaman «glosas». Desde los principios el discípulo podrá conseguir una cosa que de por sí exige mucho tiempo.

CAPÍTULO **XXII**. *Cómo y cuándo convenga dedicarse al ejercicio de las cosas más nobles y en torno de la preocupación que los preceptores deben guardar para con las costumbres de sus discípulos.*

REINA.—Estoy convencida de que mucho aprovecha a los muchachos seguir ejemplos para imitarlos.

CARDENAL.—Si será posible convendrá que el discípulo imite a los mejores escribiendo, según aconseja Quintiliano. Y como demoramos en torno a cosas de menor relieve aquellos versos que son propuestos para su imitación, no deben contener ejemplos de ocio, sino deben presentar algo honrado. La memoria los guardará hasta la vejez e impresos en el alma blanda servirán para corregir las costumbres. Aun tratándose de dichos de hombres afamados o de versos sacados de textos sagrados. De verdad este conocimiento resulta más agradable a los discípulos, pues ellos pueden aprender como si se tratara de un juego. Tal como la memoria se alimenta sobre todo ejercitándose y de manera principal en la edad de la cual estamos hablando, en la cual nada de por sí puede engendrar. La ejercitación es casi sola apta a ayudar la obra de los docentes y de hecho como proporciona la pericia en las palabras, así debe proporcionarla en las costumbres. Pues, ¿qué podemos hallar de más hermoso, de más útil, de más noble que escuchar, hacer y mirar en aquella edad en solamente aquellas cosas que en una edad madura educarán al culto de la valentía, a la fe y a la inteligencia?

Por esto es preciso apartar mediante la instrucción las causas que provocan acciones torpes. Que los estudios sean provechosos a las costumbres y no perjudiquen la santidad de la vida, en cuanto la causa del bien es más importante que una disciplina que encierre en sí torpeza es sentencia superflua y contraria al sentido de la humanidad en la cual estas cosas van juntas e inseparables. La verdad de la doctrina debe acompañarse con la verdad de la vida y con la rectitud, ni pueden separarse sin que los dos perezcan. Las costumbres se corrompen por el descuido de los preceptores y el desamparo de los pedagogos, sobre todo cuando toda la autoridad procede del preceptor. Cuando el pensamiento va orientado hacia lo peor y cuando se demuestra descuido en defender la vergüenza en los primeros años, se ofrece ocasión a cometer acciones pecaminosas. Por lo tanto, el trato se lleve siempre con personas honradas cuyo sermón sea modesto y cuyas costumbres sean santas y puras.

Conviene escoger un precepto santo y culto que presente en sí la imagen de la honradez y exprese la gravedad de la vida en cada acción suya y convendrá también ofrecerle un amigo, sosegado y fiel que sepa descubrir a Dios y cuya asidua compañía lo mejore siempre más y lo aleje de los vicios. Sea temeroso de Dios y de la religión cristiana; su alma mire hacia las cosas mejores ni se acostumbre a doblarse frente a las adversidades y los acontecimientos de la vida. El preceptor se empeñe en mejorar al príncipe y lo haga cuanto es posible benévolo hacia él ni aspire solamente al estipendio, sino al premio eterno. Sea digno de reverencia por su dignidad y honrado en las costumbres, pudoroso y casto en su vida, sosegado y prudente en su actuar y sobre todo fiel y defensor de la fe católica. Eduque al príncipe en todo temor de Dios, lo acostumbre a los artículos de fe y a sus preceptos, proponiendo algunos como objeto de fe y otros como objeto de acción de manera que quede fiel a la ley de Dis y su intelecto sea alumbrado con la fe y la recta voluntad dé su fruto a su sazón.

Capítulo XXIII. *Sobre la corrupción de las costumbres debida a la indulgencia de los padres para con sus hijos.*

REINA.—Creo que la gravedad y la honradez del preceptor mucho ayudan las costumbres y la disciplina, pues cuando los preceptores se muestran demasiado indulgentes hacia los jóvenes se portan mal.

CARDENAL.—Esta culpa no procede tanto de los preceptores cuanto de los padres, según asienta Fabio. ¡Ojalá pudiésemos guardar las costumbres de nuestros hijos! Alejemos sin más los muchachos de los placeres: aquella blanda educación que llamamos indulgencia quebranta el vigor de la mente y del cuerpo. El hombre adulto que vive en la púrpura, ¿qué es lo que no deseará? Todavía opino que el vestido más precioso no perjudica a los hijos del rey. De hecho las cosas nuevas y raras llevan a la blandura y al vicio sobre todo cuando usamos adornos más ricos de lo acostumbrado. Las insignias de los reyes son comunes y, por lo tanto, quien todos los días emplea ciertas cosas no se envanece demasiado. El satírico dice que «el uso raro sugiere los placeres», pero conviene considerar dañinas aquellas que debilitan las costumbres y el alma. Apenas el niño articula las primeras palabras, ya nombra todo lo torpe y todo lo que es reprochable en pronunciarse y es lo que la vergüenza tiene que encubrir y nosotros opinamos que es vergonzoso pronunciar.

La disciplina educa el paladar antes que el gusto se acostumbre a ser muy indulgente consigo mismo. Los padres suelen disfrutar si sus hijos pronuncian algo deshonesto y alegremente escuchan palabras dignas de silencio no referibles que conviene tener muy apartadas.

Ni los padres enseñan cosas dignas cuando hacen que los hijos sientan el torpe deseo efébico que la virtud no logra fácilmente rechazar. De esta manera la costumbre se hace naturaleza y los desdichados aprenden estas cosas antes de darse cuenta de que son vicios. Juvenal de Aquino así habla a este propósito: «En cuanto la naturaleza nos manda con mayor solicitud, nos corrompen los ejemplos domésticos de los vicios, cuando se insinúan en las almas tras el ejemplo de personas de autoridad. Esto tal vez desprecien los jóvenes a los cuales con arte suave y con mejor lodo el Todopoderoso ha plasmado el corazón. Pero los demás son llevados por las huellas abominables de los padres y se pervierten en la consabida senda del antiguo vicio. Por lo tanto, conviene evitar las consecuencias de dicho peligro. Una sola razón es capaz de lograr que nuestros hijos no sigan las huellas de nuestros pecados, pues todos somos llevados a remedar las cosas torpes y malas. Por eso podrás ver a un Catilina en cada pueblo y en cada latitud. Sin embargo, no tendremos a un Bruto ni tampoco a un abuelo de un Bruto. ¡Que nada malo franquee el umbral de la casa en donde vive el niño! Queden lejos de aquel umbral las mujeres de placer y el canto del parásito trasnochador. A todo niño se le debe el mayor respeto. Si preparas algo indecente, procura no ofender los años del niño, más bien, por el contrario, la tierna edad de tu hijo levante un obstáculo ante el pecado. En fin, si la ira te provocara a cometer algo reprochable, tu hijo te parecerá no solamente en el cuerpo y en el rostro, sino también en las costumbres cuando tras su ejemplo, él, sin duda alguna, caerá más bajo que tú. Convendrá que tú lo reprehendas con energía y lo castigues levantando el tono de voz. ¿Dónde podrás ostentar frente y libertad de padre cuando tu viejo hace cosas peores? Ninguno de tus siervos demorará en limpiar el suelo y tú enseñarás las columnas resplandecientes al huésped que tiene que venir. No te preocupes por que tu hijo vea toda tu casa inmaculada y limpia de cualquier mancha. Sin duda es más importante reparar en cuáles artes y con cuáles costumbres tú vas educando a tu hijo». Así habla el satírico sobre la educación de los hijos. Por su parte, Platón, en los libros *De la República,* aconseja que se tengan desterrados de la ciudad de Atenas a los poetas, pero no todos, sino solamente a los que representando en la escena cosas torpes excitaban con vehemencia las pasiones de los hombres y enflaquecían con este medio el alma de los tímidos, inflamaban con ira los hombres despiadados y ostentaban los placeres a los hombres ya inclinados a la concupiscencia. Y aconsejaba que se echaran también aquellos que representaban las más horribles fechorías de sus dioses con voces hechizadoras y así atraían a los jóvenes.

Todo esto menciona Agustín en el VIII libro del *De Civitate Dei,* diciendo: «Las imágenes de las cosas torpes y obscenas sean del todo prohibidas a los muchachos en cuanto despiertan en ellos violentas pasiones, contra las cuales no pueden resistir ni la mente ni la razón». Y Antifon en Terencio, todo encendido en concupiscencia, cae en ella tras el ejemplo de Júpiter, habiendo visto, según declara, un cuadro en el cual estaba representada tal situación de pecado, Júpiter en acto de dejar caer en el regazo de Danae una lluvia de oro. Yo empecé hace poco a mirar tal escena y como él había de tal manera gozado mucho más, gozaba mi alma, al ver que un Dios se había transformado en un hombre y había venido de escondidas en figura fingida a través de una lluvia engañando a la mujer. ¿Pero cual dios sacude los cielos con gran ruido? Y yo, que soy un simple hombre, ¿no haré lo mismo y tal lo hice y con satisfacción»?. Deben, por lo tanto, evitarse semejantes ejemplos irrepetibles de los mismos dioses. Tenemos también que rechazar a los actores de tales juegos y de tales vicios para que los jóvenes no se enciendan delante de tales espectáculos de tan abominables pasiones.

CAPÍTULO **XXIV.** *De la selección de las fábulas con objeto de enseñar el habla a los chicos y cuáles géneros de fábulas sean más convenientes a sendas edades según lo que enseñan los filósofos.*

REINA.—De estas fábulas, llenas de falsedades, ¿cuál provecho se puede sacar?

CARDENAL.—Estrabón, en el primer *Libro de la Geografía,* apunta que las fábulas fueron inventadas para hacer más fácil a los niños el uso y el hábito de hablar. El nos dice que las ciudades griegas escogían las fábulas con disposiciones de ley. Los legisladores por pública utilidad se percataban del ingenio del hombre en cuanto animal dotado de razón. Por lo tanto, el hombre de ingenio codicioso de conocimiento es llevado a este medio del estudio de las fábulas. De aquí empiezan los niños a aprender y sacar mayor ventaja en los estudios. La causa de esto consiste en que el conocimiento de las fábulas ofrece algo nuevo en sí, pues no presenta cosas reales, sino de alguna manera distintas de la realidad. De verdad la novedad es dulce, sobre todo aquella que no es por nadie antes conocida y esto es precisamente lo que produce el deseo del placer. Como se ofrece lo sorprendente y lo maravilloso se produce el dicho placer que es la gracia del saber. De este modo desde un principio los niños deben ser solicitados. En edad más avanzada tienen que ser llevados a la disciplina de las cosas en cuanto el pensamiento ya se ha sobrestendido y dichas fábulas no carecen de halago. Los niños deben ser de alguna manera llamados ingenuos y deseosos de conocer y al compás deseosos de oír fábulas. Del mismo modo lo son las personas regularmente instruidas; éstas de verdad en cuanto a razón no destacan y a esto añádase la costumbre desde la infancia. Si por cierto las cosas maravillosas incuten terror y producen placer al mismo tiempo, bien a los niños, bien a los más avanzados en edad, se debe por necesidad acudir a ellas. De hecho conviene que ofrezcamos alegres fábulas para que se sientan exhortados al bien y también espantosas para que sean alejados del mal.

La fábula de la Gorgona se presenta como pesadilla y como fantasma hechizador. Muchos de los que viven en las ciudades son excitados por la amenidad de la fábula cuando escuchan a los poetas que cuentan en fábulas complejas las nobles hazañas de varones, tales se presentan las contiendas de Hércules y de Teseo y los honores deparados a los dioses. Y en mayor vehemencia son exaltados cuando contemplan pinturas y esculturas que añaden algo fabuloso. Los hombres son alejados del mal cuando los dioses acometen con suplicios o amenazas, con palabras o cuando son espantados por fantasmas invisibles o creen que alguien ha topado con ellos. Por cierto las razones de la filosofía no se pueden fácilmente insinuar en el alma de un corro de mujeres o en una desordenada muchedumbre, ni éstas se pueden fácilmente exhortar a la santidad y a la fe. De todos modos es preciso que sintamos el temor para con los dioses y éste no se logra sin la ficción de milagros y de fábulas. He aquí que toda la teología de los antiguos lleva consigo el relámpago, el escudo, el tridente, el hacha, el dragón y la lanza de los Tirsos, todas armas de los dioses. Todo esto fue admitido por los pensadores de las públicas instituciones, los cuales ponían estos fantasmas delante a aquellos hombres que todavía resentían de su infancia. Además como se acudía a la ficción fabulosa con el objeto de conseguir la formación de la conciencia civil y del conocimiento de las cosas, los antiguos guardaron el tipo de la educación infantil hasta el final de la vida, y opinaron que cada edad podía ser instruida en forma adecuada mediante la poesía. Luego en la edad siguiente a la infancia se acometió el estudio de los hechos históricos. La filosofía es cultivada en el medio de dicha edad, pero enderezada a pocos, en cuanto la poesía es provechosa a la mayoría. Todo esto sostiene Estrabón cuando trata de la antigua educación de los jóvenes y de los muchachos con el auxilio de las fábulas poéticas a las cuales sigue la narración de las hazañas históricas entre los pueblos más adelantados. Este autor, según la opinión de muchos, no coincidía con la doctrina de Platón. Sin embargo, esto no afecta el desarrollo de nuestro asunto. En realidad las mismas máximas nos enseña Platón cuando en Georgia y Fedón refiere a los dioses las razones de la filosofía y, desconfiando persuadir con la razón, acude a las amenazas de Estige y de Tártaro y a los dioses infernales. Nombra jueces de los mortales en los ínferos a Minós, Caco y Radamante y hace que los injustos vengan castigados por las Furias, Cérbero de las tres cabezas y por otros monstruos.

El filósofo mezcla la filosofía de las costumbres con las fábulas, por lo cual acontece que se debe creer que él no quería que se desterraran a todos los poetas de la ciudad, sino tan solamente aquellos cuya inmoralidad dañina para el pueblo en cuanto se representaban en teatro perjudicando las honestas instituciones. Aquellas obras que resultan provechosas a la integridad moral lo son también bajo el aspecto de fábulas y, por lo tanto, no dudamos de su gran ayuda. Tales son, por ejemplo, los apólogos y los poemas compuestos por Esopo, en los cuales la diversión y la ayuda moral se mezclan. Por cierto, a la atención de los muchachos no se puede ofrecer nada más alegre, nada más noble y nada mejor para que adquieran la capacidad de componer oraciones con mayor soltura y así recitarlas. También cerca de nuestros pueblos hispánicos se guarda dicha costumbre bien practicada por las niñeras. Y así, cuando empiezan a hablar les cuentan fábulas amenas que luego les hacen repetir para que aprendan siempre con mayor solicitud a expresarse.

CAPÍTULO **XXV**. *De aquellas fábulas que se deben proponer a los hijos de los príncipes, cuando empiezan a hablar y del modo que hay que acostumbrarlos a las verdades de la fe.*

REINA.—¿No sería más conveniente, en lugar de las fábulas, presentar a los niños otras cosas dignas de ser conocidas y que a todas luces enseñen la verdad?

CARDENAL.—Por cierto, resultaría más oportuno si los padres abrigaran esta preocupación: cuando los niños empiezan a hablar conviene que se les propongan lecturas que lleven a la religión, a la piedad y a la fe, pues muchas son las firmes verdades de la religión cristiana, que dan placer al aprenderlas; infinitos son los milagros cuyo conocimiento mucho ayudan sea a seguir la fe, sea a llevar buena conducta. El niño aprendería a hablar empezando a pronunciar aquellas cosas necesarias al patrimonio de la fe de cada creyente, y aprendería a esperar lo que los oídos no escuchan y que el corazón del hombre no alcanza y sobre todo pensaría en las cosas invisibles de Dios antes de conocer las visibles. Y crecidas la fe y la esperanza, gracias a las oportunas enseñanzas, empezará a amar al Creador, en cuyo amor amaría a todos los hombres, en los cuales está impresa la imagen de Dios y así cumpliría con satisfacción lo que cree según la fe. Para con Dios y con los demás hombres sería tal como desearía que con él se portaran los demás.

Por la fe es producida esta disciplina que lleva los hombres a la vida, y se desarrolla en cada edad en aquellos que abrigan la fe en Dios. Importa mucho adorar a Dios desde la infancia, de manera que la fe crezca en las almas y éstas adquieran fuerza a lo largo de la vida. De verdad nuestros conocimientos, como afirma Aristóteles, sacan su origen de las cosas sensibles que de ninguna manera pueden abarcar con plenitud la esencia divina. La humana razón es capaz de alcanzar cierto conocimiento de Dios a través de los efectos, cuando éstos tengan una semejanza con su causa primera. Por esto el hombre debe ser antes formado al conocimiento de su Creador; luego podrá escudriñar las semejanzas con Dios en sus efectos o consecuencias, las cuales, según ya hemos afirmado, no resultan suficientes para demostrar la primera verdad. Pero es útil ejercitar los ánimos con estas débiles razones con que queda ajena toda presunción de comprender los secretos de la más alta y arcana divinidad.

Hilario, excelente doctor, así explica esta verdad en los libros *Sobre la Trinidad:* «Es necesario entraprender este camino y correrlo creyendo, aunque sepa que no llegaré a la meta, sin embargo quedaré satisfecho en habiendo empezado tal camino. Quien tiende a alcanzar lo infinito aun si no lo alcanzará conseguirá siempre alguna ventaja. Pero no intentes abarcar este misterio y no te sumerjas en el arcano de la eterna natividad, con presumir comprenderlo todo, y ten además por cierto que estas realidades son incomprensibles. Es, sin embargo, necesario que se conozca al que lo mueve todo y éste es Dios. De la misma manera que la luz del sol es principio de toda visible perfección, así la luz divina es el principio de todo conocimiento inteligible, siendo aquella en la cual mayormente brilla la luz de la inteligencia. Esta alumbra a los bienaventurados quienes contemplan la divina esencia y conocen a Dios que en la naturaleza se conoce a través de la intuición. Nosotros, que estamos peregrinando en esta tierra hasta cuando vivamos en el cuerpo, no alcanzaremos el conocimiento de la esencia de Dios, mas alcanzaremos cierto conocimiento de Dios a través de los efectos [de su divina realidad]. Sin embargo, como no todos podemos referir todas las cosas a Dios por deducción, como efecto de su causa, y como tanta iluminación de ciencia alcanza solamente a unos pocos, es preciso que la fe infundida de Dios venga arraigada en las almas de los mortales por cierto hábito, para que Dios empiece a demorar en nosotros como por naturaleza. Y según afirma Tomás, la costumbre, sobre todo, si empieza desde los primeros años, consigue en nosotros la fuerza de la naturaleza, por lo cual lo que el ánimo ha intuido a esto adhiere y es considerada cosa evidente.

Así es que el alma del príncipe cristiano debe ser educada a escuchar a menudo el nombre de Dios, aprender a confesarlo como uno y trino y a acostumbrar su pensamiento a creer los demás artículos de fe. Con este divino conocimiento, formado por la fe, se adquiere la inteligencia de la verdad, pues, según dice el profeta, «si no creeréis, no entenderéis». Por lo tanto, la fe es el camino de la verdad que lleva a la inteligencia y mediante de ésta el espíritu purificado de todo error podrá alcanzar aquella luz inaccesible en cuanto a El podemos llegar mediante la gracia.

El preceptor fiel libra el alma del príncipe del error para que, eliminado por el rayo de la verdad, tema a Dios y cumpla con sus mandamientos.

Nacemos, y son palabras del Apóstol, hijos de ira con la mancha del pecado original; somos regenerados por el agua en Cristo mediante el bautismo y por esto conviene que a través del difícil camino de la virtrud alcancemos aquel bien por el cual hemos nacido. De hecho, si con los medios naturales el camino resultaba cuanto más difícil, con la gracia se hace fácil. Reconociéndolo con la fe de los santos llegaron al don inmortal de la bienaventuranza.

CAPÍTULO **XXVI**. *De la educación de los muchachos enseñada conforme la doctrina de Platón por Apuleyo.*

REINA.— ¡Cuánto son dulces al escucharlas estas palabras que proceden de aquellas lumbre que ilumina la verdad! ¿Pero no enseñan los filósofos el camino de la virtud?

CARDENAL.—Por cierto, aunque algunas veces los filósofos salen del camino de la verdad y aunque no son iluminados por la gracia divina, sin embargo, no les falta la lumbre natural. Mas Platón filósofo, conforme lo que dice Apuleyo, opina que el hombre, siguiendo su naturaleza, es nacido, no inclinado ni hacia el bien ni hacia el mal, pero está dotado de índole proclive al uno y al otro. Según Platón, en el hombre están las simientes del uno y del otro, estrechamente conectadas en su origen, que deben destacar gracias a la disciplina de la educación en una otra dirección. Dice que conviene escoger cuanto antes como educadores de los muchachos los que cultivan la virtud, eso es, que son capaces de imbuirlos de tales costumbres que aprendan a mandar y a ser mandados, según el principio de la justicia. Así, además, es preciso que sean llevados a conocer cuáles cosas, siendo buenas, se deben actuar y cuáles, siendo malas, se deben evitar, pues las unas producen el placer y las otras ensalzan la virtud. Además, las primeras provocan deshonra y torpeza; y, por lo tanto, tenemos que desear las cosas buenas y honestas. También Platón, quien opina que el hombre ha nacido sin ser bueno en sí ni malo, aconseja que se instruyan los muchachos de manera que no deslicen hacia aquellos vicios que se forman a través de la costumbre. ¿Qué pensaría si hubiese abrigado en su alma la fe con la ayuda de Cristo Señor? ¿Quién nos ha enseñado que hemos sido engendrados de una estirpe corrompida, pues el pecado original ha sido transmitido a los descendientes? En este caso Platón, sin duda, enseñaría con más vigilante prudencia: por cierto, la palabra divina nos dice que cada edad desde la adolescencia está inclinada hacia el mal. Por este motivo nos purificamos mediante los sacramentos de la Iglesia que proporcionan el remedio y la medicina con la sangre de Cristo. A pesar de esto, queda el estímulo que llamamos ley del pecado, por la cual vemos la carne rebelarse en contra del espíritu. El cristiano debe considerar que el hombre durante su peregrinación tiene que luchar más bien que reposar. Ya sabemos que nuestra vida es una lucha sobre la tierra, según asienta Job, y para esta lucha el hombre tiene que pertrecharse con los sacramentos, con las virtudes y con los dones de la gracia. Y más allá de las virtudes adquiridas el cristiano debe aprovechar con fuerza de las potencias naturales del alma para que el hombre proveído de tales armas no dude de que vencerá aquellas fuerzas que pugnan en contra de él y son las armas del demonio, dirigidas en contra de nosotros para que en nuestra carne luchen en contra de la razón. El apóstol enumera los vicios de la carne, que en cierto sentido pueden, considerarse innumerables a los cuales se reducen todos los pecados. Para luchar en contra de las potestades del mundo, en contra de los señores del aire y los tiranos de las tinieblas, revistamos las armas de Cristo, gracias a las cuales lograremos vencer en guerra aquella antigua serpiente. Estas armas son, sin duda, los presidios de nuestra salvación: la fe, la esperanza y la caridad nos fortalecen, y con estos presidios toda potestad contraria será espantada. Enseñemos a los muchachos con insistente preocupación estos principios para que puedan a todas luces conocer lo que se debe creer, desear con fervor lo que se debe esperar y, por lo tanto, abarcar en la acción aquello también que se debe amar.

CAPÍTULO XXVII. *De cuál manera y cuándo los muchachos deben ser instruidos en las letras seculares y en las obras de los paganos.*

REINA.—¿Cuándo es oportuno que los muchachos accedan a las letras seculares?

CARDENAL.—Sin duda, después que hayan sido corroborados con los auxilios divinos. Además es oportuno que sean introducidos en las disciplinas seculares, cuando el ingenio, gracias a su desarrollo, permite su cultivo, pues si estas disciplinas vienen enseñadas por un preceptor fiel e íntegro se pueden participar a los jóvenes con toda tranquilidad. El preceptor tendrá que hacerse cargo de la edad, del índole y enseñarlas en cuanto se dé cuenta de que esta enseñanza conviene. Por estos motivos el propio Platón distingue tres especies de ingenio, las cuales se avienen a diferentes artes y diferentes disciplinas; y define uno excelente y egregio, y el segundo pésimo e ínfimo y el tercero, que está entre los dos, lo considera como regular. De dicha mediocridad quiere que participe el joven dócil y el hombre llevado a la modestia, y lo cree atento y comedido. Cuando de verdad el joven todavía no se ha deslizado hacia un mal camino, entonces su espíritu debe ser retenido con frenos de manera que no caiga en los torbellinos lúbricos del vicio que hace pésimo e ínfimo lo que la naturaleza misma, tendiendo a cosas mejores, ha predestinado a la buenaventuranza. Sin duda, los hombres son repletos de licencias, que se muestran capaces de enflaquecer hasta las índoles fuertes. El espíritu es seducido por el placer que viviendo en él condena a la esclavitud la razón misma. Por consecuencia, Aristóteles exhorta a los hombres a que luchen en contra de la voluntad tal como en contra de unos enemigos, sosteniendo que nosotros debemos sobrellevar las mismas contiendas que sobrellevaron nuestros antepasados para recuperar a Helena y ésta para vencer la voluntad, la cual es semejante a una muerte inevitable para todo ingenio. Pues una vez que ésta ha enredado los ingenios, el lazo con los vicios difícilmente se desata.

Creo, ante todo, es preciso preocuparse por el alma de los muchachos para que no ocurra que, seducidos por las malas costumbres y sus alicientes, sean sumergidos.

CAPÍTULO **XXVIII**.   *De cómo debemos cuidar el cuerpo.*

De lo dicho no conviene deducir que es preciso descuidar el cuerpo, mientras es cierto que es oportuno cuidarlo con ejercicios beneficiosos, dignos de un hombre libre y de manera que él no se entorpezca por culpa de la pereza. Tal como la solercia ejercita el espíritu dirigiéndolo hacia la inteligencia y la voluntad, así el ejercicio hace los miembros del cuerpo aptos a cumplir las acciones exteriores, o los movimientos saludables o los actos virtuosos a ventaja del próximo. Sobre todo si el joven dirige su alma hacia las hazañas militares. Por lo tanto, es aconsejable que vengan ejercitados en la caza y a pie para adquirir agilidad y robustecer los miembros y ejercitar los músculos. Todo se cumpla con discreción para que nada resulte excesivo, según afirma el poeta; de hecho los que se dedican con mucha frecuencia a los trabajos corporales debilitan el alma. Hay en la realidad, como canta Horacio, discreción y medida y existen limitaciones; por esto tenemos que exhortar siempre al muchacho para que se someta a la medida en cualquier cosa. Igualmente aconsejamos que se escudriñen las inteligencias para que nos demos cuenta de cuál manera puedan entregarse a las virtudes y destacarse en las obras. Por todo lo que acabamos de afirmar parece evidente que la diferencia de las inclinaciones distingue los ingenios. Todo lo que llevamos a cabo mediante la capacidad natural lo debemos hacer con toda sencillez, conforme palabra del propio Virgilio, «el placer atrae a quienquiera». El apego al propio deber nos proporciona una gran fuerza. Los que ejecutan cargos conforme con su propia inclinación logran mayores ventajas de vida y lucimiento de ingenio. Mientras que los que se dedican a los empeños en contraste con la propia naturaleza obran sin provecho y con dificultad en las demás acciones y no pueden destacar en nada y se rinden en sus mismos intentos (1).

CAPÍTULO **XXIX.** *De cómo sea preciso escudriñar la índole de los jóvenes de manera que cada uno se dedique a aquella actividad hacia la cual su propia naturaleza le lleva.*

REINA.—Es motivo de grata sorpresa el constatar que muchos, a pesar de su ahínco, no adelantan por nada en sus oficios y sus disciplinas, mientras, por el contrario, otros sin dificultad aprenden muchas cosas.

---

(1) Esta página se presenta ilegible, en parte, en la fotocopia.

CARDENAL.—Así es cosa innegable que esto acontece habiendo ellos escogido carreras que no se avienen con su índole y de aquí se hace importante saber con cuál espíritu los jóvenes entraprenden sus obras. De hecho los jóvenes tienen que ser orientados hacia aquellos estudios que más han preelegido, desde luego con la reserva que no abrigue nada inmoral y nada contrario a las buenas costumbres, algunos gustan la quietud de la meditación, mientras que a otros place el afán de la acción. En estos dos aspectos se distinguen acciones y deberes diferentes, escogiendo los cuales se descubren las diferentes inclinaciones de los distintos ingenios. Los que se nos presentan aptos a la contemplación y a la meditación estudian la causa primera de las cosas o distinguen la jerarquía de las almas superiores y gozan contemplando las esferas celestes en movimiento y las constelaciones de las estrellas fijas y el recorrido de los planetas errantes. Además saben admirar el principio superior, su naturaleza fija e inmóvil y al mismo tiempo se dan cuenta de cómo Dios, Uno y Trino, en su sustancia es eterno e inmenso. Otra vez contemplan el aspecto práctico de la realidad, pues toda actividad del intelecto práctico aspira al gobierno de la república o de la familia, de manera que cada uno pueda ser en su actuar prudente, justo, comedido o fuerte. Entonces se dedican a las varias artes de la vida de todos los días.

Hay que estudiar las disposiciones de los muchachos para saber a cuáles pesos u ornamentos son aptos, de manera que sus fuerzas no sean oprimidas y debilitadas. Por cierto, estos trabajos y estos afanes por encima de las posibilidades de la naturaleza no amedrenten los ánimos. Esto medita Séneca en su libro *De vida bienaventurada,* en donde dice: «No existe virtud que se pueda conseguir sin esfuerzo. Sin embargo, algunas virtudes necesitan estímulos y otras necesitan frenos. Así como el cuerpo debe ser detenido cuando se encuentre en una pendiente, los ánimos en las cosas difíciles deben ser empujados, del mismo modo algunas virtudes se encuentran en una pendiente, otras suben. Tenemos alguna duda sobre si suben, indemnes, y son favorecidas las potencias, la fortaleza y la perseverancia y todo lo que se opone a lo que es duro es señal de virtud y aleja la suerte. Por esto es manifiesto que las cosas injustas no deben pasar por el camino contrario a no ser que se trate de la generosidad, de la templanza y de la mansedumbre. Con éstas podemos contener el ánimo para que no caiga. Y en las otras, que son aspérrimas, tenemos que exhortar e incitar. Estas debemos coaptar con la misma pobreza, pues combatidas se vuelven más fuertes, pero con las riquezas ellas que eran muy empeñadas paran el paso y deben sostener su peso.

Si tenemos que conocer la razón de las virtudes, aunque se esfuerzan en medio de toda dificultad, preparan obstáculos para que el ánimo no derrumbe. Y donde el ánimo se siente más inclinado hacia el mal, con frecuencia la participación del cuerpo a ciertas virtudes se hace más difícil.

Frente a todo esto, el pedagogo debe vigilar mucho en vista de que cada uno se aplique a lo que responde a sus propias capacidades e inclinaciones y atienda a ello con todo empeño. De verdad lo que responde a nuestras aptitudes debe ser perseguido por nosotros con mayor voluntad. Pero para dedicar su atención a otras cosas que se avienen a nuestras inclinaciones, no se necesita ningún consejero.

REINA.—Sin duda, los jóvenes son proclives al vicio por su misma índole. Ahora, por lo tanto, dime si conviene acudir a tratos de indulgencia para con ellos, si no quieres ser contigo mismo en contradicción.

CAPÍTULO XXX. *Es preciso corregir las malas inclinaciones mediante la disciplina.*

CARDENAL.—Si algunos vicios se han apegado a las inclinaciones tenemos que, en lo que nos resulte factible, desviarlos para que las inclinaciones que presentan el sello de la virtud resplandezca sin mezcla de algún defecto. Ya sabemos que existen determinadas dificultades que nos impiden la actuación. Nos damos cuenta también que hay caminos directos hacia cosas que presentan aspectos de honestidad y de hermosura. Debido a esta situación conviene vencer las circunstancias difíciles con ánimo seguro. Por otro lado, nos parece fácil reconocer que siempre conviene usar frenos para que estas dificultades no crucen el camino a menudo para los medio- cres. Esta atención debe guardarse por parte de los pedagogos para evitar que la tierna edad de los muchachos deslice hacia los vicios o que les impida el alcance de las virtudes. Es natural que todo esto debe cumplirse poco a poco y paso a paso. Hay que poner a prueba los caracteres para ver a cuáles pesos y a cuáles cargos son adaptados, evitando así que sus fuerzas se vean debilitadas por empresas demasiado pesadas. Es cierto que los trabajos y las preocupaciones excesivas doblan hasta las almas fuertes, según sostiene Séneca en el *Libro de la vida beata,* ponderando con toda sabiduría: «No existe virtud sin trabajo». Sin embargo, algunas virtudes necesitan particulares alicientes, mientras otras necesitan frenos. Del mismo modo que los cuerpos deben ser detenidos en la parte baja, los ánimos deben ser dirigidos hacia lo alto. Así, repetimos, algunas virtudes residen en la parte baja mientras otras suben hacia lo alto.

Cualquier otra virtud que vence toda dificultad está sometida a la suerte y por esto es claro que no seguirá otro camino que no sea la liberalidad, la templanza y la mansedumbre; en estas virtudes detenemos nuestro ánimo, a fin de que no se afloje y empujamos y exhortamos con ímpetu hacia estas mismas virtudes. Por lo tanto, van incorporadas con la pobreza, y combatidas se fortificarán; las riquezas las modelamos con las otras virtudes más constantes que rigen equilibrio y sostén. Pues si tenemos que apreciar la importancia de las virtudes, cuando ellas se ven empeñadas en más reñidas dificultades preparan las redes para la salvación del alma que está a punto de rendirse. Donde el alma se nos presenta más débil es también más difícil la colaboración del cuerpo al mantenimiento de estas virtudes.

Capítulo XXXI. *De la empeñada preocupación de los preceptores a fin de que los discípulos no se dejen vencer por las pasiones y por el placer.*

CARDENAL.—Se debe usar especial cuidado en relación con las almas que se encuentran más dispuestas a rendirse y es preciso que procuremos que las debilidades y las pasiones se sometan a la razón. Entonces conviene que las detengamos para que no se aflojen y que sean defendidas por la continencia. Cuando, por otra parte, sea preciso enderezarlas hacia lo arduo intentemos persuadirlas con la promesa de honra, de premios o de gloria, cuya dulzura seduce las almas grandes, de tal manera que éstas llegan a despreciar el temor y el cansancio y a rehuir los placeres capaces de acechar la misma virtud. Es prudente aconsejar que se guarde cierta medida en gozar los placeres, a los cuales por determinada necesidad convida la misma naturaleza, pues el uso de los mismos, cuando se realiza de cuando en cuando aprovecha la salud del cuerpo y la fuerza del alma. Mientras, cuando arremeten más allá de la medida, corrompen todos los sentidos y enflaquecen el alma. A través de la expansión de los sentidos se apoca el dominio de la razón, lo cual acontece sobre todo con el acudir con frecuencia a la voluntad. Según el pensamiento de Aristóteles, cada vez que nos dedicamos a una potencia es necesario que para otra disminuya nuestro empeño, sobre todo porque el sentido y la razón producen movimientos hacia opuestas direcciones y recíprocamente se obstruyen. Por otro lado, los muchachos tienen que educarse a la sobriedad y deben aprender a no ser indulgentes hacia la gula, cuanto conviene a la salud y a la sobriedad. Estos muchachos no deben ser enderezados hacia otra doctrina fuera de aquella que seguramente aprovecha en cuanto a través de ella conocen la verdad y justicia. Así, sin duda, mediante la sobriedad, se conservan y la salud del cuerpo y la integridad del pensamiento, y por falta de éstas nadie merece ser considerado verdadero hombre. De hecho las demás cosas de la vida y del comercio humano se miden a través de aquellas dos.

Capítulo XXXII. *De la aplicación de la disciplina platónica a nuestro tema y a los preceptos de Aristóteles.*

CARDENAL.—¿Por qué deseas escudriñar mediante las palabras de Platón lo que se refiere a nuestro asunto? Escucha, por lo tanto, cómo Platón, a través de dos artes, concibe la educación en favor de la vida salubre.

REINA.—Estas cosas no nos aparecen manifiestas si tú no aplicas la disciplina platónica a nuestro tema.

CARDENAL.—Te ruego advierte que el hombre está formado de alma y de cuerpo y para que pueda cuidar las dos componentes del hombre Dios nos transmitió dos artes. Quien desea guardar su propio cuerpo incólume, usa la medicina que confiere al cuerpo la salud. Pero cuando deseamos que nuestro cuerpo sea no tan solamente sano, sino también hermoso y armónico, recordemos que los antiguos seguían un arte para lograr la belleza del cuerpo, arte que llamamos gimnasia. Esta enseña a ejercer el cuerpo con varios movimientos; los maestros de tal arte eran llamados «pedetrines», palabra que procede del latín en el cual se dice «puer». La misión de estos casi preceptores de los jóvenes consistía en transmitir este género de ejercicios y, en fin, formarlos en este tipo de movimientos de manera que pudiesen hacer que los cuerpos fueran más conformes a pulcritud, armonía y gracia. De este modo los cuerpos alcanzaban un aspecto hermoso y digno. Y, por lo tanto, era preciso, cambiando los ejercicios, hacerlos adecuados al complejo y a la capacidad de cada uno. Con dos artes procuraban conseguir que el cuerpo se mantuviese sano y decente. El cual tema trata Aristóteles con estas palabras en el séptimo libro *De la República:* «Lo que sea útil para el cuerpo trataremos cuando hablaremos de la educación de los muchachos. Es por ahora suficiente explicar las cosas fundamentales de manera somera. Ni la costumbre de los ejercicios atléticos resultaría útil al hábito civil, a la salud y a la proceación, si tuviésemos que asombrarnos por que es humilde y pobre».

Tenemos, por lo tanto, que cultivar el hábito del ejercicio, pero no orientado hacia una sola costumbre de los atletas, y más bien dirigida hacia las obras liberales bien para el hombre, bien para la mujer. Con semejantes palabras Aristóteles nos declara los tres géneros de ejercitación practicados corrientemente por los griegos; de éstos uno es el atlético, violento y pesado; el otro era débil y humilde y pertenecía a los que se ejercitaban tan sólo paseando y por esto resultaba muy sencillo y ligero, pero el tercer género que mediaba entre éstos favorecía la salud; de esto muy a propósito habla Platón, pues se realiza con el auxilio de las obras liberales. Mas la muchedumbre de los halagadores, que todo desordena y atropella, más con la semejanza de lo verdadero que con la fe sincera, promete, adulando las dos artes por medio de las cuales el cuerpo se muestra sano y ostenta la hermosura de la forma. Por ser éstas fingidas y en nada verdaderas, prometen más bien cierta simulada apariencia. Platón afirma que no merecen el nombre de arte, tachándolas de simples habilidades inventadas por sofistas y aduladores.

Y esto se puede aplicar con razón a los afeites que parece tengan en sí algo cuanto más deseable. De verdad, si se buscara la hermosura a través de los ejercicios naturales, resultaría completamente sobrante usar afeites y adornos sofísticos y falsos, y en torno a esto opino que nuestra edad no discurra con toda razón. Tal arte, de hecho en nuestra edad, no merece alguna estima. Y, por cierto, bajo ningún aspecto, se puede considerar como arte lo que no favorece ningún ejercicio natural y corporal, como aconteció cuando entre nuestros antepasados se llamaba gimnasia, y por medio de ella no solamente los varones, sino también las mujeres, se dedicaban al cultivo de la virtud. Los que cuidan de los hijos de los príncipes deben disponer de medios de mucha experiencia que a su vez señalen lo que es salubre en las comidas y en las bebidas y al mismo tiempo enseñen a evitar lo que podría producir algún perjuicio. Además se deben escoger aquellos que con sanos ejercicios saben llevar los jóvenes al pleno desarrollo de las fuerzas del cuerpo y en esto conviene ponderar las distintas edades. Se debe vislumbrar lo que conviene a la edad y a la disposición de cada uno, así que los artificios del halago no desconcierten y transformen lo que es recto y sano. Sabemos que los jóvenes son apegados a los placeres y sus almas son hechizadas por las seducciones de la voluptad y enredadas en el camino del error. Dos artes se proponían para el alma por cuyo medio los hombres podían sentir con derechura y querer lo que es justo: la primera tiene en griego el nombre de «nomotética» que, traducido al latín, se puede llamar «ciencia de las leyes». Esta es llamada también jurisprudencia por los jurisperitos. Y enseña la regla en dar leyes y que sin duda, según afirma Platón, es la que vigila sobre el derecho y es la regla del juicio. A ella se opone la habilidad sofística llamada por Aristóteles ciencia aparente y de hecho mientras la nomotética es la ciencia de las leyes que lleva el alma hacia la justicia, la sofística es una técnica que no lleva a nada semejante, sino más bien nos lo manifiesta utilizando las ilusiones.

Existe también otro arte espiritual que sugiere la rectitud; y este arte es llamado justicia por el mismo Platón. Su cometido consiste en seguir el justo camino en relación con el prójimo, sea en los juicios, sea en las acciones. Esta es imitada por la retórica que demuestra ser justas las cosas, aunque de hecho son muy distintas. Por esto intenta siempre desbarajar las almas, para que la justicia no se limite y castigue lo que es inicuo. Conviene respetar dos actitudes espirituales y rehusar los tratos del halago. Opino que bajo el nombre de nomotética se abarcan todas las disciplinas que atañen a la contemplación y persiguen el objeto de conocer la verdad, pues no sirven para otra acción. Creemos con todo derecho que se puede comprender bajo el nombre de justicia todo lo que intenta conseguir los beneficios de la vida activa.

Debido a lo que acabamos de decir, bien en la acción, bien en la contemplación, estamos obligados a dar a los jóvenes un preceptor de tal capacidad que instruya con la doctrina y con el ejemplo en la ciencia y en las buenas costumbres. El tendrá, sin duda, que dominar con cierta habilidad, no solamente en la enseñanza de aquellas cosas que se encuentran al alcance del hombre como tal, sino también de aquellas que bajo la divina inspiración podemos escudriñar y conocer por medio de la Revelación. Precisa que la persona escogida para instruir a los príncipes conozca los preceptos de la religión y de qué manera, a través de su vida y de sus costumbres, ha hecho suyos aquellos preceptos...

CAPÍTULO XXXIII. *De cuál manera es necesario que la doctrina de los preceptores se conforme con su vida y sus costumbres y por cuál razón, si los preceptores son muchos, convenga que uno de ellos*

presida a los demás y, en fin, por que convenga
abstenerse del vino y de cómo convenga aplicar la
disciplina para enseñar las costumbres.

REINA.—Me preocupo por saber de cuál manera quien
lleva una conducta reprochable pueda educar a vida honrada.
Y también me es preciso saber cómo puede quien abriga en
su corazón odio a la vida exaltar en sus palabras lo que de
verdad desprecia en su actuación.

CARDENAL.—No dudo de que así es y aprovecha mucho contemplar como en un espejo la vida y las costumbres y,
sobre todo, la doctrina de quienes profesan tal enseñanza. Por
cierto, si la conducta corresponde con la sabiduría y la vida y
las costumbres serán excelentes y los discípulos podrán seguir
en pos de las huellas del preceptor. La honradez de las costumbres confirma los dichos en la opinión de Aristóteles. Los
que llevan una vida deshonrada y en contraste con su propia
enseñanza perjudican la integridad de la doctrina y con su
ejemplo comprometen a sí mismos y a los demás. Es oportuno
que para cada disciplina se precise un distinto preceptor, pero
todos deben someterse a uno sólo, el cual debe descollar sobre
todos por su conducta, por la santidad de sus costumbres y
por su misma doctrina, así que los demás le obedezcan en la
enseñanza de los jóvenes. Bajo sus disposiciones se reparten los
tiempos de cada disciplina. Los artes y los cometidos necesarios, bien al alma, bien al cuerpo, deben ser escogidos y ordenados por él. Esto es preciso con el fin de evitar todo desba-
rajuste en los varios oficios y para que encerrados en sí mismos
no se alejen demasiado los unos de los otros, dando lugar a
dispersiones. Conviene sin más que esté presente un sólo jefe
al cual todos los demás entreguen a turno el mando. A este
jefe cada uno dé cuenta de sus acciones y de sus proyectos.
Así, quien destaca por edad debe destacar también por sus
costumbres y su doctrina. A su ejemplo intenten alcanzar las
cosas difíciles y tal como a la vid y a las tiernas ramas de los
árboles se atan robustos sostenes, para que no se doblen por
su mismo peso o por la fuerza arrebatadora de los vientos,
del mismo modo a los muchachos y a los jóvenes conviene que
los acompañen preceptores en cuyas enseñanzas aprendan a

vencer las dificultades de la vida virtuosa, tras cuya imitación consigan adelantos en el camino del bien. Y siguiendo el ejemplo de aquellos se vuelvan dueños de sí y sean fuertes, mansuetos y pacientes.

En el ámbito de estas consideraciones no creo que se puedan reprochar el criterio y la costumbre de los espartanos, quienes se preocupaban por poner a la vista en los mismos banquetes a unos siervos borrachos, no para que divirtieran gracias a sus tonterías y a sus abundantes y desordenadas charlas. Es sabido que el placer inhumano o el disfrute de los abusos de los hombres se convierte en perjuicio de los mismos. Tal cosa se hacía para que los jóvenes viesen con sus ojos cuánto es vergonzoso que se vea a uno borracho o inclinado a beber.

Por esto Aristóteles quiere que los muchachos se abstengan del vino en cuanto éste mucho aprovecha y a la salud y a las costumbres. En efecto, como ellos mucho calor tienen, les quitan a los muchachos los vinos cálidos para que los adolescentes no prueben a su edad los ardores de la sangre. Hay que mandar también a las nodrizas que eviten beber vino, con el objeto de que la templada cantidad de leche haga que los niños sean templados en el cuerpo.

Conviene que los muchachos se acostumbren al culto de la divinidad, a prestar a Dios reverencia y debidas ceremonias, y por esto es oportuno que delante de sus ojos siempre brille la vista de Dios, para que aprendan a rendir a Dios mediante la religión el respeto hacia las cosas divinas. Por tal motivo hemos nacido y recibimos durante la vida y sus peripecias robustez y a Dios como peregrinos todos como hacia nuestra meta final estamos enderezados para ser bienaventurados.

Apenas asome el día consideren la faz de Dios al cual tanto debemos cuales sujetos y a El debemos ofrecer nuestros primeros honores, según el dicho evangélico: «Buscad como primera cosa el reino de Dios y todo lo demás os será otorgado». El muchacho deberá ser ejercitado en los mandamientos de Dios. Así canta el salmista: «En tus mandamientos me ejercitaré y consideraré tus caminos».

Quien desea emprender los caminos del Señor examine en su alma los mandamientos del Decálogo. No descuide abstenerse de lo que está prohibido, ni omita las cosas honestas que nos están mandadas. No caiga en el vicio de perjurar para que no llegue a despreciar lo sagrado, pues quienes están dispuestos a jurar, desconsideradamente y con ligereza, propasan haciendo falsos juramentos.

Además conviene que aquellos jóvenes aprendan las formas de recepción y las de despedida, como que es preciso saber saludar a las personas de autoridad y al mismo tiempo tienen que aprender cómo comportarse con las personas de grado inferior. Por cierto, hay que agasajar a las personas con buenos sentimientos de forma que ellas perciban que su presencia resulta grata. Por esto se les deben dirigir expresiones de cortesía como conviene a personas que han adquirido méritos por la propia bondad. Se consideren merecedoras de reverencia no solamente por la edad, sino por dignidad tal como los héroes de los antiguos poemas. Es oportuno además de todo esto que el joven aprenda a honrar como padres los que han recibido alguna orden sagrada y en especial manera cuando en ellos reluzca bondad de costumbres y resplendor de doctrinas y se presentan dotadas de los caracteres de Cristo, gracias a los cuales sin duda se distinguen de los demás y en cuanto por ellos vienen distribuidos a los feligreses los sacramentos de la fe. Veamos en ellos destacarse el carácter de soldados de Cristo y resultarán cuanto más gratos en cuanto ofrecen en lo sagrado sus preces a Dios en nombre de todo su pueblo.

En este caso mencionamos que los reyes son hombres que sobre los demás descuellan y éstos nunca permitieron que los presbíteros o los que son revestidos de sagrada autoridad besaran sus manos, convencidos de que no era conveniente que quienes están diputados a las cosas religiosas fueran sujetos a los reyes de la tierra o a los príncipes seculares.

CAPÍTULO **XXXIV**. *De cuál manera es oportuno que los jóvenes se acostumbren a ser corregidos, ni rehúsen absolutamente ser reprehendidos por un óptimo preceptor y con cuáles compañeros deben trabar familiaridad y cómo convenga que los jó-*

venes vivan alejados de todo embuste y de cualquier halago.

REINA.—Por cierto, es causa de pena ser reprehendido y corregido; y a pesar de esto, no se debe ser blandos en la educación de los jóvenes, aun cuando se trate de hijos de príncipes.

CARDENAL.—Más bien opino ser esto justo. Se acostumbren los hijos de los reyes a ser reprehendidos y corregidos, pues tanto más fácilmente mejorarán en sus costumbres cuanto más se darán cuenta de que pueden ser reprehendidos y corregidos. Según afirma Platón, es cosa tanto mejor ser corregido que corregir, cuanto es mejor librar a sí mismo de cualquier gran daño que librar el prójimo.

Se solía entre los antiguos poner delante de los jóvenes unos espejos, de manera que contemplaran el propio rostro deformarse con actos turpes y corromperse la belleza de un sino divino. Los jóvenes miren hacia sus compañeros y sus maestros como espejos en los cuales ninguna mancha ni ninguna tiniebla pueden aparecer. Los muchachos ninguna palabra escuchen de la cual deba avergonzarse quien la dijera y nada afirmen que de alguna forma se oponga a la verdad.

Aprenda el príncipe que es turpe el mentir, pues siendo para todos reprochable el mentir, para el príncipe es sumamente deshonrable. La palabra del príncipe debe ser segura y en ella nunca debemos hallar engaño. De verdad, ¿cuál remedio se puede hallar para el encantador mordido por la serpiente? Y si la sal pierde sabor, ¿con qué se aderezará la comida? Se preocupe por empezar sus palabras quien está colocado en posición que le constituye dechado para los demás. La palabra de Dios asienta que la mentira en el hombre extrañado es oprobrio y la encontraremos a menudo en la lengua de los incontinentes. Es preferible el ladrón a la familiaridad con el mentiroso. Las costumbres de los mentirosos, según hemos aprendido, son sin alguna honra y los compromisos con ellos no saben lo que es demora. Y así en un pasaje Salomón nos dice: «Quien recoge tesoros acudiendo a lengua mentirosa se muestra inconsistente y falto de corazón y es empujado hacia los enlaces de la muerte. Este tiene vida engañosa y sus comienzos agradables por los resultados amargos». Por esto así se expresa el mismo sabio: «El pan de la mentira es suave para el hombre, pero luego su boca se llena de piedras». Y en otro paso se añade: «La palabra engañosa es para el Señor maldición, mientras los que obran con ánimo fiel le gustan a El». El salmista nos dice: «Tú, Señor, condenarás a perdición los que siembran el engaño». Y más adelante: «Frena tu lengua delante del mal y tus labios no pronuncien alguna mentira. Los labios engañosos provocan odio. Sea medida tu palabra, pues sólo la caridad le dé empuje, de hecho no faltará el pecado al charlador».

Los engaños de los halagadores es preciso que sean alejados de la vista de los reyes y de los que gobiernan la república, según lo que he explicado cuando diserté en torno de la verdad. Sin embargo, conviene que se alejen quienes difunden nieblas en palabras ungidas de aceite. Solemos llamar charlatanes los que desparraman ríos de palabras con el objeto de engañar.

Alejandro Severo, emperador de los romanos, hombre justo, siempre tuvo odio hacia estos hombres de engaño, y de tal manera los aborreció que si alguien saludándolo inclinaba la cabeza o se hacía demasiado halagüeño, lo rechazaba como adulador. No quería ser por nadie engañado y con todo cuidado lo evitaba. Nos cuenta Elio Lampridio que, enterado de cómo un hombre taurino, muy cercano por favores, había aceptado obsequios, por el hecho de que ostentaba ser hombre de mucha autoridad cerca del emperador, mandó que, atado a un palo en pública plaza, muriese ahogado por el humo, mientras un pregonero iba mentando en voz alta: «Se castiga con el humo quien ha vendido humo». Opinaba que tal laya de personas era muy perniciosa a la comunidad y, por lo tanto, tal género de gente debía ser reprimida con cierta forma de tormentos. Este ejemplo, por otra parte, podía evitar que cundiera el halago que es perjuicio de las costumbres y conocido por todos. Alejandro, conforme lo que se cuenta, fue el primer emperador que adoró a Cristo Nuestro Señor y su madre, Mamea, ardiente de amor hacia Cristo, llamó cerca de sí a Orígenes para que le enseñara la fe. El mismo Alejandro quiso, y lo relata Helio, levantar en templo a Cristo y recibirle en medio de los dioses. Se dice que este proyecto ya lo había pensado Adriano Hispánico, pues este emperador había mandado que en cada ciudad se edificaran templos sin estatuas. Este quiere decir que los mejores y más valientes entre los emperadores en su vida interior adhirieron a Cristo Señor, mientras que los que se alejaron de Cristo, viciosos e injustos, se entregaron a toda iniquidad. Tal es el caso de Julián el apóstata, quien, proponiéndose perseguir a Cristo, con la propia intervención de Cristo, se perdió.

CAPÍTULO XXXV. *Con quiénes deben los jóvenes de alcurnia llevar vida y conversación todos los días. Además se hablará de sus pasatiempos y de sus juegos.*

Sabemos por noticia que procede de Acolio, escritor de aquellos tiempos, que Alejandro dijo estas palabras: «Es manifiesto a tu alma piadosa lo que tú has leído, eso es, ser mejor aquella república en la cual es malo el príncipe en comparación con aquella en la cual son malos los amigos del príncipe».

Sin duda, si un hombre malo puede ser corregido por muchos hombres buenos, muchos hombres malos no pueden de ninguna manera ser vencidos por un solo hombre bueno. Conforme la opinión del príncipe conviene que los hijos de los reyes, que deben ser educados, sean acompañados por preceptores y por amigos de tal calidad que destaquen por su índole, su doctrina y sus costumbres. Los muchachos guardan en sí vicios y esto acontece sobre todo en los que usan entre sí mucha intimidad, pero, por otro lado, imitan las virtudes de los buenos, en cuanto la naturaleza del hombre es proclive a las dos conductas (de la virtud y del vicio) y en ambas sigue un camino fácil. Esto lo cantó el salmista cuando así habló: «Con el santo serás santo y con el perverso te pervertirás». Salomón también dijo: «Quien con los sabios anda será el mismo sabio. El amigo de los tontos se volverá semejante a ellos. El mal sigue los pecadores y los bienes se reparten entre los justos». Por esto tenemos que enseñar a los hijos de los príncipes a los cuales nos dedicamos este principio: «Procurad que ellos se relacionen con ingenios capaces de llevarlos a lo que es más virtuoso». Es cierto, por otro lado, que el alma humana no se corrompe poniéndose en contacto con los malos. A este propósito, Terencio nos dice, al hablar de Pánfilo: «Quien se familiariza con los ingenios de tal naturaleza no mejora respecto a la virtud y sepas que esto responde a una precisa regla de vida». De hecho es cosa verdaderamente admirable como fuerza del alma que no se deja ni contagiar por los vicios de los demás, ni se inquiete por su contacto con los mismos viciosos. Es, sin duda, una peste la convivencia con los adolescentes malos. Repetimos que hay que guardar mucha vigilancia en educar estos hijos de príncipes. Los maestros no permitan que los chicos perversos se mezclen con ellos, ni hagan ejercicios con ellos. La edad tierna muy fácilmente inclina hacia lo que es peor.

CAPÍTULO XXXVI. *Es oportuno interrumpir los juegos, pues se trata de un descanso en medio de la acción.*

REINA.—No representa un inconveniente que hablemos de la interrupción del trabajo, pues la vida de los muchachos mucha ventaja consigue alternando juegos y diversiones.

CARDENAL.—En la vida es preciso el descanso del trabajo. Por esto conviene que introduzcamos algún tiempo de diversión, en cuanto el mismo obrar exige interrupción, igualmente el dormir es un suspender la vida animal, gracias al cual descanso recuperamos las energías naturales que hemos gastado. Según hemos ya asentado, el descanso es necesario a la acción de manera que gocemos cierto reposo, para poder luego volver al trabajo que en esta vida ha sido impuesto al hombre, conforme aquello que así reza: «El hombre ha nacido para el trabajo». La misma cosa asienta Cicerón en su libro *Catón,* cuando dice: «¿Qué cosa agradable tiene nuestra vida, sino más bien angustias?». En cuál condición nos es concedido cesar o interrumpir la tranquilidad, lo acabamos de demostrar con amplitud cuando disertamos sobre la urbanidad. El discreto preceptor intentará conseguir que a cada edad se adapten sus juegos y sus diversiones. Sean honrados y dignos de un hombre libre. Siendo doble la laya de estos juegos, según afirma el mismo Cicerón; pues unos son liberales y fastidiosos, pecaminosos y obscenos; otros elegantes y refinados, geniales y alegres en los mismos momentos de descanso. Por cierto, aún añade Cicerón: «No demos a los jóvenes cualquier género de permiso para el juego, sino solamente aquel permiso que no haga ajena la honra. De tal manera también en la diversión luce algo del ánima noble».

Ni creo que convenga omitir semejantes advertencias, en cuanto aun nosotros solemos juzgar con las palabras y luego también con el juego de la pelota o con el juego de la lanza. Además en toda conjuntura se tiene que respetar la medida, con el objeto de que no nos dejemos arrastrar más allá de toda moderación. De verdad, no hemos nacido para el juego y la diversión, según nos dice Cicerón, sino para vivir conforme sosiego y compostura. Sabemos que al hombre más que los demás seres han sido impuestas por la naturaleza actividades y búsquedas. Habiendo sido el hombre creado en vista de la bienaventuranza, sino se levanta hacia Dios o faltando u omitiendo de obedecer a sus preceptos no conseguirá su suprema finalidad, que ningún ojo vio ni ningún oído oyó, ni ningún pensamiento humano alcanzó, mientras tal finalidad Dios propone a quienes le quieren a El. Por lo tanto, tenemos que acudir al juego y al descanso tal como acudimos al sueño y a las demás formas de reposo; esto no lo buscamos por sí, sino para alcanzar otro objeto que es renovar el empeño en despachar los quehaceres y hacer frente a nuevos empeños en beneficio del Estado, de la Religión y de la Fe. Se respete en toda forma de juego una medida, para que no vertamos todas nuestras energías en los juegos y las diversiones. Para evitar que arrastrados por el placer nos entreguemos a algo del todo deshonesto.

Y, en primer lugar, hay que poner mientes al hecho de que un juego o una diversión torpe procuren perjuicio a persona amiga. Una y otra se deben practicar de manera que alimenten la habilidad o desarrollen las fuerzas del cuerpo. De hecho tenemos a nuestro alcance muchas actividades honestas y ejemplares para descansar: tal como el ejercicio de la caza, de la gimnasia del cuerpo, el empuje de las fuerzas del espíritu y de estos ejercicios nunca se descubrió que abriguen en sí algún daño.

Capítulo XXXVII. *Sobre la distinción de las edades y de los tiempos y a cuáles de éstos convengan los estudios y las actividades corporales.*

REINA.—Ya has hablado mucho de los juegos. Sigue adelante y no te entretengas más sobre este asunto.

CARDENAL.—Por cierto, debemos repartir el tiempo en cosas honradas, dispuestos a favorecer el intelecto o la actividad de la sociedad. Es preciso que aprendamos cuáles disciplinas se opongan a cada uno y cuáles, por el contrario, resulten beneficiosas a los varios temperamentos. De hecho, como los sentimientos distintos diferencian los hombres por naturaleza, así la distinta curiosidad y las diferentes capacidades nos llevan a diferentes estudios a aquellos que se suelen facilitar a los jóvenes conforme con sus personales disposiciones. Por esta razón insistimos sobre estos argumentos cuando atañen al preceptor y al maestro. De veras que nadie puede entretenerse sobre cualquier cosa en forma detallada. Sin duda acontecen en cualquier tiempo cosas que ni con el pensamiento logramos imaginar. En esto destaca la gran autoridad de los preceptores que saben escudriñar los ánimos y distinguir las oportunidades y las razones según es conveniente. Por lo tanto, las virtudes que consisten en algo mediano, como precisa el sabio, tenemos que conseguirlas y no resultando fácil determinar, obedeciendo a la razón, el punto mediano, sabemos, por el contrario, que lo alcanza con toda sencillez el propio sabio. A él se reservan muchas conjunturas que pueden cumplirse en cada uno de nosotros y a éstas el legislador no tiene posibilidad de proveer. Conforme con el variar de las circunstancias de personas, lugares y tiempos, conviene que cambien muchas cosas, que se corrijan o se reformen.

Esto no puede ser criticado, pues el sentido del hombre da sus juicios sobre la realidad de las cosas con medios que no son infalibles, debido al hecho que, variando las circunstancias, varían los derechos y las leyes, conforme declara el mismo Canon. Sin duda todo en la vida es mudable. Y Horacio afirma: «¿Qué cosa existe que, por gustar o por ser aborrecida, no crees que cambie?» Por cierto, lo que conviene a la primera edad sabrá a deshonra a los jóvenes y además otras obligaciones se imponen a los muchachos y son distintas de las que convienen a los jóvenes y a los viejos. Terencio nos refiere esta oportunidad con estas palabras: «Nadie, guiado por la razón, se portó tan bien hacia la vida que no recibiría, gracias a las circunstancias, a la edad y a las costumbres, el consejo de introducir algo nuevo, de manera que ignoras lo que piensas haber conocido y rechazas al experimentar lo que antes creías ser cosa preferida para ti. Tal vez las cosas sin mudar sustancia sufren frecuentes cambios, de aquí deriva el hecho de que una cosa vista por segunda vez provoca la razón o exige que se disponga de otra manera. La razón no solamente juzga lo que es oportuno según el momento, pero también lo que conviene a la persona y a las cosas. Así merece la pena que lo que hemos considerado antes, luego venga aplicado caso por caso. Si interviene la autoridad del sabio, que todo lo mide, se dispondrá cada cosa según convenga, conformándose también con los acontecimientos. La misma disciplina debe someterse a las diferencias provocadas por la edad del hombre. El escritor latino Varrón, por lo que sabemos, opinaba que la vida del hombre está dividida en cinco etapas. Sin duda se deben medir estas etapas en quince años cada una, por lo tanto la primera coincide con los quince años, en la cual los impúberes son llamados «pueri» por el hecho de que deben ser puros. En segundo lugar hasta los treinta años los adolescentes así son llamados por su crecimiento. En tercer grado que ya alcanza los cuarenta y cinco años son llamados jóvenes, pues pueden ayudar el estado en el ejército. La cuarta etapa se concluye a los sesenta años y entonces se llaman «seniores» en cuanto el cuerpo empieza a envejecer. De aquí hasta el final de la vida de cada uno intuimos la quinta etapa en la cual los sujetos son llamados viejos, porque en tal edad el cuerpo es ya consumido por la vejez. Pero el médico Hipócrates en seis etapas establece el curso de la vida humana. Primera etapa de siete años; segunda de catorce; tercera de veintiocho; cuarta de treinta y cinco; la quinta de cuarenta y dos; la sexta de sesenta y seis y por fin la séptima coincide con la última etapa de la vida humana. Esto confirma Tomás en cuanto en los primeros tres septenios en el hombre se concretiza el triple grado de inteligencia, conforme dice Aristóteles; en el primer grado ni él ni con la ayuda de otro entiende algo; en el segundo grado el hombre ya llega a comprender sirviéndose del auxilio de otra persona, sin embargo, de por sí no es capaz de entender. En la tercera etapa de esta división el hombre puede ser adoctrinado por otro y de por sí puede aplicar su inteligencia. Por cierto, la razón a poco a poco se desarrolla en el hombre cuando los movimientos y las agitaciones de los humores se quietan. Sin más el hombre entonces adquiere el primer estadio de la razón antes de los siete años y en este tiempo la debilidad del hombre es muy evidente, ni es muy capaz para adquirir el saber, hecha excepción por lo que atañe al cuerpo en su lugar. En el segundo grado empieza a intervenir el sentido. Concluido el primer septenio el chico se vuelve capaz de aprender y entonces es entregado al cuidado de un preceptor, según aconseja Platón. Luego el muchacho, como ha cumplido el año decimocuarto, que es la fin del segundo septenio, cambia la manera de enseñar las distintas disciplinas.

Indulgencia de los padres para con sus hijos.

¿Y quién será capaz de poner frenos a las costumbres de los muchachos, si el cariño de los padres no permite que vengan impuestas reglas rígidas a los propios hijos? Nada llega a perjudicar a los chicos, conforme juzgan los padres movidos por ciegos afectos, cuanto aquellos que favorecen lo que a aquéllos gusta. Así les viene concedido a los hijos todo género de permisos, y así viene descuidado lo que es digno del hombre. Y tan solamente se preocupan por lo que da satisfacción al cuerpo y lo que es propio de una buena índole no es tomado en consideración. El tierno afecto paterno consiente a los hijos muchas cosas que serían necesitadas de severidad. Por tal razón era costumbre entre los romanos que los hijos fueran entregados a los tíos, los cuales eran menos indulgentes hacia los jóvenes que sus mismos padres. El afecto del padre suele, sin que nos asombremos, ser muy indulgente hacia la tierna edad de los hijos. La cual cosa así comenta Persio «En cuanto nos comportamos con justa severidad nos dicen: "usad comprehensión" y nosotros contestamos: no queremos.» Por lo tanto cerca de los hombres de mucha alcurnia prevalece la costumbre en España que los niños vengan alejados de la vista de los padres, para evitar que la indulgencia y la ternura de los padres vuelva los hijos flacos, sus fuerzas apocadas, los bríos del ánimo apagados y el cuerpo menos fuerte. Sin más, como los árboles cerca de los ríos reciben mucho empuje y se vuelven más blandos y abundan los ramos sin fruto, así los hijos que vienen educados con blandura y con halago suelen crecer menos fuertes en lo que atañe a la robustez del alma. Y no nos dan el fruto en tiempo oportuno. Lo que está en medio es más seguro en lo que atañe a la acción, sea que tengamos que educar los muchachos, sea que tengamos que fortalecernos en las costumbres. Y aquí concluimos nuestras consideraciones sobre la disciplina del joven.

CAPÍTULO **XXXVIII.** *De la usanza y las costumbres, gracias a las cuales los hombres se vuelven buenos. Y luego se trata también de los hábitos morales.*

REINA.—¿De qué tenemos todavía que hablar?
CARDENAL.— Queda que hablemos de las costumbres. Al hablar de las costumbres que engendra la virtud como primer tema trataremos de la virtud en general. Hemos dicho, siguiendo a Aristóteles, que en el alma se distinguen tres actividades: las potencias, o facultades; los afectos, o pasiones, y los hábitos. De los primeros y de los segundos me parece que ya hemos disertado lo suficiente. Pero ahora nos proponemos tratar de los hábitos que se suele decir ser un género de las virtudes. Decimos que el hábito tiene un doble aspecto: pues alguna que otra vez se llama disposición de la naturaleza y se refiere precisamente a la misma naturaleza; otra vez, por el contrario, es llamada la disposición de la facultad o potencia, gracias a la cual pasamos a los actos. Nosotros, por cierto, nos limitaremos a tratar tan solamente de los hábitos que disponen las potencias al acto. De hecho, el hábito es disposición y calidad mudable en vista de algo difícil (para nuestra propia naturaleza), conforme afirma Aristóteles en su libro *De Pre-*

dicamentis. Y en otro pasaje dice que el hábito es cierta disposición de lo que es perfecto hacia lo óptimo. Considera perfectas sea la naturaleza sea la potencia, las cuales, según el orden de la naturaleza, son perfectas y su disposición habitual se dirige al óptimo, eso es a la operación conforme cada uno se dispone bien o mal. Y por lo tanto en el segundo libro de las costumbres el filósofo afirma que llamamos hábitos aquellos por los cuales nos comportamos cuanto a la inclinación bien o mal. Así si reaccionamos al ímpetu de la ira con vehemencia, o dejando libre nuestro ánimo actuamos mal, mientras si reaccionamos con moderación nos comportamos con discreción. Y lo mismo decimos de las demás pasiones o afectos.

Sin embargo, los hábitos y las inclinaciones se diferencian entre sí muy variadamente. Por lo tanto, cuanto a las inclinaciones no merecemos ni alabanza ni reproche. Del mismo modo cuanto a los hábitos que se traducen en virtudes o en vicios por ellos somos juzgados buenos o malos. Además sentimos ira o temor sin quererlo, mientras virtudes y hábitos se realizan tras un acto de voluntad y hay que decir que pasamos a la acción conforme nuestra inclinación; decimos también que en lo que se refiere a la virtud o al vicio no somos empujados sino solamente a ellos inclinados. Sobre esto Cicerón afirma: «Las pasiones son agentes propulsores, mientras las virtudes se hacen hábitos permanentes en nosotros.»

Vicios y virtudes, por otro lado, son diferentes de las facultades del alma, según el pensamiento de Aristóteles, quien así se expresa: «Y no son tampoco facultades del alma.» De verdad no podemos ser juzgados ni buenos ni malos por el hecho sencillo de que actuamos y por lo mismo no merecemos ni alabanza ni reproche. Por naturaleza nos encontramos en un estado que llamamos de «potencialidad» [eso es de hacer bien o mal]. Como consecuencia de este principio no somos buenos o malos por efecto de la sola naturaleza. Y concluye diciendo que los hábitos son fuerzas del alma: no son ni sólo inclinaciones ni sencillas posibilidades. Lo que es un hábito lo demuestra otra vez el filósofo cuando observa: «Verdaderamente es hábito el que hace bueno a quien lo posee y perfecciona su obra y la hace buena; del mismo modo que la facultad del ojo lo hace capaz de ver y ésta es la acción del ojo, pues gracias a la capacidad del mismo ojo estamos en condición de ver y el ojo mismo a esto está oportunamente dispuesto. La virtud, acudiendo a la palabra de Santo Tomás, significa, conforme el sentido del nombre, el realizarse de la facultad que por lo tanto es llamada fuerza, en cuanto una cosa, gracias al poder que encierra en sí, se encuentra en condiciones de favorecer el empuje o el movimiento. El término virtud conforme al sentido interior de la misma palabra quiere decir la perfección de la potencia. A este propósito Aristóteles en el primer libro *De mundo* dice que la virtud es el postrero grado de la propia potencia. Como de hecho la potencia se refiere al acto, la perfección o el completarse de la potencia tiende hacia lo que puede adquirir la completa perfección. Y así sin duda la operación es el objeto de quien obra, pues toda cosa existe en vista de su obrar. Tal como hacia la finalidad próxima, según el mismo filósofo, en el mismo libro, en cuanto cosa es buena si está enderezada hacia su propia finalidad. Por lo tanto, la virtud hace que sea bueno quien la posee y hace que sea buena su operación, como hemos advertido que afirma Aristóteles. Del mismo modo, resulta manifiesto que la disposición de ser perfecto tiende a lo óptimo, según leemos en el séptimo libro de la *Metafísica*. Estas afirmaciones son pertinentes a la virtud de cualquier ente, para emplear los ejemplos que nos da el filósofo griego: «La virtud es en fin la actuación de lo que es bueno.» Igualmente su obra y la virtud del hombre es del mismo género. A la diferencia de las potencias corresponde un distinto tipo de perfección mediante las propias virtudes que llevan las potencias a dicha perfección. Pues entre las mismas potencias algunas son agentes, otras son pasivas, otras al mismo tiempo agentes y pasivas, de las cuales ya hemos tratado poco antes, cuando hemos juzgado cuáles potencias pueden convertirse en hábitos y en virtudes y cuáles no.

CAPÍTULO **XXXIX**. *En el cual capítulo se demuestran tres ventajas procedentes de los hábitos.*

REINA.—¿Cuál ventaja o cuál fruto procederán de los hábitos?

CARDENAL.—Los hábitos en verdad son muy necesarios. Por lo tanto de los hábitos virtuosos derivan tres consecuencias cuanto más provechosas. Sin embargo, alguien puede preguntar cuál utilidad proviene de los hábitos, y son muy necesarios. Tres son las cosas cuanto más útiles que derivan de los hábitos de las virtudes. En primer lugar se consigue cierta uniformidad en el obrar. Lo que depende de la sola operación con mucha facilidad puede mudarse, salvo el caso que sea radicado por alguna inclinación habitual que de cierta manera ha dispuesto la potencia, y ya no consiente que varíe. La segunda ventaja consiste en que, gracias al hábito adquirido, se realiza el acto en el momento oportuno. La posibilidad hace que de por sí los actos se vuelvan fácilmente hábitos, conforme lo que sostiene Aristóteles en el segundo libro *De moribus,* hecha excepción del caso que la potencia haya recibido por hábito esta misma disposición. Así se siente inclinada hacia un único objeto y sin una precedente reflexión la misma conciencia no sería capaz de darnos una acción apropiada.

Sin ninguna diferencia quien sin el auxilio de la costumbre de la ciencia no será capaz de realizar una acción conveniente, cual se ha propuesto. Del mismo modo quien desproveído de toda virtud quiere empeñarse en la acción no conseguirá fácilmente obrar con perfección. Aristóteles opina que lo que se realiza gracias al hábito no es pasajero. La tercera ventaja que podemos conseguir, gracias a los hábitos, es que lo que hacemos, movidos por una costumbre, lo hacemos con gusto. Este hábito se convierte en una segunda naturaleza, la cual, según acontece, es congénita, mientras las cosas que hacemos movidos por la naturaleza se vuelven gustosas y agradables.

Aristóteles, en el mismo libro *De moribus,* dice que todo lo que hacemos con gusto es señal de que es fruto de un hábito que nos hemos formado. El hecho de que estas dos actitudes coincidan es motivo de satisfacción.

Cuando a través de los hábitos las acciones concuerdan con la posibilidad de realizarlas se origina la necesidad de que las acciones mismas se lleven a cabo con placer. Y tal como de los hábitos buenos proceden estas ventajas, así nos parece lógico que de los malos hábitos nos deriven muchos inconvenientes. Por esto es preciso que con todo empeño procuremos no caer en tan malas costumbres, que luego será muy difícil desarraigar, pues se insinúan en nosotros como una segunda naturaleza y, según acabamos de advertir, es muy difícil eliminar.

CAPÍTULO XL. *De las virtudes morales en general.*

REINA.—Muchas ventajas proceden de los hábitos y [el alma], de la cual oímos decir que estos hábitos de las virtudes son algo como su naturaleza, a poco a poco [se fortifica].

CARDENAL.—Esto es cierto y por tanto como la virtud es el hábito [de realizar lo que es bueno], empezaremos con hablar de las virtudes. La virtud es doble: intelectual y moral; la primera saca su origen y su desarrollo de la doctrina. Por tal razón, según sentencia Aristóteles, es necesaria experiencia y tiempo. De este asunto ya hemos tratado antes en cuanto así nos pareció oportuno.

A su vez, la virtud que llamamos moral nace de la repetición de los actos buenos, de aquí deriva su nombre y poco se aleja del amor. Así acontece, conforme lo que ya hemos aprendido a través de las palabras de Aristóteles, que la virtud se llama moral gracias al amor, el cual es algo como un hábito. Aquí no objetes que Santo Tomás afirma que la esencia de la virtud moral no nace del amor sino de la costumbre. Reflexionemos que en griego con la palabra «amor» se indica cierta inclinación, en cuanto con la costumbre, las potencias del alma se inclinan hacia actos uniformes, lo cual significa obrar bien o mal. No creo que esto tiene importancia, sobre todo porque es opinión de los estoicos y de los latinos que la virtud moral deriva de la repetición de los actos buenos. Del hecho de que las potencias vengan influidas gracias al hábito de la virtud, acontece en segundo lugar que reciban tal disposición en consecuencia de muchos actos anteriores que engendraron potencialmente aquel mismo hábito. La virtud, nos explica siempre Aristóteles, es el hábito de escoger, el cual, por otro lado, consiste en situarse en medio de las cosas en lo que se refiere a nosotros con un empleo atento de la razón y en cuanto al sabio en la forma que él mismo haya determinado. Y como por lo que se ha dicho antes hemos conocido que la virtud es un hábito, puede haber quien pregunte en dónde está el punto mediano que se debe escoger. Contestará el sabio que la virtud se encuentra en el punto mediano entre el exceso y el defecto. En relación con ello el sabio declara mostrando cuáles son los excesos y cuáles los defectos en vista de la virtud. Como algunas cosas son excedentes y otras deficientes más de lo que importa, sea en los afectos sea en los actos, la virtud con certidumbre escoge y sitúa el punto mediano. Y a pesar de que, conforme a la razón y la realidad, la virtud es el punto mediano entre el defecto y el exceso, siguiendo el criterio de la honradez, la virtud es el punto más alto. Y para que nadie pueda creer que todos los afectos son capaces de abrigar equilibrio, por segunda vez demuestra el filósofo que en algunos defectos y en algunos actos es posible que se encuentre un punto mediano y en otros, por el contrario, no se puede de ninguna manera dar con el dicho punto mediano. De hecho existen algunos afectos y algunos actos que en cuanto se nombran ya tienen implicada la malicia. Tales son el hastío, la impudencia, la envidia en los sentimientos y en cuanto a los actos el estupro, el robo, el homicidio. Todo esto y cosas parecidas vienen nombradas como si fueran el mismo mal y no como excesos o defectos de los mismos, pues nunca en ellos se admite que pueda existir un acto bueno. Mientras siempre en ellos uno es culpable y en ellos no existe el como convenga, ni el cuando convenga ni por cual motivo convenga, sino que en estos actos de cualquier manera se comete un crimen, y nunca en ellos ocurre que se actúe con rectitud. Del mismo modo Aristóteles enseña que cuanto a los vicios y pecados no se puede encontrar ninguna medida digna de alabanza. Tal como acontece al dejarse llevar por la violencia o la lujuria, la razón de esto es evidente. Si en tales circunstancias hubiese un punto mediano diríamos que el exceso es exceso y que el defecto es defcto, y además por medio de la sejanza [eso es en situaciones parecidas] nos enseña lo mismo. De verdad como no hay exceso ni defectos de templanza ni de fortaleza, por el hecho que estas cualidades son de por sí sin medida y al mismo tiempo son la más alta prueba de bondad y de alabanza; igualmente no existe ninguna discreción en aquellos vicios o en aquellos excesos ya nombrados antes. En realidad no podemos hablar de exceso ni de defecto, mientras que en cualquier ocasión tú cometas aquellas acciones obras mal y pecas; y en el caso de hechos turpes se advierte siempre exceso y malicia.

Capítulo XLI.   *De la mediocridad en cada virtud.*

REINA.—Hemos tratado abundantemente de la mediocridad en las virtudes en general. Te ruego pasemos a considerar ahora partidamente cada una de las virtudes.

CARDENAL.—Sin más, de esto hablaremos. Pero como al tratar de las virtudes en general hemos demonstrado en qué cosa consiste el punto mediano de la virtud, así otra vez de cada una de las virtudes nuestra explicación probará lo mismo: lo que se puede decir en general de las virtudes esto es lo que es común a cada una. Lo que se afirma expresamente de cada virtud es más verdadero, en cuanto los mismos actos y las mismas acciones conciernen toda virtud singularmente. Y las particulares consideraciones se deben entender y aplicar a las singulas virtudes, de manera que parece que justamente concuerdan. Entre el temor y la temerariedad la fortaleza indica el punto mediano. No tiene nombre quien se propasa en el temor y pertenece sin más a lo que merece ser considerado excesivo; sin duda muchas terminologías de pasiones se deben recordar sin nombre alguno. Tal como se define pávido quien no teme, según convendría, ni cuándo ni dónde, sino que teme sin distinción en cualquier circunstancia; bajo otro aspecto quien excede en su atrevimiento es llamado hombre sin freno. En fin, quien excede en el temor y le falta ánimo en osar es tímido y toma su nombre de su estado de ánimo. En lo que concierne los placeres y las penas no todas se llaman delectaciones, pues tal nombre es reservado al placer del beber y del comer y usamos un número de términos menor para indicar el dolor que no para indicar el placer. En esto el punto mediano es la templanza, sin duda alguna, mientras que el exceso es llamado sin más desorden. Es difícil dar con personas que no se lleven más allá de la discreción por los placeres y por lo tanto no es posible darles un nombre preciso, sino que las llamamos insensatas, en cuanto les falta el sentido común, y añadimos que ya no sienten ni siquiera los mismos placeres que la naturaleza les ha concedido, en vista de una discreta finalidad.

En cuanto se alude al dar y al recibir el dinero, el aspecto justo es llamado generosidad, mientras que el exceso lleva el nombre de prodigalidad y el defecto correspondiente es la avaricia. Estos dos excesos son contrarios, puesto uno frente al otro: uno por exceso y el otro por defecto. De hecho, quien es pródigo excede en el dar y es deficiente en el recibir. El avaro por el contrario, según es sabido, excede en el recibir y es deficiente en el dar. Es liberal en relación con los actos exteriores y por consiguiente se identifica con la propia justicia. Existen por otra parte otras virtudes en lo que concierne el uso del dinero, de las cuales la más importante es la magnificencia. El magnífico se distingue del liberal; pues el magnífico se nota en las grandes expensas, mientras que el liberal se dedica a gastos de menor monta. El exceso de la magnificencia produce la insaciabilidad de las expensas y la vulgar ostentación; su defecto consiste en la escasez de los gastos; una y otra difieren de aquellos defectos que son exceso de liberalidad y su defecto, según hemos subrayado en los libros antecedentes. Por cierto, la magnificencia es sublime liberalidad en lo que atañe a las expensas muy relevantes.

Cuando al honor y al desprecio median otras dos virtudes que difieren entre sí tal como la liberalidad y la magnificencia. En lo que interesa los grandes honores se nos presenta la grandeza del alma; mientras que por lo que se refiere a los pequeños honores no se necesita una especial virtud. El exceso de la magnanimidad se llama ostentación y, por el otro lado, su defecto se llama pusilanimidad. El exceso de la virtud que concierne los pequeños honores y que hemos definido sin nombre es la ambición; su defecto se llama poquedad de alma. Quien sobrepasa en el deseo de honores es ambicioso, mientras quien no abriga este afán es un flaco. Como la virtud y el punto medio entre estos extremos es sin nombre; los extremos luchan en torno de la zona mediana. De hecho el ambicioso opina haber conseguido el punto mediano en lo que concierne la virtud, mientras el flaco se comporta de una manera totalmente opuesta, y alguna vez nosotros alabamos a uno de los dos y otra vez alabamos al otro, que se encuentra en el extremo opuesto. Consideramos que el ambicioso es digno de alabanza, porque anhela gloria y honores, mientras que el flaco lo aprobamos en cuanto nos parece muy humano y muy modesto en desear los honores. Por lo tanto, engañados por la categoría de los extremos, los vicios reciben de nosotros las alabanzas que debemos a las virtudes y esto por que ignoramos dónde de verdad reside el punto mediano. Además, también a propósito de las pasiones que proceden de la ira hay cierto punto mediano que todavía no tiene nombre ninguno. En esta pasión existe un exceso y un defecto que no sabemos cómo nombrar. Quien se queda en dicho punto mediano le llamamos mansueto y el mismo punto mediano se puede llamar mansedumbre y quien excede en esto tiene nombre de iracundo y el exceso lo llamamos iracundia. Por otro lado quien peca por falta, quiero decir por falta de fuerza de ánimo, es llamado perezoso y este defecto se llama pereza. Existen además otras tres virtudes que pertenecen a las relaciones humanas, que tienen entre sí cierta semejanza, aunque entre sí bajo otro aspecto se distinguen. Por cierto, reconocemos que las tres virtudes afectan al intercambio y la comunidad de palabras y de actos. Según acabamos de afirmar difieren, pues una de ellas interesa la verdad y las dos que quedan atañen el placer; de estas dos una se refiere a la diversión, mientras la otra alude a la burla. Además, una de éstas interesa la relación entre amigos. De estas tres algunas no tienen nombre, aunque conviene que lo tengan para que se entienda su sentido. Cuanto a la verdad quien se encuentra en el punto mediano lo llamamos serio y ponderado y su correspondiente virtud se llama seriedad. La representación de algo si excede de los límites de la verdad cae en la falsedad, y quien se sirve de ella merece el nombre de mentiroso y el quedar inferior a la verdad se llama simulación y quien accede a ella se dice hipócrita. En relación con el placer quien sabe escoger el término medio de la burla se llama afable y su disposición o el quedar igualmente distante de los dos excesos se llama afabilidad; su exceso es la guasa y quien en ellos se sobrepasa guasón. El defecto de aquella calidad se llama desabridamiento y quien se comporta de esta forma se le llama desabrido. Lo que afecta en lo demás nuestra vida es agradable y quien se porta tal como conviene es persona alegre: solemos definirlo amigo y el equilibrio en esto es la misma amistad. Quien todavía sobrepasa y considera la gentileza sin precio es lascivo. Sin embargo, el amable movido por codicia de dinero le estimamos halagador. Por el contrario, si falta y si resulta en todo molesto, le decimos fácil a la pelea e inhumano. También en las pasiones hay que buscar la discreción. De verdad que la vergüenza no es virtud y el cariño es digno de elogio, mientras alabamos a la persona recatada, pues tal persona la llamamos equilibrada. Quien excede y tiene miedo de todo lo llamamos pávido, su contrario será juzgado imprudente. De nuevo hay que añadir el desprecio que es una pasión, y la discreción lo es, sin duda alguna, pues no excede ni es indiferente frente al dolor ni frente al placer que pueden ocurrir a su prójimo. De hecho sobrelleva con indignada molestia el que la prosperidad acompañe a quien no la merece y sin más su desdén es justo. Por el contrario, la persona envidiosa se agita excesivamente y muestra ánimo indignado cuando no es el caso para ello y por añadidura lo sobrelleva molesto. Todavía no es capaz de guardar discreto desdén quien perversamente goza lo que con frecuencia afecta a los malos y a los indignos; se alegra frente a la prosperidad de los malos cuando tendría más bien que indignarse. Y como pasiones de una misma naturaleza la vergüenza y la indignación son parecidas a la virtud, pues en ellas acontece que se obre, se falle y se exceda, por esto las decimos merecedoras de alabanza. Sin embargo, no llegamos a considerarlas virtudes en cuanto formalmente se alejan de la virtud, pues no proceden de la razón que rectamente dirige y se llama prudencia. Pero en ellas tan solamente y materialmente se respeta la discreción; la cual cosa acontece con todo lo que, aun perteneciendo al patrimonio de los bienes, falta de caridad, por ser cosa muerta y no tiene mérito alguno delante de Dios. De la misma manera estas pasiones que presentan cierta discreción sin recta razón no pueden considerarse virtudes aunque reciben forma de virtud de la misma prudencia.

A pesar de esto, como presentan semejanza con la virtud pueden llamarse virtudes, aunque no es verdad y formalmente lo son sencillamente por similitud.

Nuestro breve comentario alrededor de la justicia resultará inútil y oscuro a motivo de su enorme confusión; por lo tanto, juzgamos que convenga remitir nuestro lector a lo que hemos dicho antes. Sería necesario una más amplia explicación, como que la justicia no es una sola sino varias y sería oportuna en cuanto abarca todas las virtudes. La segunda especial se divide en dos razones: la primera de las cuales se llama conmutativa y la otra distributiva y en cada una de las virtudes que se llaman justicia las medidas son distintas. Por otro lado, antes ya hemos discurrido muy largo en torno de estas virtudes racionales y por lo tanto ya no hay que añadir más.

Capítulo XLII. *De la recíproca oposición entre virtudes y vicios.*

REINA.—Ya todo se ha vuelto claro en torno de las cuestiones tratadas. Sin embargo, no nos has enseñado de cuál manera éstas se oponen una a otra. Afirmas que los extremos se alcanzan por exceso y por defecto; en verdad la virtud se perfecciona acudiendo a una postura intermedia. Y así es oportuno que nos aclares sobre cuál manera los extremos y las posturas medianas pugnan entre sí.

CARDENAL.—A propósito de este mismo tema hablaré. Según ya hemos asentado antes, existen tres disposiciones o tres hábitos. Dos, por cierto, afectan por exceso y por defecto los vicios, mientras una disposición mediana constituye la virtud. Será, por lo tanto, cosa buena tratar de la oposición que se llevan la una con la otra. Además, es preciso que se enteren de esto todos los hombres que aspiran a alcanzar la virtud. Sin duda, existen contrariedades entre un extremo y el otro y de cada extremo hacia la parte mediana. Pero de otra manera se distancian: los extremos se oponen uno contra el otro en cuanto distan entre sí por mucho espacio, recíprocamente. De verdad que el tímido y el feroz se oponen más destacadamente que el tímido y el fuerte, y más que el feroz frente al fuerte. Como el grande dista mucho más del pequeño de lo que el pequeño dista del igual o el grande del igual. Sobre todo porque los extremos coinciden con el mediano en algo y tienen mezclada la naturaleza del mediano. Y, por cierto, algunos extremos presentan semejanza con los medianos al mismo modo que la ferocidad parece en algo a la fortaleza, y la prodigalidad se parece a la liberalidad. Sin embargo, en los extremos se encuentra la máxima desigualdad. Los que muchísimo distan, Aristóteles, en el libro de la *Teología,* los llama contrarios y, por consiguiente, los que son más contrarios mayormente distan entre sí.

REINA.—En resumidas cuentas, ¿cuál extremo dista más del punto mediano?

CARDENAL.—No puedo contestar con mucha facilidad, aunque en determinados actos los excesos más se acercan al punto mediano, como es el caso de la prodigalidad que más bien se encuentra cercana a la liberalidad de cuanto se encuentre la avaricia. Por la misma razón el exceso en los afectos o pasiones es más semejante a la mediocridad. Y así la ferocidad tiene la fortaleza más a su alcance que la timidez. Por esto el defecto es más cercano al punto mediano que el exceso y la insensibilidad es más semejante al defecto de templanza de lo que resulta la destemplanza. Del hecho que uno de los extremos es más próximo a la virtud que el otro y de cuando esto acontece, Aristóteles nos da dos razones: una procede de la propia naturaleza de la virtud y de los extremos y la otra deriva de parte de aquel que abraza la misma virtud. De hecho, uno de los extremos es muy parecido y cercano al punto mediano como acontece con la fortaleza, en la cual menos dista de su punto mediano la ferocidad que la timidez. Esto pasa con cualquier persona humana. Por cierto, la timidez es más opuesta a la fortaleza y por lo tanto más inclinada a la fortaleza de lo que puede serlo la timidez. Esta, en fin, está mucho más lejos del punto medio. Otra razón, además, procede de nosotros mismos. Cada uno, sin duda por su misma naturaleza, está muy inclinado a estas cosas, que parece disten mucho del punto mediano y desde luego de la virtud. Pues como nosotros somos muy inclinados por naturaleza a los placeres y de aquí muy fácilmente caemos en el vicio de la líbido y de la lujuria y esto nos pasa con mayor facilidad que cuando queremos conquistar la continencia. De verdad que el placer es más contrario a la templanza que no cuanto al placer sentimos más fuerte empuje, por esto mismo, la detemplanza, que es exceso, se opone con mayor fuerza a la templanza, que no la insensibilidad a la cual por naturaleza nadie es llevado. Por esto hay que emplear la máxima precaución para dar con el justo medio. De verdad los excesos se tienen que huir con todo esfuerzo, y tal vez también los defectos. Esto creo que puede ayudar a los que desean alcanzar la discreción de las virtudes para no ser engañados por los placeres y las pasiones.

Capítulo XLIII. *Del punto mediano que ocupa la virtud y de lo que llamamos punto mediano.*

REINA.—Nos has enseñado que el punto mediano entre dos vicios es virtud la cual se mantiene muy distanciada de los dos vicios. Ahora dinos cuál punto mediano se pueda llamar virtud.

CARDENAL.—La virtud sin duda supone un punto mediano y no lo es de la cosa en sí, pues igualmente se encuentra distante de uno y otro extremo y éste es el mismo en todas las cosas. Pero este punto mediano sugiere la idea de que no es el sólo y siempre el mismo en todas las cosas. De verdad este punto mediano está en relación de las proporciones que hemos estimado en lo que se refiere a nosotros. No es, por lo tanto, mucho conceder a alguien diez monedas, pero es poco concederle solamente dos: quien juzga le concederá a aquél seis, pues es la mitad. De hecho, tal vez esto mismo podrá resultar excesivo o insuficiente para aquel que está a punto de aceptar. De verdad resulta poco para Milón de Crotón, mientras resulta mucho para otro que empieza a trabajar. Sin embargo, la persona capaz de dar con la discreción elegirá una medida conveniente a cada uno. Lo cual será mediano respecto con nosotros y no respecto de cualquier cosa. Aquel punto mediano que no sobra por exceso ni se corrumpe por defecto de virtud aparecerá en los actos y en los afectos; la cual cosa es difícil de encontrar. Pero tenemos que avisar al hombre como se puede lograr y de cual manera mediante la conjetura es posible perseguirlo. Lo cual es lleno de dificultades, pues toda la fuerza consiste en coger el justo medio. Para conseguir esto tenemos que admitir el consejo que nos da Aristóteles, quien nos manda que nos alejemos mucho del contrario, al mismo modo que quien desea ser fuerte lo puede ser mediante la fortaleza y debe alejarse de la timidez que se opone a la fortaleza. Conviene, por lo tanto, que retroceda y en los actos de liberalidad huir lejos de la avaricia. Así tiene que rechazar las cosas mayormente contrarias a la virtud aquel que ha alcanzado su punto mediano. Esto seguramente mentaba la Ninfa Calipso a Ulises, según describe Homero en el segundo libro de la *Odisea,* diciendo: «lleva la barca lejos de las olas». De hecho, uno de los extremos peca mucho y el otro peca menos.

CAPÍTULO **XLIV.** *Del modo de buscar la discreción en los afectos.*

REINA.—Debido al hecho de que es difícil alcanzar la discreción y de que sin haber encontrado pasaje no se puede llegar a uno de los dos extremos, hay que acogerse al medio menos malo para poder llegar a aquella discreción que deseamos conquistar. Consideramos medios menos malos, por cierto, los que pueden con mayor facilidad remediarse aunque son de por sí muy culpables. Esta observación procede de lo que Aristóteles ha dicho poco antes. Ahora conviene que sobrepesemos el hecho de que no estamos muy inclinados a esta discreción, pues, unos, según hemos afirmado, están llevados e inclinados por su naturaleza hacia ciertas disposiciones y otros hacia otras, lo cual es fácil de comprobar a través del placer y de la molestia que proviene de nuestras acciones. Es sabido que somos más inclinados a aquellos actos por los cuales probamos mayor placer. Pero si intentamos alcanzar el punto mediano en aquellas acciones de las cuales sacamos más intensa satisfacción, convendrá que de ellas nos alejemos y que volvamos atrás, aún en caso que nos encontremos en otro extremo menos agradable. De tal manera nos alejaremos de toda acción deshonesta en cuanto de tal acción que realizamos con placer sacaremos turpes satisfacciones y nos encontraremos excluidos (de los demás) y así daremos con el punto mediano, abandonando aquel extremo, que nos engaña a través del placer y dirigiéndose hacia el otro que es molesto. Sabemos que esto acontece con toda semejanza con aquellos que rectifican los árboles que se han inclinado; pues poco a poco los doblan hacia la parte contraria para que de nuevo vuelvan a ser derechos. De la misma manera siempre tenemos que considerar en nosotros y en los que hemos recibido para educarlos hacia cuáles actos y afectos nos encontramos más decididamente inclinados. En estos debemos curar nuestras enfermedades y doblando nosotros mismos en dirección contraria hacia aquellos actos y afectos que tal vez son molestos. Para que podamos ser en todo rectos, bien en los actos y bien en los afectos, por la cual cosa nos aconseja que en todas las cosas nos alejemos sobre todo del puro placer. De hecho, cuando estemos corrompidos no podremos juzgar con plena justicia.

Por lo tanto, antes de juzgar aquella cosa y los demás efectos, tenemos que juzgar si estamos o no corrompidos. Solamente entonces podremos con sabiduría conocer aquel punto mediano que en la virtud deseamos conseguir. Y lo que los ancianos del pueblo troyano han sufrido en relación con Helena, esto conviene que nosotros mismos suframos frente a la voluptad y al placer. Pues tenemos que levantar en todos los casos la voz de aquellos hombres que decían: «Si nosotros entregamos al enemigo los más jóvenes entre los troyanos no nos equivocaremos en mucho.» Lo mismo declararemos nosotros frente al placer: «Si entregaremos el placer a los demás, nos equivocaremos menos gravemente que si lo guardamos para nosotros mismos, como que en este caso no podremos juzgar con rectitud.» De tal manera alcanzaremos el punto mediano, aun siendo menos incorruptos. Pero resultará fácil según establezcamos este punto medio. Por cierto, si caemos en poder de la ira, cuando sea y en contra de quien o por quien y hasta cuando o por motivo de cualquier cosa, entonces de verdad será muy trabajoso conseguir el punto mediano, pues será difícil en cada cosa fijar la justa medida, aunque sin dificultad aquella se divise. Somos dispuestos a alabar a los que no se dejan llevar por la ira, antes bien solemos estimar como mites y mansuetos también a los que solamente de vez en cuando se enfadan y a los que no quieren ceder al enfado. Por otro lado llamamos fuertes aquellos en cuya ira hierve la bilis. Ni reprehendemos aquel que no puede conseguir con toda perfección y confianza aquel punto en uno de los extremos. Se le escapa aquel exceso a quien está hondamente poseído por el vicio y a él se entregará cuando no se le podrá ocultar el exceso. Todavía cuánto y hasta qué punto se tenga que inculpar aquel en el cual ha venido a menos la discreción, no es fácil de explicar con palabras. Ni cosa alguna que pertenezca al mundo sensible puede juzgarse con justicia, en cuanto se trata de casos particulares. En tales cosas sólo al hombre prudente pertenece definir como sea culpable quien se ha apartado del justo medio. Solamente aquel medio visto con toda evidencia puede ser alabado por todos y además lo que convenga declinar hacia el exceso, tal como entre la audacia y la timidez o más bien hacia la audacia.

Algunas veces conviene ser indulgente más bien en relación con el dolor, cuando precisamente se peque por defecto entre el placer y el dolor, que no sólo en relación con el placer.

De todo esto, justo juez será la recta razón o el hombre prudente, quien sabe reportar la medida en todos los casos tal como es oportuno. Tal maestro los padres sabios tienen que escoger para la educación de los hijos de los príncipes. Seguramente si desde los primeros años supieran alcanzar la discreción, no existe la menor duda de que las virtudes se desarrollarían en ellos al compás con los años.

CAPÍTULO XLV. *De la elección y de los actos humanos y de los principios de los actos humanos morales.*

REINA.—Comprendo que para que los actos humanos sean rectos deben sin más responder a varias reglas. Y por esto precisa que cada uno esté muy atento.

CARDENAL.—Te ruego, reina, dirige hacía mí por algún tiempo tu atención. Y ve cómo la virtud atañe los afectos y los actos. Los mismos afectos interiores bajo ciertos aspectos se pueden considerar como verdaderos actos. Por consiguiente, es necesario que adelantemos una reflexión en torno de los actos humanos, para que logremos, según un fundamento, tratar del acto de escoger, de las acciones voluntarias, del consejo y de todo lo que se refiere a este plan de consideraciones. En las acciones morales, conforme con lo que afirma Santo Tomás, deben intervenir cuatro principios que dirigen los actos. En primer lugar, siguiendo con orden, la virtud ejecutiva, que se llama también fuerza emotiva, mediante la cual se mueven los miembros exteriores para obedecer al imperio de la voluntad; esta voluntad es otro principio. Por cierto a su vez la voluntad es movida por la razón y la fuerza que juzga si algo es bueno o malo es movida por el juicio. Bueno y malo son los objetos de la voluntad. Lo bueno se tiene que perseguir y lo malo se tiene que huir. Esta fuerza de la voluntad es movida al mismo modo que ella mueve las demás potencias. Tal como ella mueve y por lo tanto Aristóteles la llama «movente movida»». Pero la razón y la fuerza aprensiva es movida a su vez por el objeto percibido o desde el exterior o desde el interior. Por lo tanto, en primer lugar tenemos, según el orden de los principios, el objeto percibido; en segundo lugar la fuerza percibe o es aprensiva. En tercer lugar viene la voluntad. En cuarto lugar la fuerza motora que obedece al imperio de la voluntad, cumpliendo cualquier cosa que mandare la voluntad. El acto de fuerza que ejecuta, eso es el acto de fuerza o procedente de la virtud motora ya de por sí presupone el bien moral o el mal. Los actos y las cosas exteriores no pertenecen a las leyes morales sino en la medida que proceden de la voluntad. Por consiguiente, si el acto de la voluntad es bueno, el acto que traducimos al exterior será bueno, mientras será malo exteriormente si es malo interiormente. Ni por otra parte pertenecerá a malicia moral si no habrá recibido orden de la voluntad. Y en este caso no se podrá hablar de algo perteneciente a la voluntad. Del mismo modo, el defecto de la cojera no es ningún vicio moral; pues la voluntad en este caso no ha mandado nada que concierna este defecto físico. Por tal razón la ausencia de una consiguiente moralidad excusa todo género de vicio o por lo menos disminuye su gravedad. De aquí procede que poco o nada la fuerza motora tiene que ver con el acto moral ni con el acto en sí.

Por otro lado, el acto con el cual las cosas son percibidas mueve las potencias aprensivas y nada les concede en sentido moral bueno o malo. La fuerza mueve conforme un orden moral, de la misma manera que lo visible se hace visto, lo oíble se hace oído y lo inteligible se hace inteligido. Conviene entonces considerar con toda prudencia el propio acto de nuestra capacidad o de nuestro poder aprensivo que de por sí carece de todo pecado moral. Sin duda el defecto de su poder excusa o disminuye todo vicio moral, tal como afirmamos de la falta de capacidad realizadora por emoción. La enfermedad o la misma ignorancia igualmente excusan todo pecado o en todo caso lo disminuyen. De esta afirmación deriva que el bien moral o el mal moral se encuentran en un principio y principalmente residen en el acto de la voluntad. En este acto debemos buscar el origen del bien o del mal o su raíz. Aristóteles asienta que las alabanzas y las amonestaciones deben referirse a los actos que son voluntarios. Mientras en los actos involuntarios únicamente podemos acudir al perdón o, alguna que otra vez, a la misericordia. Así, en todo orden de actos morales preceden la voluntad dos principios: la fuerza aprensiva y la cosa o el objeto percibido que constituye su finalidad. La voluntad a su vez puede ser movida o es móvil y capaz de mover, conforme ya está dicho. Pero como cada motivo preciso corresponde a su propio móvil, no podemos afirmar que cualquier fuerza aprensiva o poder es el correspondiente móvil de cualquier apetito. De verdad ya sabemos que el apetito es doble: intelectivo y racional, que se llama voluntad, y apetito sensitivo; de aquí deriva que la voluntad tiene una fuerza aprensiva y un apetito sensible. Por consiguiente, el apetito es el propio móvil de la sensitividad: la fuerza aprensiva sensible, como el gusto, el tacto, el oler y el oír. Estas facultades aprenden lo que es singular y sensible al mismo modo de la voluntad que es otra facultad apetitiva, tiene como su propio motor la misma razón la cual aprende los objetos universales. Por tal razón, como la mente puede perseguir muchos bienes y muchas finalidades y de cualquier cosa es la propia finalidad, por cierto será también el objeto, la finalidad y el propio móvil de la voluntad, y esto no será un cualquier bien sino un bien determinado.

De todo esto deriva que cuando la voluntad es llevada a cierto acto, persuadida por la percepción de la razón que le presenta un bien propiamente suyo, entonces se manifiesta el deber del acto moral. Pero, por otro lado, cuando la voluntad se deja seducir por la aprensión de la potencia sensual en forma emotiva, de la misma manera que el ojo coge lo visible como deleite, en tal caso si la voluntad se inclina al consentimiento entonces debemos reconocer que en el acto de la misma voluntd reside el pecado mortal. O, por el contrario, también en el caso que la razón represente algún bien distinto del verdadero bien y la voluntad se doble a su acción, el pecado residirá en la voluntad moral.

Sin embargo, el hecho de que la voluntad se aleje del bien moral va presidido por la falta de orden en relación con la razón y la propia finalidad. Peca cuanto a la razón, pues se deja llevar hacia la inmediata aprensión del sentido. De hecho la misma voluntad tiende hacia el bien deleitoso según el sentido, aun desentendiéndose de la misma razón y así la voluntad falta frente al verdadero bien moral. El defecto en relación al debido fin precede la voluntad cuando la propia razón discurriendo alcanza algún bien, el cual no es ahora aquel bien que responde a esta o aquella medida, y, a pesar de esto, la voluntad es llevada a aquello tal como si fuera su propio bien. En este caso el defecto de la orientación es claramente voluntario. En poder de la voluntad reside el querer y el no querer. Igualmente en poder de la voluntad está el que la razón medite sobre el acto o el que desista de la consideración o, en fin, que juzgue esto o aquello como un medio [para actuar]. Por cierto que la razón considere o se aleje de toda consideración de por sí no es un bien o un mal de la costumbre; el hecho que la voluntad se deje llevar hacia el debido fin, esto será un bien moral, o si se comportara de forma diferente entonces tendremos el pecado. Las cosas que la razón considera tienen la sustancia del bien o del mal, y esto acontece cuando se añade el acto de la voluntad. Sabemos que la voluntad o lo que nace prescindiendo de la misma voluntad merece alabanza o vituperio o, al fin, perdón. Aristóteles precisó a este propósito lo que se debe considerar voluntario y lo que no. Luego continuaremos a examinar sus opiniones.

CAPÍTULO XLVI. *De lo que es voluntario y de lo que no lo es.*

REINA.—Pues sigue en tus explicaciones.

CARDENAL.—Conviene que aquí adelantemos un sermón sobre lo involuntario: igual es la disciplina de los contrarios. Según opina Aristóteles, aquéllos parecen entre sí contrarios: eso es lo que hacemos por violencia o por ignorancia. En un caso y en el otro acontece lo involuntario. Diciendo voluntario indicamos el movimiento hacia lo bueno conocido y a éste se opone lo involuntario en forma privativa. Así tendremos un doble involuntario. En primer lugar lo involuntario falta de un verdadero movimiento volitivo, lo que corresponde al actuar bajo violencia. Secundariamente lo involuntario nace por falta de saber y de conocimiento. En primer lugar hablaremos de lo involuntario por fuerza y violencia. Lo involuntario que se realiza por fuerza y por miedo sigue dos direcciones, como que doble es la fuerza: una absoluta y precisa y otra que se cumple movida por miedo y es condicionada. La primera puede dominar al violento, la segunda no. Y sin duda existen violentos cuya causa de su malestar procede desde afuera y en ella nada influye el elemento activo o el pasivo. Es como si el viento trasladara a algún lugar algunos hombres robustos. Activo y pasivo, afirma Aristóteles, puede ser movimiento, pues una cosa puede ser movida de dos maneras. Antes consideraremos el caso de alguien obligado por otra persona a hacer algo y luego consideraremos el caso de alguien que no es obligado a hacer algo sino a sufrirlo. Eso no importa, exclama el filósofo, ninguna diferencia; cuando con violencia es movido hacia algo, no interesa que sea obligado por algo extrínseco, mientras es necesario que quien actúa o sufre lo haga contra su propia voluntad e inclinación. Si uno mueve por su propia voluntad, no podremos afirmar que su acción es violenta, sino que es voluntaria, aun cuando se diga que ha acontecido desde lo exterior por lo cual se debe observar cuando la voluntad no puede ser obligada a cumplir actos impuestos, eso es, actos interiores, como es querer y no querer. Ser cohibidos debe decirse cuando nos referimos a actos impuestos, o sea, actos exteriores que se realizan bajo el dominio de la voluntad de otros poderes emotivos. Por esto Aristóteles aquí nos ha hablado de acto involuntario. De verdad ninguna voluntad puede ser obligada a cumplir actos forzados y anteriores, pues ella permanece siempre libre. Hablando de estos movimientos hay que mentar a Agustín cuando afirma: «lo que preside la voluntad no procede de la necesidad», o con palabras de los jurisconsultos: la voluntad cohibida [no] es voluntad.

De la violencia que se impone mediante el temor y es a su vez condicionante, así se expresa de nuevo Aristóteles: «lo que se hace por miedo de un mal mayor o con el objeto de que se realice algún bien, como, por ejemplo, si el tirano manda nacer algo horrible teniendo en su propio poder padre e hijos que vendrán librados si le obedecen, mientras vendrán matados si no le obedecen. Sobre tales casos o casos parecidos aconteció con los que se lanzan al mar, de los cuales trata la ley rodia sobre el tirar al mar. Sin más, nadie, siendo responsable de sus propios actos, se lanza al mar por su propia voluntad, sino que es para salvarse a sí y a los demás. En estos actos algo se hace en contra de la propia voluntad, tal como perder sus bienes y algo se hace con pleno consentimiento, como tirarse al mar para conseguir algo mejor, eso es, la propia salvación. Se opina que estos actos constituyen una mezcla y, sin embargo, se parecen a los actos voluntarios. Por cierto, en el momento de su realización dependen de una elección y de un poder. La finalidad del obrar existe en relación con el tiempo. Y así cuando obramos se dice que interviene lo voluntario y lo involuntario. Igualmente afirmamos que el principio de poner en movimiento las partes orgánicas atañe en su acción al susodicho principio. En tales acciones el principio es el mismo: si se debe obrar o no obrar. Dichas acciones son voluntarias, aunque de por sí son tal vez involuntarias. Nadie, en realidad, efectuaría tales actos espontáneamente. Esto se llama acto voluntario, aunque, pensándolo bien, más toman parte con lo voluntario que con lo involuntario: semejantes interferencias son vinculadas con la naturaleza de aquel extremo que le es el más próximo. De tal manera lo asienta el filósofo griego en el sexto libro *De los físicos,* en donde habla refutando la opinión de Zenón.

Sin duda que el color mediano se define blanco cuando se

acerca más al blanco que no al negro. Igualmente habrá que establecer qué tal es la finalidad y la voluntad de quienquiera, cual se demostrará mientras obra, pues lo que será específico de la operación, esto se reconocerá como calificador. Por lo tanto, aunque estos actos resultan ser una mezcla de voluntario y de no voluntario, pero de verdad son más cercanos a lo voluntario. Así con todo derecho suelen definir voluntarios como de tales actos se interpreta la voluntad que es precisamente elegir el menor mal. Sin duda echar al mar mercancías es menor desgracia que sufrir el peligro de la muerte y caer en peligro de naufragio. A este propósito Aristóteles nombra otra vez tres especies de operaciones que se cumplen bajo el empuje del miedo. El filósofo dice estas palabras: «En actos de tal naturaleza alguna que otra vez es alabado quien soporta algo molesto y doloroso con la esperanza de conseguir otras cosas y honestas. En este caso no podemos considerar pecado sino que hay que admitir que hay abominio, tal como padecer algo indigno de su propia dignidad, aunque de por sí no sea pecado, aunque no es lícito pecar en vista de conseguir una cosa honrada». Y añade: «alguna vez es vituperado en cuanto sobrellevar algo turpe para alcanzar algo que no es honesto, antes es más bien mediocre y de persona ímproba». Además nuestro filósofo precisa todavía: «según el grado de aquellas cosas que se hacen, movidos por el miedo, no se da lugar a ninguna alabanza, sino que hay que excusar, cuando quien éstas ha realizado que de por sí no son convenientes por algo intolerable que trasciende la humana naturaleza. Esto es corriente en los hombres y a ellos hay que reconocer cierta disculpa. Tenemos que admitir que quien es llevado a cometer actos deshonestos y turpes por miedo, o más bien por terror, no cesa de ser perfecto en su virtud. Pero más bien podremos decir que la virtud de tal hombre es rara por el hecho de que sobresale las comunes fuerzas del alma y no se encuentra fácilmente entre los mortales».

Además de todo esto Aristóteles enseña una tercera categoría de acciones que se efectúan por miedo, diciendo: Existen otras acciones a las cuales nadie puede ser cohibido , y se tendría que preferir la muerte y sobrellevar todo lo que es más duro antes que doblarse ante ellas. De verdad que resultan personajes dignos de irrisión los que Eurípides en la tragedia cuenta que empujaban a Almeón a matar a su madre».

Hablando siempre de estas acciones que se cometen por violencia o por miedo, diremos que es difícil dar un juicio sobre la maldad que en sí encierra y sobre quien para evitar toda forma de mal debe cometer el acto deshonesto. En fin no sabemos lo que debe sobrellevar y por cuál razón. Es también muy difícil habiendo conocido [la razón de una decisión] quedar firme en ella. Acontece muchas veces que las cosas que vamos considerando sean dolorosas y aquellas hacia las cuales somos empujados sean turpes. Por consiguiente, alabanzas y desprecio van dirigidos a los que son llevados a cosas deshonestas, pero no por miedo, cuando les sería posible escoger algo mejor y más decente, pues disfrutan de cierta libertad para persistir en ellas aunque se presentan difíciles y dolorosas.

CAPÍTULO XLVII. *De lo involuntario por ignorancia.*

REINA.—Ya has tratado cumplidamente de lo involuntario que se realiza por causa de violencia.

CARDENAL.—Escucha entonces mis palabras en torno de lo que acontece por ignorancia. Sobre las cosas que se efectúan por ignorancia conviene saber si son involuntarias y cuándo. Otra vez Aristóteles comenta fijando tres grados de ignorancia. El primer caso afecta la ignorancia que deriva del sujeto mismo, o sea de la persona en la cual domina la ignorancia de la cual se ha hablado en primer lugar. Lo que acontece por ignorancia no es del todo involuntario, pues sencillamente repugna a la voluntad. Entonces diremos que es involuntario el caso en el cual alguien creyendo que está hiriendo a un enemigo, por el contrario arremete a su propio padre. Como consecuencia de este acto se le fija una pena. Si en otro caso pensando que está matando a un esclavo mata a un enemigo: de esto luego no se duele sino que se alegra. De ninguna manera afirmaremos de lo que ha ocurrido que es sencillamente involuntario. Quien algo comete por ignorancia ni luego se arrepiente, no habiéndolo cometido voluntariamente, pues no sabía lo que estaba haciendo, ni lo hizo involuntariamente y no le duele sino que más bien se alegra. No se defina una total acción involuntaria y para que no falle la definición la llamaremos «no voluntaria», entiéndese como acto, pues como hábito es voluntario. En realidad no debió hacerse contra la voluntad, lo cual no nos mueve a arrepentirnos ni a sentir dolor ninguno. Pero a pesar de todo, debemos reconocer que se hizo sin voluntad, en cuanto existía por lo menos una voluntad de hábito, aunque no en acto y en estado de ignorancia en el momento en el cual obraba. Hay que admitir que tenemos una auténtica diferencia entre quien obra por ignorancia y realiza la acción con ímpetu. Otra cosa es obrar por ignorancia y otra cosa es ser ignorante. Decimos que se obra por ignorancia cuando la ignorancia es causa anterior al mismo acto, como cuando alguien hace algo por oquedad o por ostentación. De hecho oquedad y ostentación, llamada también retórica, son el principio de aquel acto y su causa y empujaron al acto aun cuando existía aquella causa. Por otro lado hacer algo siendo ignorante es causa que se acompaña con el acto, como cuando alguien obra ignorando, la causa del acto no es la ignorancia sino que quien obraba era al mismo tiempo ignorante. De esto Aristóteles nos proporciona dos ejemplos: no se puede afirmar que el borracho o el enfadado han obrado por ignorancia como movidos por esta causa; de verdad los dos han obrado bajo el empuje de la borrachera o de la ira, sin embargo, han también obrado como ignorantes. Ya se sabe que todo hombre desvergonzado ignora lo que conviene hacer y lo que es oportuno evitar. Y precisamente por causa de tal error y de tal ignorancia que acompaña el acto los hombres son injustos y malos. Por cierto, semejante ignorancia no obligó a realizar cierto acto, pero es inevitable consecuencia que de allí procede el conformarse con el error, pues todo pecador obra como ignorante. Quien en efecto se comporta abandonado a la pasión y a los turbios afectos es principio y causa y otra vez sigue el error cuando ignora quién debe obrar y de cuáles obras tenemos que apartarnos. Sin duda no obra tras elección que es cosa particularísima cerca de las buenas costumbres y lejos de la confusión con que nada recto y sabio puede cumplirse.

CAPÍTULO **XLVIII**. *De aquella ignorancia que acompaña a los perversos cuando quieren obrar algo malo.*

REINA.—Es cierto que alguien podrá preguntar, aunque todo hombre perverso lo ignore: cuál es aquella ciencia que ignorada no excluye los actos malos. Tal vez es física o teológica, o social, pertinente a las costumbres.

CARDENAL.—Nadie al ignorar una de estas ciencias peca. Sin embargo, en caso que se equivoque e ignore en el momento de elegir, de perseguir, de juzgar, demostrará que desconoce la prudencia que es la justa razón de lo que se debe hacer, dividida en aquellas tres partes de las cuales mucho ya hemos tratado en los libros precedentes. Esta es aquella verdadera sabiduría de la cual se ha dicho que la sabiduría no entrará en el alma inicua, ni el cuerpo sujeto al pecado. Esta proposición demuestra muy claramente Aristóteles cuando asienta: «Ignora lo que conviene hacer, lo que conviene evitar, pues esto es propio de la prudencia. Ella de veras dirige nuestros actos y nos revela el juicio para la sabia decisión. Si faltara la prudencia como sin luz ciega sería nuestra voluntad al obrar». Luego el filósofo añade un tercer grado de ignorancia que procede de parte de las cosas que ignoramos en cuanto son particulares, o de parte del objeto. Por lo tanto añade que se debe considerar involuntario no cuando alguien ignora algo que es útil y honesto, o turpe, sino quien ignora a propósito de las cosas particulares que en ellas y a su propósito se cumplen los actos. Ignorar significa desconocer lo que conviene hacer y lo que conviene evitar. Por esto tenemos una doble ignorancia: una universal y una particular. Es universal cuando alguien ignora los preceptos y las leyes que debe conocer, la cual ignorancia se llama ignorancia de derecho. Por culpa del desconocimiento de esta ciencia en la universal, el hombre ignora lo que debe hacer y lo que debe evitar. Pues aquí parece indiscutible que van incluidos dos géneros de preceptos, afirmativos y negativos. Así es la ignorancia del derecho (y así se deduce por la experiencia de todos) acontece que en ella se equivoque uno, pues esta ignorancia se refiere a la voluntad, y de hecho siendo voluntaria no se preocupa por conocer lo que debe saber. Esto acontece de dos maneras: en primer lugar cuando alguien quiere ignorar por cubrirse con un motivo de excusa del pecado, según lo que dice Job (XXXII): «No queremos la ciencia de tus caminos.» Semejante ignorancia se define como ignorancia afectada. De otra manera se dice también ignorancia voluntaria, eso es de quien debe saber algo y puede saberlo y por descuido no lo sabe. Por eso la llamamos propiamente ignorancia de derecho.

Luego se define ignorancia particular la que se equivoca en la selección por defecto de prudencia. Esta ignora en particular lo que debe hacer y las cosas que conviene evitar. Esta prudencia se contrapone a aquella ignorancia en torno de la cual ya hemos hablado. Sin duda por culpa suya se realizan casos de maldad, de la cual todo pecador malicioso se dice ignorante. Tal ignorancia no produce algo involuntario, conforme dijimos.

Aquí no hablamos del tercer grado de la misma, sino que más bien tratamos de aquella ignorancia que consiste en los casos singulares, a propósito de los cuales se efectúan los actos. Dice Santo Tomás que esta ignorancia es anterior al acto mismo. Y así acontece cuando alguien desconoce las circunstancias del obrar o tan solamente alguna de ellas. Justamente Aristóteles afirma: «Debemos decir que un acto es involuntario no ya cuando alguien ignora su utilidad o sea si es útil u honesto y esto produce una doble ignorancia, aquella que llama universal en el universo, desconociendo las leyes y los preceptos de la vida. Por lo tanto son amonestados los que a causa de esta ignorancia de derecho no conocen lo que todo hombre debe conocer, pues se trata de los preceptos universales. Por cierto causa lo involuntario aquella ignorancia que obra en las cosas particulares, en las cuales y a propósito de las cuales se cumplen los actos, o más bien nos referimos a las particulares circunstancias en las cuales y a propósito de las cuales se efectúan los actos tal como si alguien ignora lo que debe hacer o por quién o en cuál lugar algo convenga hacer. En tales cosas tienen lugar la compasión y el perdón. Esto quiere decir: «Solemos ser misericordiosos en errores de semejante naturaleza y otorgamos nuestro perdón.» Sin duda quien ignora algunas de estas circunstancias hace lo que consideramos involuntario.

Capítulo IL. *En torno de las circunstancias de los actos humanos.*

REINA.—Conviene ante todo conocer todas las circunstancias del obrar.

CARDENAL.—Aristóteles por su cuenta nos declara ocho condiciones particulares de los actos humanos cuando afirma: «Tal vez no sería mal fijar cuáles y cuántas son las condiciones: ante todo conviene saber quién obra y qué obra, en torno a qué obra y en dónde obra. Además es oportuno saber por qué obra y cuál instrumento utiliza y para el bien quién y de cuál manera ha sido movido en forma vehemente.» Seguramente nadie que no sea insano ignorará todo esto, eso es todas estas circunstancias. Resulta claro que nadie ignora a sí mismo en el momento que algo realiza, aunque puede ignorar algunas de las circunstancias nombradas antes, como, por ejemplo, lo que está haciendo otra persona o con cuál instrumento convenga que obre. Tal vez se le han olvidado que algunas cosas son verdaderamente secretas. Es el caso de Esquilo, poeta, quien al no creer que estaba diciendo públicamente algo secreto, lo iba cantando cual cosa mística. Puede también ocurrir que alguien crea ser enemigo suyo quien en realidad es hijo suyo, como ocurrió a Mérope que, persuadido que tenía entre manos una piedra trabajada, tiró una verdadera piedra y así cometió un homicidio. De que manera la ignorancia de las susodichas circunstancias provoca lo involuntario. Aquí Aristóteles añade: «Como en torno a todo esto intriga la ignorancia, precisamente en torno de las circunstancias en las cuales se realizan los actos, si alguien ignora algunas de estas mismas circunstancias parecerá que ha actuado sin convicción, lo cual equivale a haber obrado sin firme voluntad.» Y sobre todo en las cosas más importantes e importantes parecen aquellas en las cuales se realiza la acción a motivo de la cual se obra. Esto se suele decir de aquellas que se refieren al objeto y de aquellas que se refieren a la finalidad. Son estas sin más que merecen llamarse principales. Gregorio Nisseno nombra también el motivo de las circunstancias sobre todo de las más importantes: la persona por la cual algo se hace y lo que es que estamos haciendo. El ignorar estas dos circunstancias causa lo que llamamos lo involuntario. La razón de esto es evidente: los actos se dicen humanos en cuanto son fruto de voluntad y, por otro lado, motivo y objeto de la voluntad es la finalidad. Por esto tenemos que reconocer que la primera de todas las circunstancias que afecta el acto es la que procede de parte de la finalidad, en gracia de la cual algo se hace. La segunda circunstancia es la que se refiere a la misma esencia del acto, eso es, de lo que está aconteciendo. Así bajo el resumen de palabras deben ser manifiestos los preceptos que imponen las circunstancias, las cuales, encontrándose fuera de la sustancia del acto, conforme comenta Cicerón en los libros sobre la retórica, y son siete, resultan bajo muchos aspectos todavía pertinentes al propio acto. Dichas circunstancias van señaladas en este verso «Quién, qué, dónde, con cuáles medios, por qué, de cuál manera, cuándo.» Sin insistir diremos que en cada acto tenemos que ponderar quién ha actuado, con cuáles medios o con cuáles instrumentos, qué ha hecho, dónde lo hizo, por qué y cuándo.

A este punto Aristóteles añade: «En torno a qué.» Esta proposición está incluida por Cicerón en «bajo cuál motivo». La razón del método de enumeración seguido por Aristóteles es el siguiente: Por cierto cuando se dice quién, queremos indicar el principal agente. Qué cosa pertenece al género de la acción: en torno a qué atañe la materia; cuándo se refiere al tiempo; dónde al lugar; con qué alude al instrumento como medio o como instrumentos. El motivo por el cual se afecta a la misma finalidad; mientras de qué manera se refiere a la calidad y al modo de obrar. Semejantes circunstancias miran al acto bajo tres aspectos distintos. De hecho interesan o el acto en sí o el efecto del acto o su causa. Algunos conciernen el acto y como medida se refieren al lugar y al tiempo. O también afectan el acto, bajo el perfil de la calidad; así la manera de obrar indica el cómo.

En cuanto al efecto hay que considerar lo que alguien ha hecho; en cuanto a la causa del acto miremos la causa final y así se divisará en favor de quién se ha cumplido algo. Si aludimos a la causa material o al objeto, se pone la pregunta de quién como agente que tiene que intervenir en determinados casos y como causa instrumental queremos saber a cuáles auxilios tenemos que acudir. Sin embargo, de todas estas circunstancias, las más importantes son la material y la que incluye en sí la finalidad.

Aquí convendría discutir, como la ignorancia de las circunstancias, que llamamos ignorancia del hecho, provoca lo involuntario: es preciso que dos consecuencias se adjunten. En primer lugar, que la pena siga el acto y entonces la ignorancia es causa de tal acto. En segundo lugar que sea invencible, pues aun siendo invencible, si no le importa a quien tal acto ha cometido, no ha lugar al involuntario. Y, por otro lado, aún si se arrepiente el autor, si la ignorancia no ha sido invencible, no ha producido lo involuntario. Alguien preguntará si la ignorancia ha sido causa de algún acto. Esto es motivo de duda si la ignorancia falta de algo, pero la ignorancia no sería nada siendo falta de algo y, por lo tanto, la nada no puede ser causa de algo.

Sacaremos como consecuencia de todo lo dicho, que la ignorancia en sí no puede ser causa de ningún acto. Sin embargo, no dudamos de que la ignorancia es causa de pecado, según hemos asentado antes. Pero como la ignorancia es doble, puede ser causa una de por sí y otra accidentalmente. La causa de por sí mueve, empujada por virtud propia como engendradora, y es causa que mueve cosas graves y leves. Por su parte, la causa que obra por accidente, mueve como revomente, prohibente o como remoción del prohibente, y de tal manera la ignorancia se vuelve verdadera causa de acto pecaminoso. Ignorancia es falta de conocimiento, el cual perfecciona la razón, la cual razón, a su vez, prohíbe el acto del pecado, siendo su finalidad dirigir los actos humanos.

Por cierto, conviene siempre poner mientes que la razón dirige los actos humanos acudiendo a la doble ciencia universal y particular, por esto quien está consultando en torno a lo que debe hacer usa cierto silogismo, cuya conclusión es un juicio que le lleva bien a escoger, bien a obrar, pues las acciones pertenecen a la persona singular y en hechos particulares consiste. En fin, la conclusión del silogismo es personal en lo que se refiere a la acción. Sin duda, esta conclusión singular, no se saca solamente de los principios universales, sino a través de alguna proposición particular. Por ejemplo, es prohibido al hombre el parricidio, y a través de esta proposición sabe que no debe matar al padre. Esto resulta ser una proposición universal y en cuanto sabe que este hombre es padre tenemos la proposición singular. Por lo tanto, el ignorar las dos proposiciones puede ser causa del parricidio, eso es del precepto universal: no debe matarse el padre; y por la circunstancia singular, eso es, ignorar que este hombre es padre.

De aquí procede que cualquier forma de ignorancia no es causa de pecado, sino tan solamente aquélla que borra toda ciencia que prohíbe el pecado, sea ciencia universal, sea ciencia particular. Por lo tanto, si la voluntad de alguien fuera así dispuesta y se probara que no hubiera podido ser impedido el cometer el homicidio en el padre, aunque supiese que se trataba de su propio padre. Tal singular ignorancia de si era el padre no sería por esto la causa del pecado de parricidio, mientras tal ignorancia sencillamente se acompaña con aquel pecado. Y, por consiguiente, tal parricida no peca por ignorancia, que es la causa, sino que peca ignorando tal como aquel que peca en el acto de escoger.

CAPÍTULO L. *Cuándo la ignorancia es pecado y cuándo ésta es invencible.*

REINA.—La propia ignorancia es seguramente pecado y, sin embargo, no nos has enseñado cuándo lo es.

CARDENAL.—No cabe duda de que el no saber cuándo es pecado corresponde a la naturaleza del pecado y de la culpa y es falta de orden y de que tal orden es deber de respetar en el obrar, pues esto pertenece a las posibilidades de quien actúa. La ignorancia es, en fin, falta de ciencia, de la cual es necesario disponer cuando nos toca obrar. Por lo tanto, ella constituye culpa y pecado en cuanto se omite conocer aquello que debemos saber, sea en particular, sea en general. Todos somos obligados a conocer por deber aquello sin el cual no se puede realizar ningún acto. Si la ignorancia provoca el pecado de omisión, es porque los conocimientos necesarios debían y podían ser aprendidos. Todavía si por acaso alguien ignora lo que cualquier persona, ni con empeño ni con esmero, puede alcanzar, entonces diremos que se trata de ignorancia invencible. Esto, desde luego, no es pecado, en cuanto no es voluntad, pues vencerla no está en poder de quien ignora. Por el contrario, aquella ignorancia que con empeño y esmero se puede vencer, constituye pecado cuando se refiere a quien tiene obligación de conocer. Naturalmente, no lo será para aquel que no tiene el deber de conocer y no puede conocer. En este caso para el que ignora no podemos señalar alguna culpa de omisión.

Semejante ignorancia disculpa. El apóstol ha escrito que el ignorante será a su vez ignorado. Afirmamos que se podrá excusar al hombre de todo pecado solamente si aquella ignorancia se refiere a las singulares circunstancias y ésta es definida por los mismos jurisconsultos «ignorancia del hecho» y constituye su falta. Nosotros la hemos definido causa de lo involuntario, sobre todo porque es ignorancia de la finalidad y de la sustancia del mismo acto. Esta puede ser motivo de disculpa, en todo y en cualquier situación, y así se cumple el comedido del perdón y de la conmiseración. Pero el ignorar algunas circunstancias, bien es suficiente para disculpar de pecado, bien disculpa expresamente de aquella porción de pecado que se encuentre en aquellas circunstancias. La ignorancia del derecho o de los preceptos generales universales y de la ley alguna vez dispensa, en cuanto no se presenta conforme con las condiciones de las cosas y del tiempo. El investigar en una situación es cosa muy sabia. Por fin, aquella ignorancia que destruye la prudencia, cuando se equivoca en escoger no disculpa a nadie, siendo verdadera causa de maldad, como ya a menudo hemos sostenido.

REINA.—A suficiencia has tratado de lo involuntario, ahora ¿qué nos vas a enseñar del acto voluntario?

CARDENAL.—Del conocimiento de lo involuntario, que acontece por fuerza o por ignorancia, se nos hace muy manifiesta la razón, que debe guiar el acto. Es voluntario, según afirma Aristóteles, aquel acto cuyo principio es consciente en sí de lo que singularmente actúa. De tal definición sacamos la existencia de un doble origen de lo involuntario. El filósofo nos dice que es voluntario todo acto que abriga en sí el principio sabedor de toda cosa que realiza. De esta definición sacamos precisamente el doble origen de lo involuntario. Diciendo que aquel tiene un principio en sí, se prescinde de lo violento, que es, sin duda, lo que produce lo involuntario. Y así tenemos como consciencia que quien obra conoce la cosa que va realizando y obedece a la ignorancia del hecho que engendra, según hemos asentado, lo involuntario. De aquí vamos a concluir que estamos en grado de reconocer los actos del hombre sólo cuando son verdaderamente fruto de su voluntad.

De estos actos algunos proceden de una selección; otros proceden de la pasión y perturbación. Por su parte, los actos de las virtudes son producto de elección y por esto en la definición de la virtud se dice que es un hábito electivo. De verdad no cualquier acto y cualquier hábito es virtud. Mas decimos que es perfecto si procede de elección. Por lo tanto, añadiremos los pocos comentarios hechos por Aristóteles.

CAPÍTULO LI. *Sobre el acto de elegir y sobre el acto de aconsejar.*

Por la mayor parte la razón de la virtud procede de la libre elección. Así Aristóteles afirma que es muy familiar a la virtud la elección, la cual nos enseña cómo algo brota de la virtud con más apropiado derecho que no muchos actos externos, que alguna que otra vez hemos averiguado proceden del temor y de otras pasiones. Lo que nace de la libre elección es, sin duda, obra perfecta de la virtud. Y qué es la selección (pasando por lo alto varias opiniones falsas), nos lo explica Aristóteles cuando declara: «Elegir es acto voluntario precedido por una consulta en torno del acto que se quiere hacer, pues la elección se hace a través de la razón y de la reflexión, lo cual viene expresado por su mismo nombre, como si algo se escoge o se elige». Es entonces evidente que la selección es un acto de la voluntad junto con el intelecto, pero sin duda no solamente fruto de la sola voluntad. Por esto los teólogos suelen definir la elección un acto del libre albedrío. Y precisamente decimos que el libre albedrío es una facultad del intelecto y de la voluntad. Por ser una sola la voluntad y el libre albedrío se distingue según las operaciones y los objetos a los cuales se dedica. La voluntad es llevada hacia una finalidad y el libre albedrío se aplica a los medios que tienden a alcanzar dicha finalidad. Sobre estos medios se hace la consulta y luego se procede a la elección. Desde luego, si no hubiese lugar la consulta en torno de algunas cosas, no sería necesario escoger, pero así como están las cosas conviene decidir sobre lo que hemos consultado. Aquí Aristóteles adelanta en número de cinco las cosas que pueden caer bajo la necesidad de la consulta para que se vea sobre qué estamos consultando y sobre qué de nuevo escogeremos. Así el filósofo se expresa: «Sobre las cosas eternas nadie pide consulta como que son de Dios. Ni tampoco en torno de aquellas que siempre están en movimiento y siempre se repiten del mismo modo, sea por necesidad, sea por naturaleza, como se puede decir del rodar de los astros». Ni sobre aquellos acontecimientos que por naturaleza se realizan unos de una manera y otros de otra, tal como ocurre con las sequías y con las lluvias; y tampoco hacemos consulta sobre lo que se cumple por pura casualidad, así sería el caso de encontrar un tesoro. Ni siquiera nos aconsejamos sobre todos los casos humanos, eso es sobre aquellas cosas sobre las cuales otros hombres pueden consultar. Por cierto, no nos consultamos sobre la república de los Cítaros; mientras, por el contrario, habrá necesidad de aconsejarse sobre lo que se puede hacer, queremos decir sobre las cosas que debemos actuar. Consultamos para obrar y sin más el consejo se traduce luego en la operación hacia la cual está orientado. De lo que expresamente debemos hacer no pedimos consejo, sino solamente sobre las cosas que podemos hacer. Por esto de las cinco premisas no se pide consulta. Subentra la causa, en cuanto son cosas que nosotros podemos hacer, de hecho proceden de la naturaleza o de la necesidad, o de la suerte o de una mente humana. Y todo esto está separado de nosotros. En cambio, la consulta se refiere a las cosas que acontecen con mucha frecuencia y son inciertas e indeterminadas sobre su conclusión y sobre cómo debemos actuarlas. Precisamente por motivo de esta incertidumbre pedimos consejo a los demás. Cuando nos proponemos decidir sobre cuestiones mayores, no nos encontramos bastante seguros en nuestra conciencia para escoger los medios que serán oportunos para conseguir el objeto que teníamos previsto. Nadie consulta sobre la finalidad, sino sobre los medios que llevan a aquella finalidad misma.

Es sabido que el médico no consulta sobre el hecho de que debe curar al enfermo. Este es, sin duda, el objeto que debe perseguir, mientras, por el contrario, pondera, puesto en firme, el objeto de su acción, por cuál camino lo podrá alcanzar. Y si se entera que aquella finalidad se puede conseguir por muchos caminos, estudiará para saber cuál de éstos con mayor facilidad y oportunidad lo ayudará en su comedido. Pero si opina que por un sólo camino podrá conseguir su finalidad, explorará de cuál manera le será fácil alcanzarla. Y seguirá ponderando hasta cuando no se realice la primera causa que es en fin lo último que puede conseguir en su pesquisa. Con esto afirmamos que ponderará hasta que no efectúe la primera causa de su acción y operación. Esta causa es lo último que se propondrá en ponderación. Deliberando alcanzará el principio de su obra. Por cierto, quien consulta demuestra que está buscando una solución y quiere resolverla. Así, el geómetra, con sus operaciones busca y resuelve. De la misma manera las cosas divisibles se resuelven en indivisibles. El número, como sabemos, se resuelve en unidades y los cuerpos, conforme la opinión de los antiguos, se resuelven en superficies, las superficies en líneas, las líneas en puntos que al fin se dicen indivisibles. Ya se sabe que en cualquier investigación es preciso empezar tomando como punto de partida un principio. Y dicho principio si se encuentra antes en su ser que en nuestro conocimiento, no pertenece a un orden resolutivo, sino más bien se puede mentar como orden de composición. Esto acontece cuando procedemos de las causas a los efectos, pues las causas son más simples que los efectos. Por el contrario, lo que antes se encuentra en nuestro conocimiento tendrá luego un lugar posterior en el ser y es orden resolutivo, como que de los efectos manifiestos juzgamos las causas, solucionándolas en causas sencillas. No olvidemos que el principio en la búsqueda de consejos es la finalidad que se intenta conseguir. Sin duda, esto es primero en la intención, pero posterior en el ser y por esto conviene que el pedir consejo sea resolutivo empezando por que es primero y que mira hacia el futuro, hasta cuando llegue a lo que en primer lugar y sin rémora se tiene que cumplir. Siguiendo el camino señalado en consultar sobre lo que debemos hacer, resolvemos los actos hasta el principio y el exordio, de donde toma comienzo la operación. Por consiguiente, se dice que toda consulta es una investigación y que lo que se presenta como último en la resolución, o sea, en la búsqueda, esto es anterior en la generación del acto. Se presenta primero como posible en nuestra actuación, lo que hemos decidido hacer por último. Si consultándonos topamos en algo que parece imposible, lo dejamos al lado, tal como si necesitamos dinero y no lo podemos conseguir. En cambio, si nos parece cosa posible, entonces emprendemos a conseguirlo. Hay también cosas que están a nuestro alcance o al alcance de nuestros amigos. Desde luego, lo que realizamos por medio de nuestros amigos se dice que está hecho por nosotros. De verdad procede de nosotros un principio el cual asienta que dependen de nuestra voluntad lo que hemos conseguido hacer a través de nuestros amigos. Haremos nuestro el principio por el cual las cosas que hicieran nuestros amigos participan en nuestra voluntad. Además, consultando alguna que otra vez, buscamos los instrumentos necesarios para conseguir nuestro objeto, y otra vez solicitamos la función y uso de estos instrumentos. Mientras tanto pedimos por cuál medio o de qué manera se puede alcanzar lo que deseamos y otra vez mediante cuál medio. Hasta cuando se resuelve en la primera operación. Y hay que procurar que la búsqueda no continúe hasta el infinito.

REINA.—Me parece que estás diciendo cosas entre sí contrarias. Cómo puede ser infinito el número de las cosas singulares en torno de las cuales se hace la consulta.

CARDENAL.—Ya sabemos que las cosas singulares son infinitas en potencia, pero en acto son finitas. Conviene, por lo tanto, precisar que la búsqueda de la consulta es también finita y lo es por parte del principio y por parte del término. El principio del obrar en las cosas factibles es doble: uno propio del mismo género de las cosas que se pueden hacer y esto es el objeto, pues el principio de la acción está, según se sabe, en la misma intención. Sobre dicho objeto no hay lugar a ningún consejo. Todavía es oportuno suponerlo en la consulta como principio. Lo mismo se realiza en las ciencias que proceden por demostraciones. De hecho la perspectiva supone principios de geometría sobre las cuales no inquiere. Pero en la búsqueda de consejo se suponen también principios que son de otro género, y éstos algunas veces se perciben tal como se percibe que esto es pan o harina y otra vez estos principios pueden ser conocidos y analizados gracias a cierta ciencia especulativa o práctica. Como ejemplo diremos que matar está prohibido por Dios y que el hombre para vivir necesita alimento. Sobre estos principios no hace pesquisas quien se orienta, pues estos principios son conocidos de por sí como si estos conocimientos pertenecen a otra ciencia. Pero el objeto de una investigación es lo que está en nuestro poder, para que pasemos a la acción. De aquí deriva que teniendo toda finalidad, una de principio que debemos consultar, del mismo modo «lo que se hace tiene una razón de conclusión». Y así todo lo que concluye sin más tiene su razón de conclusión. De todos modos conviene ante todo que se realice la acción, cuando la búsqueda acaba en la misma acción y así la exigencia de aconsejarse no procederá al infinito. Nada todavía impide que el consejo pueda ser potencia llevada al infinito, como que al infinito pueden acudir infinitas cosas que conviene medir con el consejo. Esto afirma Aristóteles cuando dice que el hombre, según ya se ha dicho, es principio de toda acción. Debemos acogernos al consejo en torno de aquellas cosas que pueden efectuarse por el mismo que pide consejo. Los actos hechos por favorecer a los demás no caen en el dominio del consejo; pero, sí, aquellas cosas que miran a una finalidad. Ni por cierto las cosas singulares como si se tratara de pan, y si se ha comido según conviene. En este caso, es oportuno observar, el juicio debe hacerse según el sentido. Pues si queremos siempre consultarnos, el proceso alcanzará el infinito. Alguien podrá todavía dudar de si la misma cosa será sometida bajo consulta y a elección, o se tendrá que opinar entre cosas distintas. No hay que dudar de que el consejo es cosa distinta de la elección. Hablando de esto Aristóteles así se expresa: «Una misma cosa es consultar y elegir, salvo el caso de que elegible signifique algo ya decidido de antes. Mientras consultable es algo que todavía necesita ser examinado». Esto declara el filósofo cuando añade: «Es lo que preferimos a las

demás nuestras decisiones; esto se llama en efecto elegible».
Sin embargo, aquí se asegura que cada uno estudia una manera
de actuar, cuando en sí mismo reduce el principio obrando
en estas cosas que pueden efectuarse por su misma obra. O pertenecen al mismo desde anterior. De hecho se escoge este principio de actuar o el principio antecedente a éste. Cuando la
búsqueda de consejos sobre cómo se pueda realizar esto se
concluye que debe efectuarse a través de operaciones adecua-
das. Y tal cosa se hace manifiesto, dice siempre Aristóteles,
mediante las instituciones de los antiguos que Homero nos ha
revelado: los reyes, lo que decidían, después de haber consultado, lo sometían al juicio del pueblo para que se llevara a
su realización. De estas premisas otra vez se deduce lo que
es una elección, cuando el filósofo afirma: «Lo que es elegible, consultable y efectuable procede de las cosas que están
dentro de nosotros». Tras haber ponderado juzgamos en cuanto resolvemos conforme la deliberación que se ha tomado.
Elección es, por consiguiente, el resultado de un juicio de las
cosas que están en nuestro poder. Cuando juzgamos después
de haber consultado que algo es útil en vista de una finalidad,
esto nos interesa a través de la decisión que tomamos después
de habernos aconsejado. Es necesario que nos acordemos que
la elección o será un acto del intelecto y de la voluntad, o,
solamente de la voluntad que supone un acto del intelecto en
el momento de juzgar. Por tal motivo los teólogos que han
observado todas las cosas definen la elección como libre arbitrio y, a su vez, definen el libre arbitrio el escoger lo que ha
quedado en nuestro poder, después de haber rechazado las demás decisiones. Por lo tanto, en orden de elección nos conviene
la naturaleza del libre arbitrio. De verdad, a cada elección
toma parte algo de la virtud conocitiva y juntamente algo de
la capacidad apetitiva. De parte del poder conocitivo interviene
el consejo, en lo que atañe lo que se debe escoger, y lo que,
por el contrario, conviene rechazar. Todavía de parte de la
capacidad apetitiva se aceptan las cosas que juzgamos preferi-
bles en la valoración. Aristóteles parece haber dejado bajo
duda en el libro IV *De moribus* el decidir si la elección pertenece más totalmente a la capacidad apetitiva o a la intelectiva.

De hecho dice que lo es el apetitivo intelectivo o intelecto apetitivo. En el libro III se asienta que la elección pertenece más bien a la parte apetitiva. Diciendo que la elección pertenece a la selección y la razón de esto es que el objeto específico de la elección es lo que mira hacia una finalidad. Lo que tiene en sí razón del bien útil es a este respecto lo que se ordena a un fin. Por lo tanto, el bien en cuanto tal es el objeto del apetito, éste manifiesta que la elección es, en primer lugar, acto de la parte apetitiva. No existe otra potencia procedente de la misma voluntad, como declara el Damasceno. Así, como en la virtud intelectiva se distingue la razón del intelecto (entender es propio de los principios simples aprendidos sin discurso lógico), mientras que razonar es hacer un discurso, pasando del conocimiento de uno a otro objeto (por ejemplo, discurrimos las conclusiones y, al contrario, conocemos los principios con un único y simple acto). De igual manera distinguimos la voluntad del libre albedrío. La voluntad es llamada así del simple acto de solicitar una finalidad bajo la razón del bien, que pretendemos conseguir por sí, mientras las demás cosas las queremos en vista de aquel bien. Elegir también significa apetecer algo en vista de conseguir otra cosa. Y, por lo tanto, es propio de las cosas que están ordenadas hacia una finalidad. Como en el acto de conocer, el principio está ordenado mirando a una conclusión, de igual manera asentimos a las conclusiones, gracias a los principios y así en orden de los apetitos la finalidad se orienta hacia las cosas que tocan a la misma finalidad. De igual manera nosotros intentamos alcanzar el fin. De esto procede que como el intelecto se comporta hacia la razón, así la voluntad se comporta hacia el fin efectivo, eso es el libre albedrío. Del mismo modo que pertenece a la misma potencia el entender y el razonar y a la misma capacidad el quedarse parado o ser movido, también pertenece a la potencia querer un fin y elegir las cosas que tienden al fin. De aquí además deriva que no sea única potencia la voluntad y el libre albedrío.

CAPÍTULO LII. *Sobre la voluntad.*

REINA.—La voluntad tiene, por lo tanto, un acto suyo

diferente y también el libre albedrío tiene igualmente un acto que es suyo.

CARDENAL.—Así es, sin duda alguna. De las cosas dichas se desprende con toda evidencia que la voluntad de uno tiene su acto en vista del fin. Esto afirma Aristóteles: «La voluntad de uno se identifica con la finalidad». Confieso que es cosa que debemos comprender: el acto de la voluntad de uno coincide con su fin. Por cierto la voluntad tiene como común objeto el bien. Por otro lado, la voluntad dice que el poder de querer es seguramente el acto que algunos llaman «volición». Suelen algunos filósofos dudar sobre si el objeto de la voluntad es el verdadero bien o lo que opinamos que es bien. Por esto existen varias sentencias en propósito. De quienes discurren conforme razón parece inútil mencionar lo que dicen. Esto, para conformarnos con Aristóteles, es sin más correspondiente a la verdad y es lo que tenemos que querer, digo el bien. Cada uno persigue lo que le parece ser el bien verdadero. De aquí deriva el hecho de que al hombre de estudio lo verdadero sea sin más lo bueno; mientras ocurre que al hombre malo esto es indiferente. Y alguna que otra vez desea lo que es bueno, pero sobre todo lo que le parece bueno. Lo mismo pasa en relación con el cuerpo: para las personas sanas son salubres las cosas sanas y para los enfermos parecen salubres otras cosas que no lo son. Igualmente a los sanos las cosas amargas son dulces y las cosas calientes son pesadas y tales son a los enfermos diferentes. Y así pasa con todo lo demás. El hombre atento juzga con acierto y en cualquier cosa distingue la verdad. Por lo tanto, de cualquier hábito sus cualidades son buenas y son alegres. Los hábitos buenos son cosas buenas y de los hábitos malos las cosas malas son buenas. Por esto suele acontecer que el hombre bueno y sabio destaca, sin duda, en juzgar muchas cosas, casi como si existiera una regla y una medida. Esta es la causa por la cual para el hombre malo no existen cosas buenas; sin embargo, como suele acontecer y con toda indiferencia y tal vez las cosas malas en lugar de las buenas acepta el nombre perverso. Aristóteles reconoce la voluntad que la muchedumbre, eso es el vulgo, sigue sea buena, sea mala. Por cierto, se engañan y se dejan seducir por la dulzura del placer, creyendo que es bueno solamente lo que es deleitoso: no se dan cuenta, o en medida muy débil, de lo que es honesto, y lo malo es tan sólo el dolor, bien junto con la malicia, bien sin ésta. De tal manera lo bueno y lo malo son solamente apariencias y, por lo tanto, no existe de veras lo malo.

Se plantea la pregunta sobre el por qué los malos son muchos y, por el contrario, el número de los buenos es escaso.

No sin razón alguien dudará en torno del hecho que existe una gran muchedumbre de malos y sin más los hombres honrados y deseosos del bien se encuentran en muy reducida cantidad y son los que saben juzgar las cosas tales como son. Tomás beatísimo así habló: «La mayoría de los hombres siguen las pasiones a las cuales solamente los sabios y los que aspiran al bien pueden resistir, y esto, por el contrario, acontece porque el apetito sensitivo es acto del órgano corpóreo». Por esto padece varias impresiones de las estrellas del cielo que doblegan los ingenios mismos con mucha frecuencia hacia insanos movimientos. Algunas veces, perjudicado el cuerpo por la enfermedad o por la naturaleza, algunos hombres se inclinan hacia las atractivas del cuerpo, como que nuestro conocimiento empieza desde lo sensible, nuestros sentidos por el placer de las cosas que vemos se dejan captar antes que la razón haya podido dirigir el alma hacia cosas mejores, casi hechizado por lo que es sensible. Entonces con el conocimiento de las cosas que a pocos alcanza al punto que sepan guardar cierta medida en las pasiones y los actos, hacia los cuales es propio de persona prudente enderezar el camino. En este camino él ni tuerce a la derecha ni a la izquierda y no es fácil orientar los pasos en un recto medio.

Sin duda, como los hombres viven más obedientes bajo el orden de lo sensible que no bajo aquel de la razón, no pueden vencer en sí mismos los variados influjos de los astros. Parece que esto nos dice el propio Tolomeo, entre los más conocidos astrólogos, cuando asienta que el hombre sabio dominará los astros. Lo cual quiere decir que el hombre prudente no consiente que ninguna fuerza procedente de la inclinación de los astros ejerza sobre él poder ninguno, pues logrará rechazarlo con la defensa de la razón. De este asunto mucho hemos dicho antes. Es verdad que los hombres muy a menudo siguen las pasiones. Y fácilmente se dejan llevar a donde los movimientos insanos y las pasiones los destruyen. Así engañados por el placer sensible no son capaces de contemplar las cosas mejores, sobre todo cuando desde la infancia tienen costumbre de satisfacer las pasiones ilícitas que trastornan la mente de los hombres antes de que empiecen a juzgar lo verdadero y lo bueno. Por este motivo dejan que se comprometa el pensamiento con los enjambres de las estrellas y no pueden por ninguna razón librarse de los lazos corpóreos, salvo el caso en el cual la razón aflora de tanto cuanto está sumergida en las cosas sensibles. No temen convertir las formas humanas con la vida de los animales. Hay que asombrarse al topar con tan poderosa fuerza del vicio, que va apoderándose de las virtudes que adornan el hombre con su belleza y su honestidad. Pero cuando caiga en nuestro poder nos convertirá en hombres anhelantes hacia el bien. Ensuciamos con los vicios nuestra naturaleza dispuesta a cultivar las virtudes y la honestidad y a esto está muy preparada. Por consiguiente, como sin disciplina social y sin la conversación con los hombres deseosos de alcanzar todo lo bueno, seremos obligados a revestirnos con costumbres, faltas de rectitud y estos hábitos cuando radicaran con mucha dificultad y con el pasar de los años podremos echarlos.

CAPÍTULO LIII. *De cómo las virtudes y los vicios están en poder de los hombres.*

REINA.—Según sostienes, las virtudes están en nuestro poder. Se puede reconocer que esto resulta conforme la razón.
CARDENAL.—Que las virtudes y los vicios estén en nuestro poder lo enseña también Aristóteles cuando, al concluir, así se expresa: «Como se define finalidad lo que estamos persiguiendo, el consultar y el elegir se refieren a las cosas que responden a dicha finalidad y de aquí procede que los actos de las virtudes son objetos de una verdadera elección y son, por lo tanto, voluntarios. Es sabido, además, que las operaciones de las virtudes actúan movidas por los principios que

hemos señalado; por lo tanto, caen en nuestro poder las virtudes y los vicios y como son voluntarios en cuanto se realizan. Por fin, las virtudes y los vicios serán de veras voluntarios».

Es cierto que depende de nosotros que obremos o no, sea con virtud o con vicio: todo esto está en nuestra facultad. Si el obrar honradamente está en nosotros, también de nosotros depende el obrar mal. Tal como están en nuestro poder lo bueno y lo malo, igualmente depende de nosotros el no obrar y esto, en cierto sentido, significa ser buenos y malos. Consiguientemente depende de nosotros ser justo o injusto. Así se rechace el error profesado por algunos y de ninguna manera venga consagrado en proverbios. Solían decir: nadie, si no quiere, se vuelve malo o feliz. De verdad nadie siendo contrario, eso es, contra su voluntad, puede ser feliz. De las dos afirmaciones, una es falsa y una es verdadera. Que nadie, si no quiere, eso es, contra su voluntad, sea feliz, resulta verdadero. Pero, por otro lado, afirmar que nadie si quiere se vuelve malo, es cosa falsa. Pues o no son verdad las cosas que se han dicho antes: eso es que la voluntad, el consejo y la selección, a propósito de lo que los actos humanos tratan, son efecto de la voluntad, o seguramente es verdad lo que es más evidente, la malicia será voluntaria y está en nuestro poder volvernos buenos o malos.

De otra manera hay que alejarse de lo que hemos prometido que el hombre aun niño, así lo hemos afirmado, es pío. Además, si la voluntad, el consultar y el elegir no podemos relacionar con algo propio, sino en nosotros mismos en cuanto hombres. Aquello será dentro de nosotros y por nuestra voluntad y de tal manera las virtudes y los vicios que hacen que nuestros actos son voluntarios. Por cierto, si no fueran voluntarios, la ley no podría mandarnos actos de virtudes y prohibirnos los vicios y permitir lo que es neutro y añadir penas para los que han transgredido y sobre todo para quien impone pesos al pueblo. De actuar libremente o no, si las cosas nos son impuestas, no somos libres. La suma libertad consiste en realizar lo que es justo y huir lo que es contrario y no ser obligado o por violencia o por ignorancia. De todo esto ya se ha hablado y para los que han cumplido con perfección se otorgan premios, a fin de que su ejemplo e imitación los hombres se vean invitados al bien. Por el contrario, para los que cometen el mal se les procuren terrores con el objeto de alejar a los demás; se les castigue de manera que el miedo les sea como impuesto.

Capítulo LIV. *Cuando algo se hace por ignorancia esto es llamado involuntario.*

REINA.—Mi ánimo alguna que otra vez puede sentirse sorprendido sospechando que el buen obrar no esté en nuestro poder. En efecto, veo a muchos talmente revestidos con el hábito del vicio que depravados ya no pueden obrar el bien. Con éstos hay que tener compasión, en cuanto son infectos de cierto morbo. Dime entonces si tenemos que reprocharlos, en cuanto parece que obran involuntariamente.

CARDENAL.—Repitamos lo que ya hemos dicho sobre los que pecan por ignorancia y obran involuntaria e impunemente para contestar conforme la doctrina de Aristóteles. El filósofo enseña otra vez que cuando uno obra involuntariamente, de cualquier manera, obra por ignorancia y las cosas que realiza merecen reproche, nadie venga excusado cuando sus obras son dignas de perdón. Añade que ignora cómo puede comportarse de dos maneras, pero tenemos que juzgar directamente cuando alguien realiza aquellas cosas por las cuales se produce aquella ignorancia de lo que luego vendrá señalado. Esto se ha comprobado en persona borracha, quien, sin duda, es causa de su propia ignorancia. Afirma a este propósito que deben ser castigados con doble pena los borrachos. En ellos existió el principio que dependía de su poder no caer en la ebriedad.

En segundo lugar consideramos el ignorar indirectamente. Esto acontece cuando alguien por negligencia de aprender pueda ignorar lo que conviene saber, tal como lo que contienen las leyes y los preceptos del Decálogo, y lo que está establecido en los preceptos incluidos en las disposiciones de la Iglesia. Todo esto no parece ser difícil de conocer, pues para lo que es ambiguo y presenta de por sí dificultades de cualquier manera se ofrece disculpa. En medio de todo esto encontramos algunos principios de leyes y de decretos. No se obliga a todos que los aprendan, tal como a jóvenes, a hembras, a militares a los cuales la ley permite ignorar estas disposiciones, según se suele rezar en los dichos populares.

Del mismo modo tratamos las cosas que afectan los empeños del oficio de cualquiera. De hecho ignorar estas cosas es de persona negligente ni podrá defender de cualquier daño lo que se ha rechazado, o más bien será culpable quien esto ignora, cuando se podría usar, empleando la debida atención o usando los medios del caso, como si fuera inepto para aquello.

De una doble fuente parece proceda aquel error que reza: «Los vicios no están en nuestro poder». Aristóteles más hondamente descubre lo que en contra de los adversarios en pugna, discutiendo y protestando, sostenían: en primer lugar, decían que hay personas inclinadas hacia ciertos vicios por su propia naturaleza o por su propia costumbre, de manera que tampoco si lo quieren podrán resistir a la seducción de los vicios y de los maleficios, pues se le oponen obstáculos. Por lo tanto, no podrán vencer, gracias a una inclinación interior a los malos hábitos, aquella ignorancia que fue voluntaria desde un principio. A propósito de esta ignorancia habla el filósofo en contra de la raíz de semejante falta. Por cierto, viviendo ellos en forma disoluta se vuelven injustos y malos, obrando maleficios y perjuicios. Por tal razón en poder de ellos estuvo el ejercer desde un principio tales actos pecaminosos. De tal forma se van adquiriendo hábitos viciosos y, desde luego, de aquí procede la causa de toda pasión viciosa. Sin duda, cuáles fueron los actos de quienquiera tal en fin se convertirá aquí mismo y tal en todas sus aspiraciones y ejercicios le veremos. Por la falta de los viciosos mencionados que se distinguen por el vacío interior y por el ridículo. Otra vez Aristóteles asienta: «Si alguien, alguna vez, pregunta ¿se podrá ignorar que a causa de tales actos perversos se forman semejantes hábitos?». Y el mismo filósofo contesta: «Por tanto, ignorar que a través de los actos se forman los hábitos es de hébete». Resulta también absurdo que el que insulta con ira no piensa ser injusto ni quiere ser dañino perpetrando molestias. Pero como desde un principio los actos estuvieron en nuestro poder: estos mismos actos precedieron los hábitos malos y tales hábitos se dicen voluntarios.

Después de haber adquirido semejantes hábitos no resulta fácil arrepentirse y resurgir del vicio. Por esto el mismo Aristóteles nos declaró: «Tampoco si lo quiere el hombre injusto abandonará la injusticia y se volverá justo». De aquí se saca una comparación con las enfermedades del cuerpo que sin culpa de parte nuestra nos afligen. Y nos dice el filósofo: «De hecho el enfermo no volverá sano aunque haya enfermado por su incontinencia y por su lascivia, en contraste con las indicaciones de los médicos. Habría podido no enfermar, pero ahora que ha caído enfermo no le es lícito hacer lo que antes podía hacer. Del mismo modo la piedra lanzada nadie puede detenerla, cosa que se podía hacer antes de que fuera echada. Así en el caso del hombre injusto y destrozador podía un principio no ser tal. De estas observaciones deriva que quien delinque lo hace voluntariamente. Si tal él se ha hecho no le será permitido luego no ser lo que es».

REINA.—Tal vez alguien querrá ser sin más malo y destrozador de todo.

CARDENAL.—Por cierto, creo que nadie expresamente quiere ser malo. Pero indirectamente lo quiere cuando su malicia desordenada adhiere a actos de tal cariz. Esta, aunque quiere el acto de por sí, de ninguna manera quiere la maldad. Y es inevitable que ésta tenga lugar en cuanto participa en el acto desordenado. De cuanto acabamos de declarar aprendemos que ningún vicio es de por sí voluntario, pues la voluntad no puede querer lo malo bajo la razón de lo malo, sino que la voluntad lo escoge por otro motivo, la cual cosa de por sí no quiere. De aquí luego procede que todos los vicios por un lado son involuntarios, en cuanto nadie por expresa voluntad puede ser llevado al mal. Por esto Sócrates solía decir: «Los malos hacen lo que les agrada, y de ninguna manera lo que quieren. Y de verdad desean lo bueno que nunca realizan». Por esto reconocemos que es verdadera aquella sentencia aristotélica que afirma que los vicios son voluntarios. ¿Y cómo tenemos que decir que son voluntarios? En los actos se manifiesta que la voluntad es libre también si luego los hábitos no son talmente libres que con mucha dificultad podemos librarnos. De la misma manera los hábitos engendrados no de tal forma se someten a la voluntad como los primeros actos. Los actos, por otra parte, juntos con el vicio de los hombres los desean por causa del placer o de la utilidad. Estos exteriormente parecen buenos y de tal manera hechizados por la dulzura los hombres caen en el vicio, precisamente mediante la costumbre con estos mismos actos.

Y de la misma manera los vicios cuyos actos residen en nuestro poder, censuramos y luego los hacemos nuestros, como los vicios del cuerpo que por nuestra voluntad hemos contraído por incontinencia o por lujuria reprehendemos y combatimos. Sin embargo, a los que por naturaleza son deformes nadie puede criticar con razón, mas aquellos reprehendemos, según dice justamente Aristóteles, que por negligencia o incuria se han apegado a los malos hábitos.

Igualmente nos comportamos cuando se presentan casos de debilidad, maldad y ceguera: nadie increpa al ciego por naturaleza o por enfermedad o por heridas, pero sí con mayor consideración sentimos piedad. Que, por el contrario, si por borrachera o por otra debilidad de este género se vuelve uno ciego, todos reprocharán los vicios del cuerpo que radican en nuestro dominio y éstos condenan.

CAPÍTULO LV. *Contra los que sostienen que los vicios no están en nuestro poder. Se contesta conforme el dictado aristotélico.*

REINA.—¿Existen otros males opuestos que parecen contrastar estas opiniones?

CARDENAL.—Por cierto, demostraban en segundo lugar los que sostienen afirmaciones contrarias, diciendo que los vicios no están en nuestro poder; pues todos nos acogemos a lo que nos parece bueno. Sin duda, no está en poder de quienquiera el que parezca bueno lo que verdaderamente es tal. Y cual es uno, tal será el fin que le tocará. A esto responde con mucha facilidad Aristóteles diciendo: «Si algún hábito es causa de sí mismo y él mismo será causa de tal apariencia». De aquí procede que aquél será causa de que aquellas cosas que no son sencillamente buenas, parezcan buenas gracias, al hábito del vicio del cual él ha sido causa, en cuanto de sus propios actos se hacen sus hábitos.

Pero alguien puede no haber sido causa de sus hábitos, sino lo ha sido por falta de naturaleza, tal como acontece con los locos o con los dementes. Así, quien ignora el fin, obra mal, creyendo que es cosa óptima para él actuar de cierta manera, en cuanto el conseguir no cae en su poder. Por esto no se acarreará tal culpa. De nuevo Aristóteles asienta que no depende de nosotros el alcanzar de cualquier cosa lo óptimo, pero es necesario que con tal disposición por naturaleza nazcamos, de manera que casi tengamos un instinto para distinguir lo que es óptimo y para conseguir el verdadero bien. Aquél es verdaderamente generoso, al cual estas cosas por la naturaleza le han sido ofrecidas. Y el haber nacido ya de por sí tiene algo óptimo y maravilloso que no puede recibir de otra realidad ni puede aprenderlo como ha sido fijado por la naturaleza. Esta es, sin duda, la verdadera generosidad. El filósofo, procediendo de esta consideración, claramente dice que pocos por la misma naturaleza son formados de modo que los verdaderos bienes de por sí los deseen y los puedan entender. Y éstos de tal manera engendrados por naturaleza sean generosos. De aquí deriva que se enseñe que en primer lugar doble es la nobleza en la sociedad: por naturaleza y por ley que se llama civil nobleza. Siempre el filósofo afirma que perfecta es aquella generosidad que existe por mérito de la misma naturaleza. Mas entre los que de por sí son más débiles, dice Aristóteles que no depende de su poder ser enterados de la apariencia de lo que es bueno. Si luego con mayor suficiencia comprenderemos, nos daremos cuenta de dos mayores errores: del primero, eso es, de que los vicios vienen de la naturaleza, y en segundo tiempo, de que no somos dotados del libre albedrío, sino que estamos cohibidos por las pasiones y por los vicios y por otras malas inclinaciones. Y, tal como ya se ha afirmado, cual uno es según él mismo afirma, tal parece desde ahora ser su fin. Como aquellas cualidades son sin culpa, en nosotros ningún perjuicio que de aquélla procede se le puede achacar. Pero en contra de estos errores el bienaventurado Tomás nos viene en ayuda para que logremos entender a Aristóteles. Que somos dotados de libre albedrío, antes lo hemos enseñado, y el texto sagrado asienta que Dios desde un principio formó al hombre y lo dejó en poder de su criterio, eso es, en poder de la libertad del arbitrio. Y esto confirma con un seguro experimento, pues de otra manera inútiles serían los consejos, las exhortaciones, los preceptos de las leyes, los premios prometidos. Sin todo esto la iniquidad adelantaría desde el corazón y podría ejercer toda su maldad. Aumentaría la perversión de los hombres de manera que, como acontece entre fieras, todo se cumpliría bajo la fuerza del engaño y la sociedad de los hombres, de la cual nada hay en la naturaleza más unido, se disolvería. Pero la calidad de la apariencia es causa de la finalidad. Te ruego que observes que de tal manera no repugna a la naturaleza y a la libertad del hombre. De aquí procede que el hombre está sujeto bajo la doble disposición y calidad. Existe de verdad una calidad y una disposición natural en el hombre y otra que sobreviene y es adquirida. La disposición natural del hombre, o afecta a la parte intelectual, o al volumen del cuerpo y a las fuerzas relacionadas con el cuerpo. El hombre está dispuesto por una calidad natural que se refiere a la parte intelectual. Gracias a esta disposición y calidad el hombre aspira a su último fin, eso es, a la bienaventuranza, la cual aspiración es natural y no está sometida al libre albedrío. Nadie, sin duda, rechaza su propia bienaventuranza. Por parte del cuerpo y de las fuerzas conectadas con el cuerpo el hombre puede ser dispuesto por natural calidad, como acontece con el conjunto del mismo cuerpo o por alguna disposición que proviene de alguna impresión de los astros superiores. Estos de ninguna manera en el alma intelectiva pueden imponerse, pues no se trata de algún acto corporal, según ya se ha demostrado antes.

Así, y lo repetimos, quienquiera que responda a la disposición y calidad del cuerpo, de éstas dependerá su fin, pues de semejantes predisposiciones el hombre es inclinado a elegir y a rechazar algo. De verdad estas inclinaciones no son capaces de coger la función de la razón, pues están sometidas a su imperio. Aristóteles define inferior el apetito sensitivo que obedece al superior, por lo tanto, aunque la calidad del cuerpo y las disposiciones pueden inclinar el ánimo, pero no pueden cohibir la fuerza de la razón, mientras ésta quede superior al obedecer y dispuesta a mandar. Las calidades y disposiciones que sobrevienen y son adquiridas constituyen las pasiones y las enfermedades y los órganos corpóreos o afectos por causa de los cuales los hombres inclinan al placer o a las cosas de las cuales la razón rehúye. Las pasiones corporales o enfermedades como son vehementes absorben y corrompen los órganos del cuerpo. De aquí procede que la razón no quede libre conforme acontece con los enfermos de mente y los frenéticos. Las otras afecciones que prorrompen en placeres sensibles, con la razón pueden ser vencidas entre tanto y de verdad de improviso superan la misma razón.

Por ningún motivo tenemos que creer que la razón pueda ser cohibida a causa de alguna necesidad y esto con los apetitos superiores (que llamamos voluntad), aun cuando se desencadenasen furiosas las pasiones. En efecto, en el libro cuarto del *Génesis:* «Bajo tu voluntad estará sometido tu apetito y tú lo dominarás».

Capítulo LVI. *De cuál manera los afectos y las pasiones pueden mover la voluntad.*

REINA.—¿Pueden de verdad los afectos mover la voluntad?

CARDENAL.—Cómo los afectos y los apetitos pueden mover la voluntad, no es fácil explicar. Sin duda, percibimos que la dificultad de explicarlo aquí ha crecido. Pero cómo y cuándo esto pueda averiguarse, solamente después de larga reflexión, que es muy necesaria, lo pueden entender los que lo desean. De hecho el afecto alienta la voluntad por la misma razón que ella es movida por su objeto que es el bien. Por lo tanto, cuando el hombre esté mal dispuesto por la pasión que le acosa demostrándole que lo que le propone es conveniente y bueno por cierto tiempo y en determinado lugar, sin embargo, librado de toda emoción el hombre ya no lo juzgará tal. Así tenemos que reconocer que el hombre cambia en cuanto es trastornado por la violencia de la pasión. La cual cosa de dos maneras puede acontecer. Alguna que otra vez nos consta que la razón absorbida por la pasión queda vencida y el hombre en esta situación se encuentra falto del uso de la razón. De la misma manera podemos sin más admitir que en semejantes casos por la ira vehemente y por el deseo desenfrenado los hombres se vuelven furiosos y locos, tal como pasa con algunas perturbaciones del cuerpo. Y estas perturbaciones no acontecen sin algunas transformaciones corporales. Así nos tocará reconocer que, como animales faltos de razón y de movimiento, por cierta necesidad son llevados por el ímpetu de las pasiones. En tales hombres ya no queda algún principio de razón y no quedan libres ni la voluntad ni el movimiento.

Pero alguna vez la razón todavía no siendo vencida por ninguna perturbación no viene talmente absorbida que no consigue ejercer su dominio sobre el apetito. Entonces queda todavía un movimiento de la voluntad y aquella libertad de la voluntad está en condiciones de mandar, de manera que no cae en poder de la pasión ni cede a los impulsos perversos, en cuanto es más libre el uso de la razón y es capaz todavía de dar un juicio de las pasiones que conmueven. Entonces el hombre logrará vencer del todo los empujes de la afección o no consentirá ser vencido sin reaccionar. Y la voluntad es también atraída por el singular objeto sensible y además por el objeto percibido universalmente. De aquí proviene que el afecto, bajo la sensible percepción, puede ser engañado por un bien fingido.

Así Tomás dice que la voluntad puede ser afectada sin el empuje de la pasión hacia algún bien particular. Por cierto, muchas cosas queremos y obramos sin pasión en gracia de la sola elección, la cual cosa es manifiesta que ocurre en aquello que por razón repugna a la pasión. Y esto cuando deseamos algunas cosas particulares por elección, en las cuales obramos sin ser movidos por ninguna pasión. Creo que con estas palabras hemos ya tratado con suficiencia este asunto, pues abiertamente hemos expresado, según creo, que las virtudes y los vicios están en nuestro poder y se tienen que enumerar entre nuestros actos, en cuanto sus principios dependen de nuestro poder.

CAPÍTULO LVII. *Cuanto sea útil y necesario alentar y dirigir los jóvenes en la tierna edad hacia la virtud.*

REINA.—Por cierto, en muy clara forma has demostrado que los padres se vuelven severos jueces de los jóvenes hijos. Cuando entienden que se van acostumbrando a las pasiones, conviene entonces, piensan, educar los jóvenes desde los primeros años para que con los hábitos aprendan a dominar los afectos y no reciban vehementes perturbaciones. Nuestra vida en toda su extensión adquiere mucha parte de la civil rectitud en cuanto aprendistes a comprimir los afectos que suelen doblar los ánimos y las mentes al placer.

CARDENAL.—Hablas bien. Conviene acostumbrar a los jóvenes desde los primeros años a las virtudes, de manera que aprendan a vencer las pasiones y no se dejen llevar hacia las fuertes perturbaciones. De hecho nuestra vida en tanto conseguirá la civil rectitud en cuanto sabrá dominar los afectos, sobre todo aquellos que doblan el ánimo y el pensamiento a los placeres. Y todo esto seguramente podrá ser eficaz con el auxilio de las virtudes urbanas, de las cuales el alma es la prudencia. De su oficio, creo que asaz hemos tratado en los libros anteriores. Esta prudencia es la más fuerte razón entre otras y la sola apta a atraer los jóvenes hacia las virtudes para que tengan a quienes remedar y a quienes deban temer y para que sea a ellos impuesta cierta autoridad. Sin alguna duda la vida fácil de la juventud transcurre si no es retenida con frenos. Pues cuando esto se les hace claro a ellos mismos con todo conocimiento; y esto se aprende con el sentido común. De las cosas que su entendimiento más hondamente escudriña poco será posible conocer. Por cierto, han sido mezcladas con halagos y placeres y pueden entender cosas buenas, verdaderas y honestas. La fe y la esperanza de ellos el preceptor debe tener a la vista y debe proponer premios en gracia de los cuales sean capaces de alcanzar las más altas formas de las virtudes. Alguna que otra vez hay que solicitar los jóvenes coetáneos a que se empeñen en luchas para conseguir los premios de la virtud de modo que con envidia y con contraste el ánimo del príncipe sea llevado a la gloria. A poco a poco las costumbres se empaparán de las precedentes acciones y mostrarán el aspecto de la honradez. Así la misma virtud entonces engendrada también con la fuerza del pensamiento aumentará, mas se concretarán los frágiles esfuerzos de los jóvenes. A mejores realidades sin trabajo y sin dolor, sin obstáculo inclinará nuestro afecto. Entonces seguramente las costumbres por muchos tiempos sin movimiento pudieron producir salubérrimos frutos, eso es acciones de exaltante decoro y honradez. Si alguien personalmente desea investigar las mismas virtudes morales y los hábitos intelectivos, consulte los libros anteriores en los cuales hemos ilustrado la función de cualquier virtud. Pero el hombre perfecto, quien aspira a aquellos premios de la bienaventuranza, casi obedeciendo a naturaleza, disciplina y costumbres, alcanzará el camino de la eterna gloria que muchos han franqueado al menos por deseo de gloria; y, en fin, privados de la merced eterna a través de una pasajera presunción de nuestro paso sobre la tierra, no se avergonzaron en cambiarla.

Como vino el esposo, Cristo, Nuestro Señor, las vírgenes tontas, faltándoles el aceite de las obras buenas, preocupadas por conseguirlo en préstamo, justamente las vírgenes sabias les dieron adecuada contestación: «Id más bien a los vendedores y compradlo para vosotras». Empleando las palabras de Agustín, diremos que no debemos creer que dieron un verdadero consejo, sino más bien recordemos el crimen que habían cometido por su ambigüedad. Es cierto que los aduladores vendieron el aceite. Estos, alabando las cosas falsas o ignoradas, inducen las almas a equivocarse y aconsejando gozos vanos como a personas tontas, cierta ganancia de beneficio temporal reciben. Por lo tanto, se dice id a los vendedores y comprad para vosotros, eso es veamos ahora cómo os ayudan los que estaban acostumbrados a venderos alabanzas. Pero añadieron: «para que no falte a nosotros y a vosotros». De verdad, el testigo ajeno no ayudará a nadie cerca de Dios, al cual son manifiestos los secretos del corazón. Apenas alguien es por sí suficiente con el testimonio de su conciencia. Pero aquel que es proveído de una señal de fe sabrá la lucha por amor de Cristo con la carne y el príncipe de las tinieblas y se dirigirá a recibir la palma de manos de aquel que supera los méritos de los que suplican su recompensa y los hace partícipes de su eterna herencia y coheredes confiando en la esperanza. En ésta reside la verdadera e incorruptible gloria, prometida como bienaventuranza por Cristo Nuestro Señor a las almas de los bienaventurados. De esta certidumbre nadie es ignaro en cuanto ha sido iniciado a través de los sacramentos de Cristo a aquellos premios a los cuales con todo el corazón anhela.

Capítulo LVIII. *De la bienaventuranza.*

REINA.—Nuestra peregrinación se dirige hacia donde argumentamos que resida la segura esperanza de la bienaventuranza. Háblanos, por lo tanto, de la misma bienaventuranza con un sermón conclusivo. De ella ya has tratado dignamente y será motivo de gozo repetir la suave memoria.

CARDENAL.—Diré, aunque con la brevedad que la importancia del asunto parece exigir, y sobre todo diré lo que estimo más notable sobre tal argumento, pero pasaré por alto muchas cosas superfluas. Hacia aquellas dirija sus oídos aquel que tiene el cometido de educar los hijos de los príncipes, de manera que oriente los ánimos de los jóvenes hacia los principios eternos e invisibles, mediante los cuales forma la conciencia de sus alumnos. Nada existe en esta corruptible vida que no resulte inútil, con salvedad de lo que se refiere a lo eterno y a lo divino. Reza el salmo que los pecadores vivieron en el error desde cuando salieron de la vulva o del útero de la madre y el apóstol confirma que nacemos hijos de la ira. Y los que el agua del bautismo no purificó de las manchas corren hacia la ruina, hacia el abismal lago Tartareo, pues sin la ayuda de Cristo redentor los impíos empedernidos no resurgirán en el juicio. Estos son los que se dejaron engañar por la varia malicia de los errores y por esto nada aprendieron en serio en torno de la existencia y ninguna finalidad concibieron de nuestra vida, salvo para las cosas que tienden a un fin, en los bienes mudables y despreciables, al cual gozo la mente humana estaba ordenada. Sin duda, aquellas almas a estas cosas corruptibles se han convertido.

Por otro lado los que recibieron la luz de Cristo a través de los sacramentos de salvación, después de haber expiado, fueron enriquecidos con los dones de la gracia y levantaron sus mentes hacia lo alto. Las cosas caducas y pasajeras en tanto las quieren en cuanto preparan a lo divino y a lo celestial o resultan provechosas a nuestra misma esencia mortal. Y todas estarán dispuestas a la eterna bienaventuranza, bien aquellos bienes del cuerpo, bien los que son exteriores. Por cierto, éstos realizan todo lo que se cumple en el alma y con el auxilio de la virtud se orientan a las cosas que quedarán para la eternidad.

De verdad la mente es incorruptible y por esto es capaz de recibir la bienaventuranza. Por nada la bienaventuranza podía ser común a los demás seres faltos de razón. Pues como la bienaventuranza es el sumo bien, su participación es posible solamente a los seres dotados de razón y, por cierto, la bienaventuranza es nuestro supremo fin. Y como el fin de cualquier cosa es su propia operación y gracias a esta operación se alcanza su finalidad. La forma es principio de tal operación que en el hombre racional es el alma, y así es preciso que en sus actos se realice su bienaventuranza. Estos bienes del alma son señalados por los propios filósofos. Ni al asunto en sí interesa que muchos han reconocido que la bienaventuranza es constituida con bienes corporales. Ellos desconociendo su propio ser no distinguían la mente de los sentidos del cuerpo, pero todo como en un ser único confundiendo lo corruptible con lo incorruptible y no cuidaban de la diferencia que existe. Por lo tanto, creían que los bienes sensibles y externos pueden procurar la bienaventuranza, considerando que todo nuestro conocimiento arranca su principio de las cosas sensibles. La cual cosa, aunque con el experimento se hace evidente, no entendieron que esto acontece en el hombre accidentalmente. Y tal como afirma Aristóteles, el conocimiento humano es llevado de las cosas comunes a las singulares del mismo modo los niños llaman a todos los hombres padres y todas las mujeres madres. Así es que desde un principio nada conocemos de la finalidad del hombre, sino lo que es común y general, lo cual es en sí óptima cosa. Y de verdad, lo que es conocible, se hace deseable y, por tanto, entre aquellos bienes que son presentados a nuestro conocimiento consideramos aquel ser el sumo bien. Sin embargo, en nuestro conocimiento las cosas sensibles son las primeras que conocemos, y además cuando nuestro conocimiento alcanza la perfección nos damos cuenta de la distinción del fin humano y considerando con atención la bienaventuranza opinamos que ésta es preferible a todas las demás realidades. Y como anhelamos conocer perfectamente el sumo bien tal cual en verdad es, reconocemos que éste consiste en las cosas espirituales y contemplativas. Por lo tanto, no nos debe extrañar si algunos hombres, movidos por las cosas corpóreas, consideraron éstas como sumo bien. Y, por cierto, no levantan sus mentes más allá del cuerpo, cohibidos como se ven sumergidos en lo terrenal, que fue concedido al hombre para su utilidad y no como finalidad. Por cierto, el bien que nos hace bienaventurados y hacia el cual dirigen su contemplación es Dios: en cuya contemplación los bienaventurardos quedan en perpetua gloria. De Dios proceden todas las cosas y a El todas las cosas con sus movimientos vuelven. De hecho en orden de los elementos móviles y de los que mueven los demás conviene que los segundos motores de orden conformes con el primer movente y esto se efectúa por disposición del primer movente, impresa en los moventes secundarios. De aquí procede el hecho de que todos deseamos el sumo bien, de la misma manera que el alma mueve la mano, la mano el pedazo de madera que a su vez percute. En primer lugar, el alma mueve para que por la impresión procedente del alma las cosas son movidas.

Mucho conviene que consideremos los movimientos naturales y los violentos. En los movimientos violentos y en los movidos la fuerza es impresa por el primer movente prescindiendo de la naturaleza de las cosas que mueve. Por lo tanto, la operación que deriva de esta exterior impresión es difícil y trabajosa. Sin duda, la fuerza impresa por los primeros moventes en las cosas naturalmente movidas según naturaleza es natural para ellas. Por lo tanto, la operación consiguiente las cosas por naturaleza es cuanto más oportuna y suave. Esto explica el por qué aquel sabio juzgado por la palabra del Altísimo, dijo que la Sabiduría procede de un extremo al otro con fuerza y todo dispone con suavidad. La varia naturaleza de las cosas por el inmenso creador mezclada y movida por aquellos movimientos tiende divinamente hacia aquella meta a la cual la divina providencia se ha dignado enderezarla. Y todo procede de Dios en cuanto, según afirma Dionisio, es bueno. Esto con la experiencia lo hemos aprendido. Advertimos cómo todas las cosas creadas son movidas mediante varias inclinaciones hacia el bien, aquel bien al cual los filósofos a una voz proclamaron toda la creación suspira, aunque con diferente empuje conforme su distinta naturaleza. De aquí procede que el conjunto circular de las cosas creadas parece que se endereza hacia donde ha salido.

Consideremos ahora la perfección de las creaturas racionales en desear el sumo bien. Sin embargo, este círculo y este período de las cosas no se presenta perfecto en todas las cosas creadas. En algunas creaturas este círculo queda imperfecto, como se averigua en las cosas que no vienen dispuestas con orden para que puedan alcanzar su suprema finalidad que es el premio eterno y el primero de los bienes. Esto decimos con el objeto de establecer cierta semejanza con la divina suerte. Las creaturas racionales a las cuales ha sido impreso el rostro divino en su luminosidad, movidos precisamente por esta luz de la gracia corren hacia el fin beato y el bien supremo que los bienaventurados consiguen, revestidos de la luz de la gloria. Estas creaturas racionales pueden alcanzar Dios a través del conocimiento y del amor y en estas dos actitudes reside la bienaventuranza.

CAPÍTULO LIX. *¿Por qué nadie rehúsa la bienaventuranza y nadie apetece la miseria?*

REINA.—Dinos por qué todos anhelamos a la bienaventuranza y rehuimos de la miseria.

CARDENAL.—Descansando sobre las precedentes afirmaciones, digo que resulta evidente el por qué la creatura racional apetece su propia bienaventuranza y de ninguna manera consiente alejarse de ella, ni puede desear la miseria. Como toda operación del alma proviene del conjunto de las causas supuestas por lo que ha sido en ella impreso por el primer agente de Dios. De verdad nos damos cuenta de que nuestro intelecto no llega a entender, sino por un conocimiento preexistente, como afirma Aristóteles, eso es, de las cosas de las cuales ya poseemos un innato conocimiento. Tales son los principios de por sí conocidos. Por esto las afirmaciones contrarias a estos principios de ninguna manera pueden ser verdaderas, ni a tales afirmaciones podemos dar nuestro asentimiento. Igualmente la voluntad de ninguna manera inclinará hacia lo que es contrario al bien. De la señal impresa por Dios que es la primera causa que en nosotros esté ínsito el principio por el cual queremos el bien, y que deseamos lo bueno perfecto cual última finalidad. De aquí, a su vez, procede que es del todo imposible que se afirme en el alma algo contrario al apetito del hombre.

Sin duda, sabemos que nadie apetece la miseria y, por el contrario, nadie puede desear sin más el mal, sino por alguna circunstancia exterior y sobre todo bajo la aparente razón del bien. Esto suele acontecer cuando algo malo es conocido como cosa buena. La voluntad apetece la bienaventuranza, que nadie puede rechazar y rehúye de toda miseria que nadie puede desear, siendo esto sencillamente imposible, pues el objeto de la voluntad es sin más el bien, y el primer acto de la voluntad es desear este bien bajo la motivación de finalidad. El cual bien es consentido al hombre conseguirlo por medio de la operación del intelecto. En segundo lugar queda el disfrute de la voluntad causado por la adquisición del sumo bien, en el cual descansa la voluntad y siente satisfacción. Así de nuevo se perfecciona su gozo y el acto secundario en la adquisición y posesión del fin abraza aquel sumo bien gracias a la caridad. Pero el intelecto forma el ser de la bienaventuranza, acudiendo a conseguir y contemplar al primer ente, Dios. El intelecto comprende Dios, mediante la esencia, y en ésta todo ve, escudriña y pondera. Le auxilia en esta vida el intelecto práctico, pues está ordenado al buen comportamiento del apetito y de nuestros actos. Estos tienen su existencia en la vida activa, y su finalidad es la misma bienaventuranza, a la cual se orienta cada conocimiento práctico.

La bienaventuranza nuestra es en realidad un acto nuestro. La misma bienaventuranza del hombre es el acto por el cual Dios es contemplado a través de su esencia y, por lo tanto, es asequible gracias a esta misma esencia y las demás realidades se perciben a través de aquélla. Esta es la vida eterna de la cual habla Juan, diciendo que la vida eterna consiste en conocerte, oh Dios, y en conocer a aquel que Tú, Padre, nos has enviado, Jesucristo. En los salmos se dice: «Seré sacio cuando aparecerá tu gloria». Paulo, por su parte, declara: «Ahora vemos a través del espejo y en enigmate; entonces veremos cara a cara, lo cual significa que veremos a través de la esencia». Y añade aún Juan: cuando aparecerá la gloria de Dios seremos semejantes a él y le veremos tal como El es. Esto creo se debe entender que lo veremos como puede ser visto por nosotros, pero no como él es visible, pues Dios es conocido sólo por sí mismo, mientras en cuanto es visible e inteligente El mismo se hace evidente. Y no puede ser conocido por ninguna creatura, aunque bienaventurada. Y aunque se puede decir que la creatura ha conocido Dios, lo que se debe entender, tal como lo dijo el apóstol cuando exclamó: «Así tenéis que correr para que lo comprendáis», y en este caso habla de comprensión de la gloria por medio de la cual el alma bienaventurada puede coger algo por medio de la gloria misma que le es consentido gozar, sin duda no de manera que aquella esencia, otro ser que no sea Dios pudiera comprender. Tal cosa justamente se puede decir que se comprende en cuanto está incluido en el que comprende.

Así se dice contenido lo que cabe en el que contiene. Todavía el término de comprensión puede significar algo más extenso, y no porque es perfectamente comprendido por el intelecto como lo intelegible es comprendido en el inteligente (de quien se dice que comprende y de qué manera los bienaventurados comprenden), sino de cierta manera cómo es aprendido y así cómo comprender es aceptado por aprender. Sabemos que aprender es opuesto a discurrir (perseguir). Por cierto, cuando se ha aprendido una cosa se dice que se acaba de perseguir la tal cosa. Y alcanzar una cosa según una medida contingente se dice cuando de aquella cosa algo se ha aprendido. Por esto los bienaventurados comprenden y son dichos comprensores, pues lo que discurriendo persiguieron en esta vida lo comprenden en la patria del cielo, quiero decir la bienaventuranza. De verdad nadie, aunque posea la mayor gloria posible, comprende totalmente a Dios. Esto acontece solamente con Dios que se posee a sí mismo, en cuanto El en tanto se conoce en cuanto es conocible. Su poder excede todo nuestro poder sin que se pueda proponer alguna proporción, en cuanto está por encima de toda creación. La comprensión de los bienaventurardos decimos que es una de las tres virtudes del alma.

Tres virtudes del alma resplanderán en la patria del cielo.

Como la visión clara de Dios en nuestra patria toma el lugar de la fe, así la comprensión con la cual los bienaventurados ya poseen lo que han esperado sustituye la virtud de la esperanza y el gozo de Dios corresponde a la caridad, pues el alma no se inclina hacia Dios por medio de la caridad, sino que goza de Dios de puro deleite de su santísima visión y comprensión y, por tanto, el deleitarse de Dios es gozo que resulta de aquellas dos virtudes que dan al alma bienaventurada toda festividad y toda felicidad. Y así tenemos la tercera virtud del alma y mediante la gloria de estas virtudes todo redundará a plenitud de los cuerpos glorificados. De aquí procederán otras cuatro virtudes del cuerpo. Pues se volverán resplandecientes, impasibles, ágiles y sutiles.

Capítulo LX. *La verdadera y perfecta bienaventuranza se goza solamente en la patria del cielo y con toda perpetuidad.*

REINA.—Por lo tanto, todo nuestro premio consiste en la gloria de los siglos de los siglos que nos espera en la eternidad.

CARDENAL.—A algunos filósofos pareció que la vida se desarrolla bienaventurada en este tiempo terrenal. Nadie en el cual vive el espíritu de Dios ha afirmado que la perfecta bienaventuranza existe aquí bajo. Los que han sostenido otra cosa, han ignorado o no han entendido, en cuanto se dejaron caer en el precipicio de los oscuros errores, por esto el apóstol así habló: «Antaño érais tinieblas, pero ahora sois luz en el Señor, pues Cristo, verdadera luz, ha iluminado todo hombre que viene a este mundo». Entonces han sido manifiestas las obras de las tinieblas y ahora con el resplandor de la luz han sido alejadas.

El Señor nos ha dicho: «Mientras tenéis luz creed en la luz para que seáis hijos de la luz». De aquí podemos claramente entender, como enseña Santo Tomás, que en esta vida no encontraremos la verdadera bienaventuranza. Tal como en las cosas naturales el movimiento va hacia su término, así en las cosas voluntarias el apetito del fin y de todo lo que tiende hacia el conseguimiento del fin. Por esto tal como cuando la cosa natural alcanza su término, cesa su movimiento, así la voluntad cuando ha conseguido lo que buscaba cesa en su aspiración, pues en aquel instante desaparece la inclinación, hacia aquella cosa y sucede el placer y el gozo de la misma cosa.

Cuando la bienaventuranza se convierte en nuestro fin hacia el cual todos los deseos se reportan, es necesario que la bienaventuranza se transforme en algo que una vez conseguido ya no deja nada que desear y toda alma ya no deseará otra cosa sino permanecer en el bien que ahora obra en su poder. En resumidas cuentas aquella es verdaderamente que decimos ser perpetua y perenne. Varios filósofos se percataron de tal inmovilidad y perpetuidad de la bienaventuranza. Solón, del cual nos habla Aristóteles, afirma que la verdadera bienaventuranza nos alcanza con la muerte, pues solamente entonces el hombre será sin limitaciones bienaventurado, pues la esperanza de la felicidad duraba hasta el concluirse de la vida.

Cuenta Heródoto que habiendo Solón visitado Creso, rey de Sardis, y los ministros del rey Creso le rodeaban para mostrarle las riquezas y los tesoros del rey, que todos allá habían reunido, como verdadera bienaventuranza. Creso así dirigió la palabra a Solón: «Dime, oh mi huésped, ¿quién consideras feliz en este mundo? Quien esperando escudriña entre los demás mortales para saber si él es el más feliz». Y Solón, por nada admirando y por nada dispuesto a halagar, pero contestando tal como la realidad se presentaba, contestó: «Yo, oh rey, he visto al felicísimo Telio ateniés». Y el rey sorprendido preguntó: «¿Por qué lo has estimado feliz?». «Porque, dijo aquél, Telio en la patria bien fundada, los hijos eran honestos y buenos y todos sobreviviendo a él le tocó una muerte espléndida». Habiéndolo interrogado una segunda y tercera vez y habiendo dicho de otros que eran felices, así le contestó el rey: «Oh huésped, no reciba nuestra felicidad el desprecio de ser considerada cual nada, de manera nos estimes tal como cualquier particular». A esto contestó Solón: «Oh, Creso, ¿tú me quieres interrogar sobre si conozco que toda divinidad es envidiosa y furiosa en relación con las cosas humanas? De hecho con el pasar del tiempo aparecen muchas cosas que nadie querría ver y se toleran muchas que nadie querría tolerar. Por lo tanto, Creso, todo hombre está repleto de miserias. Por cierto, ahora tú me pareces abundar en riquezas y ser rey de muchísimos súbditos. Pero sobre lo que me has preguntado, todavía no te contestaré hasta cuando no me habré enterado de que hayas concluido los días de esta vida. Sin duda no es más feliz quien está fornido de muchas riquezas, de quien dispone de alimento para su existencia, si a él la suerte ha concedido todos los bienes en gracia de los cuales puede llevar una vida feliz». Luego Solón con Creso discutió sobre la caducidad de los bienes de esta vida.

Por fin, después de no mucho tiempo, Creso vencido por Ciro, habiendo sido colocado sobre la hoguera para quemarlo, recordando las palabras de Solón, suspirando, exclamó: «¡Oh, Solón, bien hablaste cuando dijiste que ninguno de los que viven es feliz!». Como Ciro oyó estas palabras mandó al intérprete que lo interrogara a cuál dios había rogado. Y oído lo que Creso había exclamado, dicen que Ciro se arrepintió, habiendo reconocido que él también era hombre y condenaba al fuego a otro hombre en nada inferior por riquezas. Por esto sintió temor por la pena a motivo de esto y opinando que nada queda firme en las cosas humanas, dicen que mandó que el fuego, ya encendido, con toda prisa, apagaran. Y como en fin los que intentaban apagar el fuego no lo conseguían, cuentan que de repente unas nubes, siendo despejado el cielo y tranquilo, contraídas echaron abundantes y vehementes cantidades de agua y apagaron la hoguera. Así Ciro, como reconoció que Creso era honrada persona, lo depuso de la pira. Por lo tanto, la sentencia de Solón sobre la perpetuidad de la bienaventuranza así rezaba: «No existe absoluta perpetuidad, pero solamente en cuanto dura la vida del hombre».

Esta opinión rechaza Aristóteles en el primer libro de las costumbres, aseverando que es un inconveniente que quienquiera se puede decir feliz cuando no lo es, si alguien es considerado feliz tal lo es. Por lo tanto, coloca la bienaventuranza según su razón y dispone de la perpetuidad y de la inmovilidad absoluta. Sin embargo, no es posible que una semejante y perfecta felicidad toque en suerte al hombre, pero puede perseguir su participación y por tal motivo se suele decir que el hombre es feliz. Y no es lícito afirmar que un hombre es para siempre feliz sin ninguna alteración, pero conforme la condición de la vida humana, y acontece que alguien lo diga feliz, como hombre. Casi no sencillamente, pero en relación con nuestra humana mortalidad. Semejante inmutabilidad de la bienaveuturanza se dice que toca al hombre cuando en él sean fijos los hábitos de las virtudes, de manera que no consiga alejarse de los actos de la virtud. Sin embargo, esta sentencia de Aristóteles es censurada por la autoridad de todos los creyentes en Cristo, en cuanto es irracional, pues la naturaleza racional es capaz de recibir la felicidad. Diremos que cualquiera sustancia racional puede conseguir la esencial bienaventuranza, y no la bienaventuranza participada, como el filósofo opinaba, sobre todo, cuando en el hombre reside el alma intelectual, la cual conviene que pueda alcanzar la verdadera felicidad, según creemos. Y no solamente alcanzar su participación, conforme él opina. De otra manera el apetito natural del hombre en balde intentaría conseguir la bienaventuranza, que en efecto no podría alcanzar. La verdadera bienaventuranza, aunque en esta vida a ningún mortal es dado conseguirla, debido a las vicisitudes varias de las cosas mortales. En fin, la naturaleza racional después de esta vida, podrá poseerla como ya hemos afirmado. Lo que seguramente asentaron numerosos filósofos que creían sobre todo que las almas de los hombres son inmortales. Y estimaban que podían conseguir la bienaventuranza. Pues cuando se libraban del cuerpo, casi como si se libraran de una cárcel, volvían al cielo, así como de la demora del cielo habían caído dentro de los cuerpos. Esto lo profesan los pitagóreos y los socráticos junto con muchos filósofos.

CAPÍTULO **LXI**. *De los bienes de la eterna bienaventuranza.*

Nosotros, quienes creemos en las divinas palabras, en ningún lugar confesamos que la perfecta bienaventuranza no se encuentra en otro sitio sino en el cielo, en donde la visión de Dios alegra y hace felices a las almas. Allá seremos libres de toda miseria y contemplaremos y amaremos, amaremos y alabaremos a Dios eterno, y esto por los siglos de los siglos, para emplear las palabras de Agustín. De verdad, ¿cuál puede ser otro fin sino alcanzar el reino del cual no existe término? ¿Cuál será aquella felicidad en donde no tendrá lugar algún mal? Y ningún bien quedará escondido y a Dios sólo nos dedicaremos, pues El todo en todos será. Esto aprendemos de los antiguos profetas cuando nos dicen: «Bienaventurados los que demoran en tu casa, o Señor, y te alabarán por los siglos de los siglos.» Allá brillará la verdadera gloria en donde nadie con algún error alabará al Señor, ni en su alabanza mezclará algún halago. Por cierto allá la gloria a nadie digno será rehusada y a nadie indigno será otorgada. Pero nadie indigno se acercará a Dios y a nadie que no sea digno le será permitido acercarse. Allá vive la verdadera paz y nadie padece algo contrario, bien procedente de sí mismo, bien procedente de otra persona. Entonces Dios mismo será premio de la virtud que ha dado vida a la virtud: Dios mismo se ha prometido como premio del cual no puede existir otro mejor y mayor. Esto ha sido cantado por el profeta antaño: «Yo seré el Dios de ellos y ellos serán mi pueblo.» Sin duda Dios aparecerá de manera que los bienaventurados reciban su completa gloria. Dice el Señor: «Yo seré dispuesto a favorecer todo lo que es deseado honestamente por todos: la vida, la salud, la virtud, la abundancia, la gloria, el honor, la paz y todo lo bueno.» Así ha hablado a este propósito el Apóstol diciendo: «Como Dios es todo en todos, El será la satisfacción de todos nuestros deseos que sin fin aparecerán. Y será amado sin fastidio y sin cansancio alguno será para siempre alabado.» Este será nuestro oficio, nuestra manifestación de afecto y este acto hecho con toda espontaneidad alabará el Señor, y este acto será común a todos como lo será la vida eterna. Si aquella vida eterna la deseamos durante esta peregrinación con rectitud no nos apagaremos con los vicios de la carne. Al contrario lucharemos contra las tormentas corpóreas en las cuales vacila nuestro ánimo y con el celo de Dios y protegidos con el escudo de la fe. Otra será la palma y otro el triunfo con el cual nos es prometida la victoria sobre las cosas corruptibles, y la corona inmortal. Este trofeo prefieren los reyes, llegados a la cumbre del cielo. Allá se encuentra el puerto verdadero de los trabajos y afanes; allá encontramos la verdadera tranquilidad de la paz. Porque luchan los míseros mortales para conseguir las coronas corruptibles, cuando a nosotros nos ha sido prometida la bienaventuranza vencedora de la gloria. A esta gloria debe prepararse el espíritu del príncipe mediante sus aspiraciones y esta gloria le es ofrecida como segura y cierta, mientras las demás cosas son frágiles y caducas y mezcladas con ambigüedad y trabajos. Y viven una vida sencilla y bajo todos los aspectos feliz por los siglos eternos. Por lo tanto, o reyes, aprended esta disciplina para que nunca Dios sea sobrecogido por la ira y vosotros salgáis del justo camino precipitado en los tremendos oscuros abismos.

Os exhorto a levantar vuestras cabezas, eso es vuestros pensamientos, a las cosas invisibles de Dios, las cuales aunque no pueden ser vistas con los ojos del intelecto se vuelven resplandecientes con toda la claridad y muy gratas sobre todo placer, y deseables por encima del oro y del topacio. Procurad comprender todo esto, para que no os sedujan la forma de lo visible y el gozo caduco de las cosas corruptibles. Por cierto, allá disfrutamos los verdaderos gozos donde reside Dios, quien es premio de todo placer, y donde nada falta a los bienaventurados que puedan aun desear y codiciar. Allá reinaréis sin fin, como que allá se encuentran aquellas cosas a las cuales nos lleva el reino de Dios. Esto pedimos todos los días para que el reino de Dios nos llegue, aquel reino que confesamos pertenecer sin duda a los bienaventurados, cuando exclamamos: «Esperando la feliz esperanza por el adviento del rey para celebrar su juicio.»

SE TERMINO DE IMPRIMIR EN
LA CIUDAD DE MADRID EN EL
MES DE NOVIEMBRE DE 1983

SE TERMINÓ DE IMPRIMIR EN
LA CIUDAD DE MADRID EN EL